묵 시 록 계 현

―묵시록 22장 영해(靈解)―

예 수 인

묵시록계현 [5]
―묵시록 22장 영해(靈解)―

E. 스베덴보리 지음
이 영 근 옮김

예 수 인

THE APOCALYPSE
REVEALED

by

EMANUEL SWEDENBORG

차 례

옮긴이의 머리말 · 15
저자의 서문 · 19

묵시록 22장 ··· 23
    제 22장 본문(22장 1-21절) · 23
    제 22장 간추린 영적인 뜻(22장 1-21절) · 25
        전장의 간추린 대의 · 25
        각절의 간추린 대의 · 25
    제 22장 상세한 영적인 해설(22장 1-21절) · 31

부록 · 묵시록 계현 색인 ·· 101
  1. <영계 체험기> 요약 · 102
  2. 인용된 성경의 장절들 · 117
  3. 용어들 · 175

이 책에 인용된 저자의 서명들

표기된 서명	영문서명(原名)
주님론*	the Doctrine of the New Jerusalem concerning the Lord
성서론*	the Doctrine of the New Jerusalem concerning the Sacred scripture
생활론*	the Doctrine of the New Jerusalem from the Ten commandments
믿음론*	the Doctrine of the New Jerusalem concerning Faith
천계비의	Arcana Coelestia
섭리론	the Angelic wisdom concerning the Divine Providence
천계와 지옥	Heaven and Hell
신령사랑과 신령지혜	the Angelic wisdom concerning the Divine Love and the Divine Wisdom

---

* 이 책들은 《새로운 교회의 사대교리》(四大敎理)라는 서명으로 <도서출판
 ·예수인>에서 2003년에 출판하였다. (역자 주)

옮긴이의 머리말

찬미 예수!
주님께서 우리 사람들에게 그분의 말씀, 즉 성언(聖言 · the Word)을 주신 목적을 성경은 이렇게 밝히고 있습니다. 먼저 구약의 시편서의 말씀입니다.

> 다음 세대가 읽도록
> 주께서 하신 일을 기록하여라.
> 아직 창조되지 않은 백성이,
> 그것을 읽고 주를 찬양하도록 하여라.
> (시편 102 : 18)

신약의 요한복음서의 말씀입니다.

> 예수께서는 이 책에 기록하지 않은 다른 많은 표적도 제자들 앞에서 행하셨다. 그런데 여기에 이것이나마 기록한 목적은, 여러분으로 하여금, 예수가 그리스도요 하나님의 아들이심을 믿게 하고, 또 그렇게 믿어서 그의 이름으로 생명을 얻게 하려는 것이다.
> (요한 20 : 30, 31)

신약의 서간문의 말씀입니다.

> 무엇이든지, 전에 기록한 것은 우리에게 교훈을 주려고 한 것이며, 성경이 주는 인내와 위로로써, 우리로 하여금 소망을 가지게 하려고 한 것입니다.
> (로마 15 : 4)
> 이런 일이 그들에게 일어난 것은, 본보기가 되게 하려는 것이며, 그것들이 기록된 것은, 말세를 만난 우리에게 경고가 되게 하려는 것입니다.
> (고린도 전서 10 : 11)

그리고 우리의 본문 성경인 묵시록서는 그 책 서두에서 이렇게 밝히고 있습니다.

요한은, 하나님의 말씀과 예수 그리스도의 증거, 곧 자기가 본 것을 다 증언하였습니다. 이 예언의 말씀을 읽는 사람과 듣는 사람과 그 안에 기록되어 있는 것을 지키는 사람이 복이 있습니다. 그 때가 가까웠기 때문입니다.
(묵시록 1 : 2, 3)

저자의 저서들을 읽으신 분들께서는 잘 아시고 계시듯이, 저자 스베덴보리 선생님께서는 요한의 "묵시록"의 영해를 서명이 각각 다른 두 책들로 저술하였습니다. 그 하나는 ≪묵시록 해설≫(黙示錄 解說·the Apocalypse Explained)이고, 다른 하나는 ≪묵시록 계현≫(黙示錄 啓顯·the Apocalypse Revealed)입니다. 독자 여러분들께서는 이미 전자의 책(=묵시록 해설)은 완역된 것은 아니고 부분적이지만(묵시록 1-5장까지) 이미 읽으셨습니다.* 그리고 ≪묵시록 해설≫을 발간하게 된 동기와 목적도 그 책의 "옮긴이의 머리말"에서 이미 언급하였기 때문에 다시 부연하지 않겠습니다.

그러나 이 책, 즉 ≪묵시록 계현≫(黙示錄 啓顯)이라는 책명에 관해서는 말씀드리겠습니다. 이 책 ≪묵시록 계현≫은 일본 사람들이 사용한 책명입니다. "계현"이라는 낱말은 우리의 한글사전에는 나오지 않는 생소한 낱말이지만, 그럼에도 불구하고 이 낱말을 그대로 사용하는 것은, 이미 우리나라에 소개된 선생님의 책들에서 "묵시록 계현"이라는 낱말을 사용하였고, 그리고 다른 낱말을 사용할 경우, 혹시 혼돈이 있을 것 같아서 그대로 사용했음을 밝힙니다. 이 책을 먼저 번역하신 정인보 목사는 이 책명을 ≪요한 계시록 풀이≫라고 하였고, ≪묵시록 계현≫의 번안(飜案)이지만, 이모세 목사는 ≪요한 묵시록 영해≫라는 책명을 사용하였습니다. 따라서 옮긴이가 번역하기에 앞서 두 권의 책이 번역되어 발간되었다는 것도 말씀드리고, 본서 ≪묵시록 계현≫을 읽으시면서, 앞서의 두 책도 참고하시면, 저자의 해설내용을 이해하시는데, 도움이 될 것으로 생각됩니다.

어찌되었든, 서두에서 밝혔듯이, 성경말씀(聖言)이 우리 사람에게는 필수적이고, 당연지사(當然之事)인 것은 우리 사람이 예수 그리스도를

---

* <도서출판·예수인>에서는 이영근·박예숙의 옮김으로 ≪묵시록 해설≫의 책명으로 1-3권 세 권의 책을 발간하였다. (역자 주)

바르게 알고, 믿고, 그분의 이름(=가르침)으로 생명을 얻게 하려는 것이다는 목적의 터전 위에서, 그리고 그 말씀을 통하여 중생한 사람으로 말씀을 바르게 깨닫고, 그 말씀에 순종하여 주님을 찬양하고, 고백하고, 성경말씀이 가리키는 복(福)인 "구원의 역사"가 우리 주님으로부터 독자 여러분에게, 그리고 한국교계에 충만하게 있으시기를 기도드립니다. 그리고 이 책이 그런 일에 도움이 된다면 더할 나위 없는 영광으로 삼겠습니다.

이 책을 번역, 발간하는데, 동기를 부여하신 경북 상주에서 목회하시는 김재훈 목사님에게 감사의 말씀을 드리고, 또 말씀드리지만, 어려운 가운데서 word processing에 수고하시는 조근휘 목사님에게, 그리고 시간적으로 경제적으로 도움을 아끼지 않는 라정채 전도사님에게도 감사의 말씀을 드립니다.

독자 제현의 충고와 조언에 감사의 말씀도 드립니다.

감사합니다.

2009년 8월 15일
예수＋교회 제일예배당 서재에서
이　영　근

저자의 서문

묵시록 해설(默示錄 解說)에 노력한 사람들이 많이 있습니다. 그러나 지금까지 성언의 영의(聖言靈意)가 열려지지 않았기 때문에 그들은 거기에 숨겨져 있는 비의(秘義)를 볼 수가 없었습니다. 왜냐하면 오직 영적인 뜻만이 이런 것들을 드러내 보여 줄 수 있기 때문입니다. 이런 이유 때문에 많은 해석자(解釋者)들은 다종다양한 것들을 억측(臆測)하였고, 그리고 그들의 대부분은 교회적인 사건들에 관해서 역시 어떤 것들을 뒤섞는 일을 하면서 거기에 내포된 수많은 것들을 제국적인 상태들(帝國·the states of empires)에 적용하였습니다. 그러나 《묵시록서》(the Apocalypse)는, 성언 전체와 같이, 최소한 성언의 영적인 뜻으로 이 세상적인 것들을 다루지 않고, 오히려 천계적인 것들(heavenly things)을 다루고 있습니다. 따라서 제국이나, 여러 왕국들에 속한 것들을 다루고 있지 않고, 천계(天界)나 교회(敎會)에 속한 것들을 다루고 있다는 것입니다. 주지하여야 할 것은, 1758년 런던(London)에서 출판된 작은 책자에서 그것에 관해서 읽을 수 있는 1757년 영계에서 수행된 "최후심판"(最後審判·the Last Judgment) 이후, 기독교인들로 말미암아 하나의 새로운 천계(a New Heaven)가 형성되었다는 것인데, 그러나 이들은, 마태복음서 28장 18절에 기술된 주님의 말씀에 일치하여 천지(天地)의 하나님으로서 주님(the Lord)을 오직 영접, 수용할 수 있는 자들이었고, 그리고 이 세상에서는 동시에 자신의 악행들을 회개하였던 자들이었습니다. 이 새로운 천계로부터 "새 예루살렘"을 가리키는 이 땅의 새로운 교회(the New Church)가 하강(下降)하고 있고, 또한 하강할 것입니다. 이 교회가 오직 주님만을 시인(是認)할 것이다는 것은 묵시록서의 장절들에게서 아주 명료합니다. 묵시록서의 말씀입니다.

일곱 천사가 마지막 때에 일곱 재난이 가득 담긴 일곱 대접을 가졌는데, 그 가운데 하나가 나에게로 와서 말하기를 "이리로 오너라. 어린 양의 아내인 신부를 너에게 보여 주겠다" 하고, 나를 성령으로 휩싸서 높고 큰 산 위로 데리고 가서, 하나님께로부터 하늘에서 내려오는 거룩한 도시 새 예루살렘을 보여 주었습니다.
(묵시록 21 : 9, 10)

그리고 또 다른 곳에서는—.

("할렐루야,
주 우리의 하나님,
전능하신 분께서 왕권을 잡으셨다.)
기뻐하고 즐거워하며,
하나님께 영광을 돌리자.
어린 양의 혼인날이 이르렀다.
그의 신부는 단장을 끝냈다.……
또 그 천사가 나에게 말하였습니다. "어린 양의 혼인 잔치에 초대를 받은 사람에게는 복이 있다고 기록하여라."
(묵시록 19 : 7, 9)

거기에 새로운 천계(a New heaven)가 있다는 것, 그리고 거기에서부터 새로운 교회가 하강할 것이다는 것 등은 그 책의 이런 말씀들로부터 명확합니다.

나는 새 하늘과 새 땅을 보았습니다. 이전의 하늘과 이전의 땅이 사라지고, 바다도 없어졌습니다. 나는 또, 거룩한 도시 새 예루살렘이 남편을 위하여 단장한 신부와 같이 차리고, 하나님께로부터 하늘에서 내려오는 것을 보았습니다.……그 때에 보좌에 앉으신 분이 말씀하셨습니다. "보아라, 내가 모든 것을 새롭게 한다." 또 말씀하셨습니다. "기록하여라. 이 말은 신실하고 참되다."
(묵시록 21 : 1, 2, 5)

"새 하늘"(the New Heaven)은 기독교인들에게서 비롯된 "새로운 천계"(a New heaven)를 가리킵니다. 그리고 이 "새 예루살렘"은 새로운 천계와 더불어 한 몸처럼 행동할 이 땅의 "새로운 교회"(the New Church)를 가리킵니다. 여기서 "어린 양"(the Lamb)은 신령인간(神靈人間·神靈人性·the Divine Human)의 측면에서 주님을 가리킵니다.

여기에 예증(例證)을 위하여 몇 가지 내용을 부연하고자 합니다. 기

저자의 서문

독교인의 천계(the Christian Heaven)는 고대의 천계들(the Ancient Heavens) 아래에 있습니다. 그 천계에는 주님께서 이 세상에 계셨던 주님의 때로부터 세 분 인격들 하의 한 분 하나님(one God under three person)을 예배하였고, 그리고 동시에 세 하나님들(=三神·three Gods)의 개념을 가지지 않았던 자들이 허입(許入)되었습니다. 그리고 이것은 기독교계에 세 분의 삼위일체(三位一體·the Trinity of Persons)를 수용하였기 때문입니다. 그러나 주님의 인성에 관해서 다른 사람의 인성 이상으로 다른 개념을 결코 가지고 있지 않는 자들은 새 예루살렘의 믿음을 영접, 수용할 수 없습니다. 다시 말하면 주님(the Lord)께서 유일하신 하나님(the only God)이시고, 그 분 안에 삼일성(三一性·the Trinity)이 존재한다는 그 믿음을 수용할 수 없습니다. 이런 이유 때문에 이런 사람들은 분리되어야 하였고, 변방(邊方)으로 쫓겨나야 했습니다. 나에게는 최후심판이 있은 뒤, 그들의 분별들과 옮김(移動)들을 보는 것이 허락되었습니다. 왜냐하면 온 천계(the whole heaven)는 올바른 하나님 개념(=올바른 신관·a just idea of God) 위에 기초하고 있고, 그리고 지상의 모든 교회와 일반적인 모든 종교가 그 위에 세워졌기 때문입니다. 그리고 올바른 신관에 의하여 결합(結合)이 있고, 그리고 그 결합에 의하여 빛(光明)·지혜(智慧)·영원한 행복(永福)이 있기 때문입니다.

어느 누구나 반드시 볼 수 있는 것은 ≪묵시록서≫는 주님 이외에는 결코 설명될 수 없다는 것입니다. 왜냐하면 그 책 안에 있는 각각의 말씀은 비의(秘義·arcana)를 담고 있기 때문인데, 그 비의는 개별적인 조요(照耀·敎化·enlightenment), 따라서 특별한 계시(啓示·revelation) 없이는 결코 알려질 수 없기 때문입니다. 그러므로 주님께서는 나의 영적인 시각(the sight of my spirit)을 여시고, 나에게 가르치시는 것을 무척 기뻐하셨습니다. 따라서 나 자신으로부터 거기에 내포된 어떤 것도 내가 취하지 않았다는 것도 믿으십시오. 또한 어느 천사에게서 취한 것이라는 것도 믿지 마시고, 오직 주님에게서 취한 것이라는 사실만을 믿으십시오. 주님께서는 역시 천사를 통하여 요한 사도에게 이렇게 말씀하셨습니다.

이 책에 적힌 예언의 말씀을 봉인하지 말아라.

(묵시록 22 : 10)

이 장절은 예언의 말씀들이 명확하게 드러날 것이다는 것을 뜻합니다.

제 22장 본   문(22장 1-21절)

1 천사는 또, 수정과 같이 빛나는 생명수의 강을 내게 보여 주었습니다. 그 강은 하나님의 보좌와 어린 양의 보좌로부터 흘러 나와서,

2 도시의 넓은 거리 한가운데를 흘렀습니다. 강 양쪽에는 열두 종류의 열매를 맺는 생명 나무가 있어서, 달마다 열매를 내고, 그 나뭇잎은 민족들을 치료하는 데 쓰입니다.

3 다시 저주를 받을 일이라고는 아무것도 그 도시에 없을 것입니다. 하나님과 어린 양의 보좌가 도시 안에 있고, 그분의 종들이 그분을 예배하며,

4 하나님의 얼굴을 뵐 것입니다. 그들의 이마에는 그분의 이름이 적혀 있고,

5 다시는 밤이 없고, 등불이나 햇빛이 필요 없습니다. 그것은 주 하나님께서 그들을 비추시기 때문입니다. 그들은 영원무궁 하도록 다스릴 것입니다.

6 천사가 또 나에게 말하였습니다. "이 말씀은 믿음직하고 참되다. 예언자들에게 영을 내려 주시는 주 하나님께서 그분의 종들에게 곧 일어날 일들을 보여 주시려고, 그의 천사들을 보내셨다.

7 '보아라, 내가 곧 가겠다' 하신 주님의 말씀을 기억하여라." 이 책에 기록된 예언의 말씀을 지키는 사람들은 복이 있습니다.

8 이 모든 것을 듣고 본 사람은 나 요한입니다. 내가 이 모든 것을 듣고 볼 때에, 이것들을 내게 보여 준 그 천사의 발 앞에 엎드려 경배하려고 하였더니,

9 그는 "이렇게 하지 말아라. 나도, 너나, 너의 동료 예언자들이나 이 책의 말씀을 지키는 사람들과 같은 종이다. 경배는 하나님께 드려라" 하고 말하였습니다.

10 또 그가 나에게 말하였습니다. "때가 가까이 왔으니, 이 책에 적힌 예언의 말씀을 봉인하지 말아라.

11 이제는 불의를 행하는 자는 그대로 불의를 행하도록 내버려 두고, 더러운 자는 그냥 사람이 더러운 채로 내버려 두어라. 의로운 사람은 그대로 의를 행하게 하고, 거룩한 사람은 그대로 거룩한 사람이

되게 하여라."

12 "보아라, 내가 곧 가겠다. 나는 너희 각 사람에게 그 행위대로 갚아 주려고 상을 가지고 가겠다.

13 나는 알파와 오메가, 처음과 마지막이며, 시작과 끝이다.

14 생명 나무에 이르는 권리를 차지하고 성문으로 해서 성에 들어가려고, 자기 겉옷을 깨끗이 빠는 사람은, 복이 있다.

15 개들과 마술쟁이들과 음행하는 자들과 살인자들과 우상 숭배자들과 거짓을 사랑하고 행하는 자는 다 바깥에 남아 있게 될 것이다.

16 나 예수는 나의 천사를 너희에게 보내어, 교회들에게 주는 이 모든 증언을 전하게 하였다. 나는 다윗의 뿌리요, 그의 자손이요, 빛나는 새벽별이다."

17 성령과 신부가 "오십시오!"
하고 말씀하십니다. 이 말을 듣는 사람도 또한 "오십시오!"
하고 외치십시오.
목이 마른 사람도 오십시오.
생명의 물을 원하는 사람은
거저 마시십시오.

18 나는 이 책에 기록한 예언의 말씀을 듣는 모든 사람에게 증언합니다. 누구든지 여기에 무엇을 덧붙이면, 하나님께서 그에게 이 책에 기록한 재앙들을 덧붙이실 것이요,

19 또 누구든지 이 예언의 책에 기록한 말씀에서 무엇을 없애 버리면, 하나님께서 이 책에 기록한 생명 나무와 그 거룩한 도시에서 그가 누릴 몫을 없애 버리실 것입니다.

20 이 모든 계시를 증언하시는 분이 "그렇다. 내가 곧 가겠다" 하고 말씀하셨습니다. 아멘. 오십시오, 주 예수님!

21 주 예수의 은혜가 모든 사람에게 있기를 빕니다. 아멘.

간추린 영적인 뜻(22장 1-21절)

◆ 전장의 간추린 대의(大意)

주님에게서 온 신령진리들에게서 비롯된 총명의 측면에서 그 교회가 계속해서 기술되었습니다(1-5절). 주님께서 묵시록서의 사실을 밝히셨다는 것과 그리고 때가 이르면 그 내용이 계시될 것이다는 것입니다(6-10절). 주님의 강림, 그리고 주님을 믿는 사람과 주님의 계명들에 일치하는 삶을 사는 사람과 주님과의 결합에 관해서 다루어졌습니다(11-17절). 계시된 모든 내용들은 모든 방법들에 의하여 지켜졌다는 것(18, 19절), 그리고 약혼(約婚·betrothal)에 관해서 언급되었습니다(17, 20, 21절).

◆ 각절의 간추린 대의(大意)

[1절] :
"천사는 또, 수정과 같이 빛나는 생명수의 강을 내게 보여 주었습니다. 그 강은 하나님의 보좌와 어린 양의 보좌로부터 흘러 나왔다"라는 말씀은, 새 예루살렘이 가리키는 새로운 교회에 있게 될 사람들을 위하여 주님께서 계시하실 풍부한 신령진리들이 있는 성언의 영적인 뜻의 측면에서 지금 ≪묵시록서≫가 개봉되고, 해설된다는 것을 뜻합니다(본서 932항 참조).

[2절] :
"도시의 넓은 거리 한가운데를 흘렀습니다. 강 양쪽에는 열두 종류의 열매를 맺는 생명 나무가 있다"라는 말씀은 새로운 교회 안에 있는 교리에 속한 진리들의 궁극적인 것들 안에, 그리고 그것에서 비롯된 삶의 궁극적인 것들 안에 있는 주님의 신령사랑 안에 주님께서 계신다는 것을 뜻하고, 그리고 거기에 있는 사람에게는 자기 자신에게서 비롯된 것처럼 보이는 모든 선들이 그분에게서 나온다는 것을 뜻합니다(본서 933·934항 참조). "달마다 열매를 낸다"(=맺는다)는 말씀은, 주님께서는 그 사람이 가지고 있는 모든 상태에 따라서 그 사람과 더불어 모든

선들을 생성하신다는 것을 뜻합니다(본서 935항 참조). "그 나뭇잎은 민족들을 치료하는 데 쓰입니다"라는 말씀은, 거기에서 비롯된 합리적인 진리들(rational truths)을 뜻하는데, 그것들에 의하여 악들 안에, 그리고 그것에서 비롯된 거짓들 안에 있는 자들이 건전하게 생각하도록, 그리고 멋지게 살도록 인도된다는 것을 가리킵니다(본서 936항 참조).

[3절] :
"다시 저주를 받을 일이라고는 아무것도 그 도시에 없을 것입니다. 하나님과 어린 양의 보좌가 도시 안에 있고, 그분의 종들이 그분을 예배할 것이다"는 말씀은 새 예루살렘이라는 그 교회 안에는 주님에게서 분리된 자는 어느 누구도 없다는 것을 뜻하는데, 그 이유는 주님 친히 거기를 다스릴 것이고, 그리고 주님의 계명들을 행하는 자들은 주님과 함께 있을 것이기 때문입니다. 왜냐하면 그들은 주님과 결합되었기 때문입니다(본서 937항 참조).

[4절] :
"하나님의 얼굴을 뵐 것입니다. 그들의 이마에는 그분의 이름이 적혀 있습니다"라는 말씀은 그들은 자기 자신들을 주님에게로 향하여 돌릴 것이다는 것과 그리고 주님께서 그들에게 주님 자신을 향하게 하실 것이다는 것을 뜻합니다. 그 이유는 그들은 사랑에 의하여 결합되었기 때문입니다(본서 938·939항 참조).

[5절] :
"다시는 밤이 없고, 등불이나 햇빛이 필요 없습니다. 그것은 주 하나님께서 그들을 비추시기 때문입니다"라는 말씀은 새 예루살렘에는 믿음에 속한 어떤 거짓도 존재하지 않을 것이다는 것을 뜻하고, 그리고 거기에 있는 사람들은, 자신들의 자기 총명을 가리키는 자연적인 빛에서 비롯된, 그리고 자만(自慢)에서 야기(惹起)된 광영(光榮)에서 비롯된, 하나님에 관한 지식들 안에 있지 않을 것이지만, 그러나 오직 주님에게서 온 성언에서 오는 영적인 빛 안에 있을 것이다는 것을 뜻합니다(본서 940항 참조). "그들은 영원무궁 하도록 다스릴 것입니다"라는 말씀은, 그들이 주님의 나라(the Lord's kingdom)에 있을 것이다는 것이고, 그리고 영원히 주님과의 결합의 상태에 있을 것이다는 것을 뜻합니다(본서 941항 참조).

[6절] :

"천사가 또 나에게 말하였습니다. '이 말씀은 믿음직하고 참되다'"라는 말씀은, 주님 친히 그것을 입증하시고, 말씀하셨기 때문에 그들이 확신을 위해 알아야 할 것이다는 것을 뜻합니다(본서 942항 참조). "예언자들에게 영을 내려 주시는 주 하나님께서 그분의 종들에게 곧 일어날 일들을 보여 주시려고, 그의 천사들을 보내셨다"는 말씀은, 양자의 언약(=구약과 신약)에 속한 성언의 근원이신 주님께서 주님에게서 비롯된 진리들 안에 있는 자들에게 천계를 통하여, 확실하게 존재할 것들을 계시하셨다는 것을 뜻합니다(본서 943항 참조).

[7절] :
"'보아라, 내가 곧 가겠다' 하신 주님의 말씀을 기억하여라. 이 책에 기록된 예언의 말씀을 지키는 사람들은 복이 있습니다"라는 말씀은, 주님께서 확실하게 강림하실 것이다는 것과, 주님께서 지금 여신 이 책에 속한 진리들이나 또는 교리의 계율들을 지키고, 실천하는 자들에게 주님께서 영생(永生)을 주실 것이다는 것을 뜻합니다(본서 944항 참조).

[8절] :
"이 모든 것을 듣고 본 사람은 나 요한입니다. 내가 이 모든 것을 듣고 볼 때에, 이것들을 내게 보여 준 그 천사의 발 앞에 엎드려 경배하려고 하였다"는 말씀은 요한이 영의 상태에 있게 하기 위하여 주님께서 그에게 보내 주신 천사가 이런 것들을 계시하신 하나님이시다고 요한이 생각하였지만, 그럼에도 불구하고 그 때 그것이 아니다는 것을 뜻합니다. 왜냐하면 그 천사는 오직 주님께서 밝히신 것들을 보여 주었기 때문입니다(본서 945항 참조).

[9절] :
"그는 '이렇게 하지 말아라. 나도, 너나, 너의 동료 예언자들이나, 이 책의 말씀을 지키는 사람들과 같은 종이다. 경배는 하나님께 드려라' 하고 말하였습니다"라는 말씀은 천계의 천사들은 경배를 받을 존재가 아니고, 그리고 기도의 대상이 아니다는 것을 뜻합니다. 그 이유는 그들에게 속한 신령한 것은 전무(全無)하기 때문입니다. 그러나 천사들은, 형제와 형제들끼리와 같이, 새 예루살렘의 교리 안에 있고, 그리고 그것의 계명들을 실천하는 자들과 결합할 것이고, 주님께서는 오직 그들의 제휴(提携)의 상태에서 경배 받으신다는 것을 뜻합니다(본서 946항

[10절] :
"또 그가 나에게 말하였습니다. '때가 가까이 왔으니, 이 책에 적힌 예언의 말씀을 봉인하지 말아라'"라는 말씀은 묵시록서는 반드시 닫혀지지 않고, 개봉될 것이라는 것을 뜻하고, 그것은 어느 누구나 다 구원 받기 위하여, 교회의 마지막 때에 필요할 것이라는 것을 뜻합니다(본서 947항 참조).

[11절] :
"이제는 불의를 행하는 자는 그대로 불의를 행하도록 내버려 두고, 더러운 자는 그냥 사람이 더러운 채로 내버려 두어라. 의로운 사람은 그대로 의를 행하게 하고, 거룩한 사람은 그대로 거룩한 사람이 되게 하여라"라는 말씀은, 개별적으로는 사후(死後)에, 그리고 그의 심판 이전에, 그리고 일반적으로는 최후심판 이전에, 선들은 악들 안에 빠져 있는 자들에게서 분리, 선택될 것이고, 그리고 진리들은 거짓들 안에 빠져 있는 자들에게서 분리, 선택될 것이라는 모두에 속한 상태를 뜻합니다. 그리고 또한 반대로는 모든 악들은 선들 안에 있는 자들에게서 분리, 선택될 것이고, 그리고 거짓들은 진리들 안에 있는 자들에게서 분리, 선택될 것이라는 모두에 속한 상태를 뜻합니다(본서 948항 참조).

[12절] :
"보아라, 내가 곧 가겠다. 나는 너희 각 사람에게 그 행위대로 갚아 주려고, 상을 가지고 가겠다"라는 말씀은, 주님께서 확실하게 강림하실 것이라는 것과 그리고 주님께서는 주님을 믿는 그의 믿음에 따라서 모두에게 천계가 되시고, 영생(永生)의 행복이 되시고, 그리고 주님의 계명에 일치하는 그 사람의 삶이 되신다는 것을 뜻합니다(본서 949항 참조).

[13절] :
"나는 알파와 오메가, 처음과 마지막이며, 시작과 끝이다"라는 말씀은 주님께서 천지(天地)의 하나님이시고, 천지에 있는 모든 것들(森羅萬象)은 그분께서 완성하셨고, 그리고 그것들은 모두가 주님의 신령섭리(神靈攝理・His Divine Providence)에 의하여 다스려지고, 그리고 그것에 일치하여 이행되기 때문이라는 것을 뜻합니다(본서 950항 참조).

[14절] :

"생명 나무에 이르는 권리를 차지하고, 성문으로 해서 성에 들어가려고, 자기 겉옷을 깨끗이 빠는 사람은, 복이 있다"라는 말씀은, 주님의 계명들에 일치하여 사는 사람들은 영원한 행복(永福)을 차지한다는 것을 뜻합니다. 왜냐하면 사랑에 의하여 그들은 주님 안에 있고, 그리고 주님께서는 그들 안에 계시기 때문입니다. 그리고 그분에 관한 지식들에 의하여 주님의 새로운 교회 안에 있기 때문입니다(본서 951항 참조).
[15절] :
"개들과 마술쟁이들과 음행하는 자들과 살인자들과 우상 숭배자들과 거짓을 사랑하고 행하는 자는 다 바깥에 남아 있게 될 것이다"라는 말씀은, 십성언에 속한 계율(=가르침)들을 무가치(無價値)한 것으로 만드는 자들, 그리고 거기에 죄들로 명명(命名)된 악들을 멀리하지 않는 자들, 따라서 그런 죄악들 안에 사는 자들은 어느 누구도 새 예루살렘에 영접, 수용되지 않는다는 것을 뜻합니다(본서 952항 참조).
[16절] :
"나 예수는 나의 천사를 너희에게 보내어, 교회들에게 주는 이 모든 증언을 전하게 하였다"라는 말씀은, 지금 여기서 개봉되는 것들과 같이, 이 책에 기술된 것들이 주님께서 홀로 밝히시는 참된 것이다는 것을 전 기독교계 앞에 주님에 의한 입증(立證 · 증거 · 證據 · testification)을 뜻합니다(본서 953항 참조). "나는 다윗의 뿌리요, 그의 자손이요, 빛나는 새벽별이다"라는 말씀은 그분은 이 세상에 태어나셨던 주님 자신이다는 것, 그리고 그 때 빛 자체(the Light)이셨다는 것을 뜻하고, 그리고 거룩한 예루살렘이 가리키는 주님의 새로운 교회에 앞서서 일어나게 될 새로운 빛(new light)으로 오실 것이다는 것을 뜻합니다(본서 954항 참조).
[17절] :
"성령과 신부가 '오십시오!' 하고 말씀하십니다"라는 말씀은 천계와 교회가 주님의 강림(降臨 · the coming of the Lord)을 열망한다는 것을 뜻합니다(본서 955항 참조). "이 말을 듣는 사람도 또한 '오십시오!' 하고 외치십시오. 목이 마른 사람도 오십시오. 생명의 물을 원하는 사람은 거저 마십시오"라는 말씀은, 주님의 강림에 관해서, 새로운 천계나, 새로운 교회에 관해서, 따라서 주님의 나라(the Lord's kingdom)에 관해서 무엇을 아는 사람은 그것이 이루어지기 위하여 반드시 기도하여야

한다는 것을 뜻하고, 그리고 진리들을 열망하는 사람은 주님께서 빛으로 오시기를 반드시 기도하여야 한다는 것을 뜻하고, 그리고 진리들을 사랑하는 사람은, 그 사람의 노력이 없이 주님으로부터 그 때 진리들을 영접, 수용할 것이다는 것을 뜻합니다(본서 956항 참조).
[18절] :
"나는 이 책에 기록된 예언의 말씀을 듣는 모든 사람에게 증언합니다. 누구든지 여기에 무엇을 덧붙이면, 하나님께서 그에게 이 책에 기록한 재앙들을 덧붙이실 것이다"라는 말씀은 지금 주님께서 개봉하신 이 책에 속한 교리의 진리들을 읽고, 알고 있으면서, 그리고 이 두 요소들을 그것들이 파괴할 수 있는 어떤 것을 더 하는 일, 즉 주님 이외의 다른 하나님을 시인하고, 그리고 주님을 믿는 믿음 이외의 다른 믿음을 시인하는 자들은 이 책에 기술된 재앙들이 뜻하는 거짓들이나 악들로 인한 멸망 이외의 다른 일이 있을 수 없다는 것을 뜻합니다(본서 957항 참조).
[19절] :
"또 누구든지 이 예언의 책에 기록된 말씀에서 무엇을 없애 버리면, 하나님께서 이 책에 기록한 생명 나무와 그 거룩한 도시에서 그가 누릴 몫을 없애 버리실 것입니다"라는 말씀은 주님께서 지금 개봉하신 이 책에 속한 교리의 진리들을 읽고, 알고 있으면서, 그들이 그것에 의하여 이들 두 요소들을 파괴할 수 있는 어떤 것의 제거에 의하여 주님 이외의 다른 하나님을 시인하고, 주님을 믿는 믿음 이외의 다른 믿음을 시인하는 사람들은 결코 지혜로울 수 없으며, 그리고 성언으로부터 아무것도 자신에게 전유(專有)할 수 없다는 것과 그리고 새 예루살렘에 영접, 수용될 수 없다는 것과 그리고 주님의 나라에 있는 자들이 가지고 있는 자신의 몫(lot)을 차지할 수 없다는 것 등등을 뜻합니다(본서 958·959항 참조).
[20절] :
"이 모든 계시를 증언하시는 분이 '그렇다. 내가 곧 가겠다' 하고 말씀하셨습니다. 아멘. 오십시오, 주 예수님!"이라는 말씀은 묵시록서를 계시하셨고, 그리고 지금 그것을 개봉하신 주님께서 복음을 입증하신다는 것을 뜻합니다. 그런데 이 복음은, 이 세상에 계실 때 입으셨고, 그리고 영화하신 그분의 신령인성으로 신부와 남편(the Bridegroom and

Husband)으로 오신다는 것, 그리고 교회는 신부와 아내(a Bride and Wife)로서 그분을 열망한다는 것입니다(본서 960항 참조).

제 22장 상세한 영적인 해설(22장 1-21절)

932. 1절. **천사는 또, 수정과 같이 빛나는 생명수의 강을 내게 보여주었습니다. 그 강은 하나님의 보좌와 어린 양의 보좌로부터 흘러 나왔다.**
이 말씀은 지금 묵시록서가, 새 예루살렘이 가리키는 주님의 새로운 교회에 장차 있을 사람들을 위하여 주님에 의하여 계시될 넉넉함 가운데 신령진리들이 내재해 있는 그것의 영적인 뜻의 측면에서, 개봉되고, 해설된다는 것을 뜻합니다. "수정과 같이 빛나는 생명수의 순수한 강"(the pure river)은, 천계의 빛 가운데 있는 것을 가리키는, 성언의 영적인 뜻에서 비롯된 투명 상태인 넉넉함 가운데 있는 성언에 속한 신령진리를 뜻합니다. 여기서 "강"(a river)이 넉넉한 상태에 있는 신령진리를 뜻한다고 하였는데(본서 409항 참조), 그것은 강을 구성하고 있는 "물"(the waters)이 진리들을 뜻하기 때문입니다(본서 50·685·719항 참조). 그리고 "생명의 물"(=생명수·生命水·the waters of life)은, 아래에서와 같이, 성언을 통해서 주님에게서 비롯된 그런 진리들을 뜻하기 때문입니다. "수정과 같이 빛난다"는 말은, 천계의 빛 가운데 있는 것을 가리키는, 영적인 뜻에서 비롯된 투명한 이런 진리들을 뜻합니다(본서 897항 참조). 그 강이 "하나님의 보좌와 어린 양의 보좌로 흘러나오는 것처럼 보였다"는 것은 그것이 주님으로 말미암아 천계에서 나왔다는 것을 뜻합니다. 왜냐하면 "보좌"는 심판에 측면에서, 다스림(統治)의 측면에서, 그리고 천계의 측면에서 주님을 뜻하기 때문입니다. 그리고 심판의 측면에서 주님을 뜻한다는 것은 본서 229·845·865항을 참조하시고, 통치의 측면에서 주님을 뜻한다는 것은 본서 694·808항을 참조하십시오. 그리고 "보좌"가 천계의 측면에서 주님을 뜻한다는 것은 본서 14·221·222항을 참조하십시오. 그러므로 여기서는 보좌가 주님으로부터 천계를 통해서 나왔다는 것을 뜻합니다. 앞에서 자주 언급된 것과 같이, "하나님과 어린 양"(God and the Lamb)은 모든 것들의 근원인 신령존재 자체(the Divine Itself)의 측면에서 주님을 뜻하고, 그리고 신령인간(the Divine Human)의 측면에서 주님을 뜻합니다. 특별한 뜻으로 "생명수의 강"(the river of water of life)이, 여기서는 묵시록서에서 주님에 의하여 지금 계시된, 충분한 상태에 있는 신령진리들을 뜻한다는 것은 우리의 본문장 6, 7, 9, 10, 14, 16-19절에서 아주 명백합니다. 거기에는 이 예언의 책이 다루어지고 있고, 그리고 거기에 기술된 모든 것들은 어느 누구나 모두가 지켜져야 한다는 것이 언급되었고, 그리고 또한 그 모든 것들은 영적인 뜻에 의하여 그것 안에 있는 것들이 계시되기 전에는, 지켜질 수 없다는 것이 언급되었습니다. 그 이유는 그것들은 그 전에는 이해될 수 없기 때문입니다. 그리고 묵시록서의 말씀은, 구약의 예언서의 말씀과 같이, 성언이기 때문입니다. 단절하여야 하고, 그리고 혐오(嫌惡)적인 것으로 여겨야 할 교회에 속한 온갖 악들이나 거짓들이나, 그리고 실천하여야 할 교회에 속한 온갖 선들이나 진리들, 특히 주님에 관한 것들이나 주님에게서 비롯된 영생(永生)에 관한 것들이 지금 묵시록서에서 적나라하게 밝혀지고 있습니다. 이런 것들은 사실 예언서에서 이미 가르쳤지만, 복음서들이나 묵시록서처럼 명확하지는 않았습니다. 주님에 관한 신령진리, 곧 이미 그분에게서 발출한 것이 주님께서 천지(天地)의 하나님이시다는 것과 그리고 묵시록서에서 다루고 있는 새 예루살렘에 장차 있게 될 사람들에 의하여 주님께서 영접될 것이다는, 주님에 관한 신령진리가 우리의 본문인 "하나님의 보좌와 어린 양의 보좌로부터 흘러나오는 수정 같이 빛나는 생명수의 강"이 개별적인 뜻으로 뜻하는 것입니다. 이것이 사실인 것은 아래의 이런 장절들에게서 아주 명확합니다.

나를 믿는 사람은, 성경에 이른 것과 같이, 그의 배에서 생수가 강처럼 흘러 나올 것이다.
(요한 7 : 38)
예수께서 말씀하셨습니다. "내가 주는 물을 마시는 사람은, 영원히 목마르지 않을 것이다. 내가 주는 물은 그 사람 속에서, 영생에 이르게 하는 샘물이 될 것이다."
(요한 4 : 14)
목마른 사람에게는 내가 생명수 샘물을 거저 마시게 하겠다.
(묵시록 21 : 6 ; 22 : 17)
보좌 한가운데 계신 어린 양이
그들의 목자가 되셔서
생명의 샘물로
그들을 인도하실 것이다.
(묵시록 7 : 17)
그 날이 오면,
예루살렘에서 생수가 솟아나서……
주께서 온 세상의 왕이 되실 것이다.
그 날이 오면,
사람들은 오직 주 한 분만을 섬기고,
오직 그분의 이름 하나만으로
간구할 것이다.
(스가랴 14 : 8, 9)

여기서 "생수"(living water) 또는 "생명수"(waters of life)는 주님에게서 비롯된 신령진리들을 뜻합니다.

933. 2절. (그 강은) 도시의 넓은 거리 한가운데를 흘렀습니다. 강 양쪽에는 열두 종류의 열매를 맺는 생명 나무가 있었다. 이 말씀은 그 교회 안에 있는 교리에 속한 진리들 한가운데, 그리고 그것에서 비롯된 삶에 속한 진리들 한가운데에는 주님의 신령사랑 안에 계시는 주님께서 계신다는 것을 뜻하는데, 그분에게서부터 사람이 겉보기에 자기 자신이 스스로 행하는 것 같이 보이는 모든 선들이 나옵니다. "한가운데"(in the midst)라는 말은 극내적인 것(the inmost) 안에 있다는 것을 뜻하고, 그리고 그것으로 인하여 주위의 모든 것들 안에 있다는 것(본서 44 · 383항 참조)을 뜻합니다. 그리고 "거리"(street)는 교회의 교리에 속한 진리를 뜻합니다(본서 501 · 917항 참조). "강"(the river)은 충분한 상태에 있는 신령진리를 뜻합니다(본서 409 · 932항 참조). 그리고 "강 양쪽"은 오른쪽과 왼쪽을 뜻하는데, 오른쪽에 있는 진리는 밝은 상태에 있는 것을 뜻하고, 왼쪽에 있는 진리는 상대

적으로 불영명한 상태에 있는 것을 가리킵니다. 왜냐하면 천계에서 영명한 상태에 있는 진리를 뜻하는 남쪽(south)은 오른쪽에 있고, 불영명한 상태에 있는 진리를 뜻하는 북쪽(north)은 왼쪽에 있기 때문입니다(본서 901항 참조). "생명 나무"(the tree of life)는 신령사랑의 측면에서 주님을 뜻합니다(본서 89항 참조). "열매들"(fruits)은, 선행(善行)들이라고 하는 사랑과 인애에 속한 선들을 뜻하는데, 이러한 내용은 아래의 단락에서 다루어지겠습니다. "열둘"(12)은 전부(=모두)를 뜻하고, 그리고 이 낱말은 교회에 속한 선들이나 진리들에 관해서 언급하고 있습니다(본서 348항 참조). 이상의 내용들을 하나의 뜻으로 묶으면 뒤이어지는 것은, 우리의 본문인 "도시의 넓은 거리 한가운데를 흐르는 강 양쪽에는 열두 종류의 열매를 맺는 생명 나무가 있다"는 말씀은, 새로운 교회 안에 있는 교리에 속한 진리들이나 삶에 속한 진리들의 극내적인 것 안에는 주님께서 주님의 신령사랑 안에 계신다는 것을 뜻하고, 그리고 사람이 겉보기에 자기 자신이 스스로 하는 것 같이 보이는 모든 선들이 그분에게서 나온다는 것을 뜻합니다. 이러한 일은 주님에게 직접 나아가고, 그리고 그것들이 죄들이기 때문에 온갖 악들을 단절하는 사람들에게서 일어납니다. 따라서 새 예루살렘이 가리키는 주님의 새로운 교회 안에 있게 될 사람들에게 일어납니다. 왜냐하면 주님에게 직접 가까이 나아가지 않는 사람들은 주님과 결합할 수 없기 때문이고, 따라서 아버지(聖父)와 결합할 수 없기 때문입니다. 그러므로 신령 존재에게서 비롯된 그 사랑 안에도 역시 있을 수 없기 때문입니다. 왜냐하면, 그저 단순한 총명적인 우러름이 아니고, 오히려 의지에 속한 정동으로 말미암은 총명적인 우러름을 가리키는, 주님의 우러름은 주님과의 결합을 이루기 때문입니다. 그리고 의지에 속한 정동은, 사람이 주님의 계명들을 지키지 않는다면, 주어지지 않습니다. 그러므로 주님께서 이렇게 말씀하십니다.

> 내 계명을 받아서 지키는 사람은 나를 사랑하는 사람이요, 나를 사랑하는 사람은 내 아버지의 사랑을 받을 것이다. 그리고 나도 그 사람을 사랑하여, 그에게 나를 드러낼 것이다(=나도 그에게 가서, 그 사람과 함께 살 것이다).
> (요한 14 : 21-24).

새로운 교회의 교리에 속한 진리들의 극내적인 것 안에, 그리고 그것에서 비롯된 삶에 속한 진리들의 극내적인 것 안에 있다고 언급하였는데, 그 이유는 영적인 것들 안에는 마치 중심에 있는 불이나 빛에서 변두리로 퍼져나가는 것과 같이, 또한 중앙에 있는 태양으로부터 별과 빛이 전 우주로 뻗어나가듯이 모든 것들이 존재해 있고, 모든 것들이 극내적인 것에서부터 발출하기 때문입니다. 그와 같은 일은 가장 큰 것 안에서와 꼭 같이 가장 작은 것들 안에서도 일어납니다. 모든 진리에 속한 극내적인 것을 뜻하기 때문에, 그러므로 비록 이러한 내용을 뜻하고 있지만, 그 강의 양쪽이라고 언급하지 않고, "도시의 넓은 거리 한가운데와 그 강의 양쪽"이라고 언급하였습니다. 주님께서 극내적인 것 안에 계실 때 주님으로 말미암아 사랑에 속한 모든 선들이나 인애에 속한 모든 선들이 존재하고, 발출한다는 것은 요한복음서에서 주님 친히 가르치신 주님의 말씀에서 아주 명백합니다.

    (예수께서 말씀하셨습니다.) 언제나 내 안에 머물러 있어라.……가지가 포도나무에 붙어 있지 않으면, 스스로 열매를 맺을 수 없는 것과 같이, 너희도 내 안에 머물러 있지 않으면 열매를 맺을 수 없다. 나는 포도나무요, 너희는 가지다. 사람이 내 안에 머물러 있고, 내가 그 사람 안에 머물러 있으면, 그는 많은 열매를 맺는다. 너희는 나를 떠나서는 아무것도 할 수 없다. (요한 15 : 4-6)

    934. "열매들"(fruits)이 사랑, 또는 인애로 말미암아 행한 선들을 뜻한다는 것은 성언으로부터의 확증 없이도 실제로 잘 알려져 있습니다. 왜냐하면 독자들은 성경에서 "열매들"이 이것 이외의 아무것도 뜻하지 않는다는 것을 이해하고 있기 때문입니다. 사랑에 속한 선들, 또는 인애에 속한 선들이 "열매들"이 뜻하는 것들이다는 이유는, 사람이 한 그루의 나무에 비유되었기 때문이고, 그리고 하나의 나무로 불리웠기 때문입니다(본서 89·400항 참조). "열매들"이 일반적인 언어에서는 선행들(good works)이라고 하는, 사랑에 속한 선들, 또는 인애에 속한 선들을 뜻한다는 것은 아래의 장절들에게서 잘 알 수 있겠습니다.

    도끼가 이미 나무 뿌리에 놓였으니, 좋은 열매를 맺지 않는 나무는 다 찍

혀서, 불 속에 던져진다.
(마태 3 : 10 ; 7 : 16-20)
나무가 좋으면 그 열매도 좋고, 나무가 나쁘면 그 열매도 나쁘다. 그 열매로 그 나무를 안다.
(마태 12 : 33 ; 누가 6 : 43, 44)
열매를 맺지 못하는 가지는, 아버지께서 다 찍어 버리시고, 열매를 맺는 가지는 열매를 더 많이 맺게 하려고 손질하신다.……언제나 내 안에 머물러 있어라. 그러면 나도 너희 안에 머물러 있겠다.……내가 그 사람 안에 머물러 있으면, 그는 많은 열매를 맺는다.……너희가 열매를 많이 맺어서 나의 제자가 되면, 이것으로 나의 아버지께서 영광을 받으실 것이다.
(요한 15 : 2-8)
회개에 알맞은 열매를 맺어라.
(마태 3 : 8)
좋은 땅에 뿌린 씨는 말씀을 듣고서 깨닫는 사람을 두고 하는 말인데, 그 사람이야말로 열매를 맺되, 백 배 혹은 육십 배 혹은 삼십 배의 결실을 낸다.
(마태 13 : 23)
(예수께서 제자들에게 말씀하셨다.) 내가 너희를 택하여 세운 것이다. 그것은 너희가 가서 열매를 맺어, 그 열매가 언제나 남아 있게 하려는 것이다.
(요한 15 : 16)
어떤 사람이 자기 포도원에다가 무화과나무를 한 그루 심어 놓고, 그 나무에서 열매를 얻을까 해서 왔으나, 찾지 못하였다. 그래서 그는 포도원지기에게 말하였다. "보아라, 내가 세 해나 이 무화과나무에서 열매를 얻을까 해서 왔으나, 찾지 못하였다. 찍어 버려라. 무엇 때문에, 땅만 버리게 하겠느냐?"
(누가 13 : 6-9)
어떤 집 주인이 있었는데,……열매를 거두어들일 철이 가까이 왔을 때에, 그는 그 소출을 받으려고 자기 종들을 농부들에게 보냈다. 그런데 농부들은 그의 종들을 잡아서, 하나는 때리고, 하나는 죽이고, 또 하나는 돌로 쳤다.……마침내 그는 자기 아들을 그들에게 보냈다.……그러나 농부들은 그 아들을 보고 그들끼리 말하였다. "이 사람은 상속자다. 그를 죽이고, 그의 유산을 우리가 차지하자."……그들은 그를 잡아서, 포도원 바깥으로 쫓아내어 죽였다.……그들이 예수께 말하였다. "그 악한 자들을 가차없이 죽이고, 제 때에 그에게 소출을 바칠 다른 농부들에게 포도원을 맡길 것입니다."……그러므로 나는 너희에게 말한다. 하나님께서는 너희에게서 하나님의 나라를 빼앗아서, 그 나라의 열매를 맺는 민족에게 주실 것이다.

(마태 21 : 33-35, 38, 39, 41, 43)

이 밖에도 여러 장절들이 있습니다.

935. 달마다 열매를 내고…….

이 말씀은, 주님께서 그 사람이 가지고 있는 진리의 모든 상태에 일치하여 그 사람에게서 선을 생산하신다는 것을 뜻합니다. "달"(月·month)은, 곧 아래에서 보여 주는 것과 같이, 진리의 측면에서 사람의 생(=삶)의 상태를 뜻합니다. "열매를 낸다"(=맺는다·yielding fruit)는 말은 선들을 생산한다는 것을 뜻합니다. 그리고 "열매들"이 사랑에 속한 선들이나 인애에 속한 선들을 가리킨다는 것은 바로 위에서 입증하였습니다(본서 934항 참조). 비록 사람이 자기 자신이 하는 것 같이, 그리고 겉보기와 같이, 열매들을 생산하는 것 같지만, 주님께서 본질적으로 사람이 가지고 있는 선을 생산하시기 때문에 명확한 사실은, 주님께서 거기에 계실 때, 주님께서는 극내적인 것으로 말미암아 열매들(=선들)을 생산하신다는 것입니다. 그러나 주님께서는 주님께서 가지고 있는 진리의 상태에 일치하여 그 사람에게서 인애에 속한 선들을 생산하신다는 가르침을 어떻게 이해하여야 하는지를 설명하여야 하겠습니다. 영적인 선이라고 부르는, 주님에게 수용되는 선을 사람이 행한다고 믿는 사람은, 만약에 주님 안에 성언에서 비롯된 진리들이 있지 않다고 생각하면, 아주 크게 속고 있는 것입니다. 진리들이 결여(缺如)된 선들은 선들이 아니고, 그리고 선들이 결여된 진리들은, 비록 본질적으로는 그것들이 진리들이라고 한다고 해도, 사람에게서는 진리들은 아닙니다. 왜냐하면 진리가 없는 선은 이해가 결여된 사람의 임의(任意)적인 것과 같은데, 그 임의적인 것은 사람의 것이 아니고, 다만 짐승의 것과 같고, 또한 기능공(技能工)이 움직이게 하려고 조각한 형상에 속한 것과 같기 때문입니다. 그러나 임의적인 것은 총명적인 것과 더불어, 그것에 의하여 존재하는 이해의 상태에 따라서 사람의 것이 됩니다. 왜냐하면 모든 사람의 생명의 상태는 이해를 통하지 않고서는 그 어떤 것도 할 수 없는 그의 의지와 같은 그런 것이기 때문이고, 또한 의지에서 말미암은 것이 아니면 어떤 것도 생각할 수 없는 그런 부류이기 때문입니다. 선이 의지에 속한 것이고, 진리가 이해에 속한 것이기 때문에, 선과 진리에 있어서도 그런 관계입니다. 이렇게 볼 때 명확한 것은 주님께서 사람에게서 생산하는 선은, 그의 의지에서 비롯된 그 사람에게 있는 진리의 상태에 일치한다는 것입니다. 이러한 내용이, 우리의 본문, "달마다 열매를 맺는 생명 나무"가 뜻하는 것이다는 것은 사람에게 있어서 진리의 상태는 달(月·month)이 뜻하기 때문입니다. 생명(=삶)의 상태가 모든 때들(all times), 즉 시간·날·주·달·년·세대가 뜻한다는 것은 본서 476·562항을 참조하십시오. "달들"(months)이 진리의 측면에서 생명(=삶)의 상태를 뜻한다는 것은, 달에 의하여 결정되는 때들(times)이 "달들"이 뜻하는 것이기 때문이고, 그리고 이해에 속한 진리나 믿음에 속한 진리가 "달"(moon)이 뜻하기 때문입니다(본서 332·413·414·919항 참조). 아래의 장절에서 달들은 이와 비슷한 내용을 뜻합니다.

> 주께서 그들의 땅에 복을 내리실 것이다.……
> 햇빛을 받아 익은 온갖 곡식과,
> 달빛(=달)을 받아 자라나는 온갖 과실이,
> 그들의 땅에 풍성할 것이다.
> (신명기 33 : 13, 14)
> 매달 초하루와 안식일마다,
> 모든 사람이,
> 내 앞에 경배하려고 나올 것이다.
> (이사야 66 : 23)

달(moon)에 관한 것을 가리키는 "달"(month)의 뜻 때문입니다.

> 그 달 초하루에는 거룩한 모임을 열고, 생업을 돕는 일은 아무것도 하지 말아라.……이러한 제사는, 주께 불살라 바치는 기쁘게 하는 향기 제사로서, 새 달에 바치는 번제와, 거기에 딸린 곡식제물과, 날마다 바치는 번제와……거기에 딸린 부어드리는 제물 외에 따로 바치는 것이다.
> (민수기 29 : 1-6 ; 이사야 1 : 14)
> 매달 초하루에는, 너희가 번제와 화목제물을 드리며, 나팔을 불어라.
> (민수기 10 : 10 ; 시편 81 : 3)
> 너희는 이 달을 한 해의 첫째 달로 삼아서, 한 해를 시작하는 달로 하여라.
> (출애굽기 12 : 2 ; 신명기 16 : 1)

"달들"(months)이 진리에 속한 상태들을 뜻하고, 반대의 뜻으로는 사람이 가지고 있는 거짓의 상태들을 뜻합니다(묵시록 9 : 5, 10, 15 ; 11 : 2 ; 13 : 5). 에스겔서의 "달"(month)도 역시 같은 뜻을 뜻합니다(에스겔 47 : 12).

936. 그 나뭇잎은 민족들을 치료하는 데 쓰입니다.

이 말씀은 그것에서 비롯된 합리적인 진리를 뜻하는데, 온갖 악들 안에, 그리고 그것에서 비롯된 온갖 거짓들 안에 빠져 있는 자들은 그것(=합리적인 진리들)에 의하여 건전하게 생각하고, 멋지게 사는 것에 인도됩니다. 그 "나뭇잎"은 아래에 언급된 것과 같이 합리적인 진리들(rational truths)을 뜻합니다. 여기서 "민족들"(nations)은 선들 안에, 그리고 그것에서 비롯된 진리들 안에 있는 자들을 뜻합니다. 그리고 반대의 뜻으로는 악들 안에, 그리고 그것에서 비롯된 거짓들 안에 있는 자들을 뜻합니다(본서 483항 참조). 지금 여기서는 악들이나 그것에서 비롯된 거짓들 안에 있는 자들을 뜻하는데, 그 이유는 "민족들을 치료하는 데 쓴다"라고 언급되었기 때문입니다. 그리고 악들 안에, 그리고 그것에서 비롯된 거짓들 안에 빠져 있는 자들은 성언에 의하여 치료될 수 없습니다. 그 이유는 그들이 성언을 읽지 않기 때문입니다. 그러나 만약에 그들이 건전한 판단을 가지고 있다면, 합리적인 진리들에 의하여 치료될 수 있습니다. 우리의 본문절의 그들에게 비슷한 내용들을 에스겔서의 장절들이 뜻하고 있습니다.

> 보니,……문지방 밑에서 물이 솟아 나와, 동쪽으로 흐르다가, 성전의 오른쪽에서 밑으로 흘러 내려가서, 제단 남쪽으로 지나갔다.……내가 돌아올 때에는, 보니, 이미 강의 양쪽 언덕에 많은 나무가 있었다.……그 강가에는 이쪽이나 저쪽 언덕에 똑같이 온갖 종류의 먹을 과일 나무가 자라고, 그 모든 잎도 시들지 않고, 그 열매도 끊이지 않을 것이다. 나무들은 달마다 새로운 열매를 맺을 것인데, 그것은 그 강물이 성소에서부터 흘러 나오기 때문이다. 그 과일은 사람들이 먹고, 그 잎은 약재로 쓸 것이다.
> (에스겔 47 : 1, 7, 12)

여기서도 역시 새로운 교회가 언급되었습니다. "나뭇잎들"이 합리적인 진리들을 뜻한다고 하였는데, 그것은 "나무"(a tree)가 사람을 뜻하기 때문입니다(본서 83·400항 참조). 그리고 그 때 나무의 모든 부분들은 사람 안에 있는 대응하는 것들을 뜻합니다. 예를 들면, 가지들, 잎들, 꽃들, 열매들, 씨들이 되겠습니다. "가지들"은 사람의 감관적인 진리들 (man's sensual truths)이나, 자연적인 진리들을 뜻하고, "잎들"은 사람의 합리적인 진리들을 뜻하고, "꽃들"은 합리적인 것 안에 있는 일차적인 영적인 진리들을 뜻하고, "열매들"은 사랑에 속한 선들과 인애에 속한 선들을 뜻하고, "씨들"은 사람에 속한 첫째나 마지막 것들을 뜻합니다. "나뭇잎들"이 합리적인 진리들을 뜻한다는 것은 영계에서 보여진 것들에게서 아주 명확합니다. 왜냐하면 나무들은 거기에서도 역시 잎들과 열매들을 가지고 있는 것으로 보이기 때문입니다. 거기에는 그런 것들로 인하여 생긴 정원들이나 낙원들이 있습니다. 사랑에 속한 선들 안에 있고, 동시에 지혜에 속한 진리들 안에 있는 사람들은 아름다운 잎들이 무성하고, 열매가 풍성하게 맺힌 나무들로 보이지만, 그러나 약간의 지혜에 속한 진리들이나, 그리고 이성(理性)으로 말하고, 그리고 사랑에 속한 선들 안에 있지 않는 사람들은, 잎들은 무성하지만, 그러나 열매들이 없는 나무들로 보입니다. 그러나 선들이나 지혜에 속한 진리들 안에 있지 않는 자들은, 마치 이 세상의 겨울철에서와 같이, 잎들이 모두 떨어진 앙상한 나무들 이외의 다른 것들로 보이지 않습니다. 합리적이지 못한 사람은 이런 부류의 나무 이외에 아무것도 아닙니다. 합리적인 진리들은 거의 영적인 진리들을 영접, 수용하는 진리들입니다. 왜냐하면 어떤 형체 안에 있는 진리에 속한 지각은 사람의 합리적인 것 안에 있는데, 그것은 그 사람 자신이, 외적인 시각과 낮은 생각과를 결합시키는 낮은 생각 안에 있는 합리적인 것들 아래에 있는 것들을 행할 때와 같이 생각 안에 있는 것을 보지 못하게 합니다. "잎들"이 합리적인 진리들을 뜻합니다(창세기 3 : 7 ; 8 : 11 ; 이사야 34 : 4 ; 예레미야 8 : 13 ; 17 : 8 ; 에스겔 47 : 12 ; 다니엘 4 : 12, 14 ; 시편 1 : 3 ; 레위기 26 : 36 ; 마태 21 : 19 ; 24 : 32 ; 마가 13 : 28). 그러나 그것들의 뜻은 나무들의 종류에 따라서 일치합니다. 올리브나무의 잎들이나 포도나무의 잎들은 천적인 빛이나 영적인 빛에서 비롯된 합리적인 진리들을 뜻하고, 무화과나무의 잎들은 자연적인 빛에서 비롯된 합리적인 진리들을 뜻하고, 전나무, 포플라나무, 상수리나무, 소나무 잎들은 감관적인 빛에서 비롯된 합리적인 진리들을 뜻합니다. 이런 종류의 나무들의 잎들은, 영계에서 강풍에 의하여 흔들리게 되면, 공포를 일으킵니다. 이런 내용이 레위기 26장 36절과 욥기 13장 55절에서 뜻하는 것입니다. 그러나 전자들의 나무들 잎에서는 그렇지가 않습니다.

937. 3절. 다시 저주를 받을 일이라고는 아무것도 그 도시에 없을 것입니다. 하나님과 어린 양의 보좌가 도시 안에 있고, 그분의 종들이 그분을 예배하며……

이 말씀은, 주님 친히 거기에서 다스릴 것이기 때문에 주님에게서 떠난 자들은 어느 누구도, 새 예루살렘이 가리키는 그 교회 안에는 있지 않을 것이다는 것을 뜻하고, 그리고 성언을 통해서 그분에게서 비롯된 진리들 안에 있고, 그리고 그분의 계명들을 실천하는 사람들은 그분과 함께 할 것이다는 것을 뜻하는데, 그 이유는 그들이 그분과 결합하기 때문입니다. "다시 저주를 받을 일이라고는 아무것도 그 도시에 없을 것이다"라는 우리의 본문은, 주님에게서 떠나게 하는 것을 가리키는 어떤 악이나, 악에서 비롯된 거짓이 새 예루살렘 안에는 있지 않을 것이다는 것을 뜻하고, 그리고 사람이 가리키는 하나의 수용그릇 안에 있는 것을 제외하면 악이나 거짓이 주어지지 않기 때문에, 주님에게서 떠난 사람들은 거기에 있지 않다는 것을 뜻합니다. 성경에서 "저주받은 것"은, 주님에게서부터 사람을 떠나게 하고, 자기 자신을 주님에게서 등지게 하는 모든 악이나 거짓을 뜻합니다. 왜냐하면 그 때 그 사람은 악마가 되고, 사탄이 되기 때문입니다. "하나님과 어린 양의 보좌가 도시 안에 있을 것이다"라는 말씀은 주님께서 친히 그 교회에서 다스릴 것이다는 것을 뜻합니다. 왜냐하면 "보좌"는 여기서 나라(王國·kingdom)를 뜻하고, 그리고 주님의 나라는 주님께서 홀로 예배 받으시는 곳을 뜻하기 때문입니다. "그분의 종들이 그분을 예배한다"(=섬긴다)라는 말씀은 성언을 통하여 주님에게서 비롯된 진리들 안에 있는 사람들은 그분과 함께 있을 것이다는 것과, 그리고 그분의 계명들을 실천하는 사람들은 그분과 함께 있을 것이다는 것을 뜻하는데, 그 이유는 그들이 그분과 결합하기 때문입니다. "주님의 종들"(the Lord's servants)이 그분에게서 비롯된 진리들 안에 있는 자들을 뜻한다는 것은 위의 설명에서 잘 알 수 있겠습니다(본서 3·380항 참조). 그리고 "섬기는 자들"(=성직자들·ministers)은 그분에게서 비롯된 선 안에 있는 자들을 뜻합니다(본서 128항 참조). 그러므로 우리의 본문 "그분을 섬길(=예배할) 종들"은 성언을 통하여 주님에게서 비롯된 선에서 온 진리들 안에 있고, 그리고 그의 계명들을 실행하는 자들을 뜻합니다. 작금의 교회는, 주님과의 결합이 천계를 완성한다는 것을 알지 못하기 때문에, 그리고 그 결합은 그분께서 천지(天地)의 하나님이시다는 시인과 동시에 그분의 계명들에 일치하는 삶에 의하여 이루어진다는 것을 모르기 때문에, 그러므로 이런 내용들에 관해서 몇 가지를 부연, 설명하고자 합니다. 아마도 그것들에 관해서 아무것도 알지 못하는 사람은, 결합이 무엇이냐? 시인(是認)과 삶(acknowledgment and life)이 어떻게 결합을 완성할 수 있어? 이런 것들이 거기에 무슨 필요가 있어? 사람은 모두가 오직 자비(慈悲·mercy)로 말미암아 구원받을 수 있는 것 아니야? 그리고 믿음 이외에 구원의 또 다른 방법이 거기에서 무엇 때문에 필요해? 하나님께서 자비하시고 전능하신 분이 아니야? 라고 말할 것입니다. 그러나 영계에서 지식이나 시인이 모든 현존(現存·presence)을 생성한다는 것과 사랑에 속한 정동이 모든 결합을 이룬다는 것을 아시기 바랍니다. 왜냐하면 거기의 공간들(空間·spaces)은 마음에 속한 유사함에 일치하는 외현(外現·appearances)들 이외에 아무 것도 아닙니다. 다시 말하면 그것은 정동에 속한 것이고, 그것에서 비롯된 사상에 속한 것입니다. 그러므로 어느 누구가 명성(名聲·reputation)에 의하여 다른 사람을 알게 되었을 때, 또는 그 사람과의 교제에서, 대화에서, 어떤 관계에서 그 사람을 알게 되었을 때, 그리고 그가 알고 있는 것에 속한 개념으로부터 그 사람에 대해서 생각하는 동안, 그는, 비록 그가 겉보기에는 수만리 떨어져 있을지 모르지만, 그 사람과의 현존(現存)을 이루고 있습니다. 만약에 어느 누구가 그가 알고 있는 그 누구를 사랑한다면 그는 한 사회 안에서 그와 함께 사는 것입니다. 만약에 그가 그 사람을 진심으로 사랑한다면 그와 한 집에서 사는 것입니다. 이것이 바로 전 영계 안에 있는 모두의 존재 상태입니다. 그리고 모두에 속한 이 상태는 이것에서부터, 즉 주님께서는 믿음에 일치하여 모두와 함께 계시고, 그리고 사랑에 일치하여 주님께서 결합하신다는 그것의 근원에서 파생됩니다. 믿음이나, 그것에서 비롯된 주님의 현존(現存·臨在·the Lord's presence)은 성언에서 비롯된 진리들에 속한 지식들을 통하여 주어집니다. 특히 성언 안에 계신 주님 그분에 관한 지식들을 통하여 주어집니다. 그러나 사랑과 그것에서 비롯된 결합은 그분의 계명들에 일치하는 삶을 통해서 주어집니다. 왜냐하면 주님께서 이렇게 말씀하시기 때문입니다.

> 내 계명을 받아서 지키는 사람은 나를 사랑하는 사람이요, 나를 사랑하는 사람은 내 아버지의 사랑을 받을 것이다. 그리고 나도 그 사람을 사랑하여, 그에게 나를 드러낼 것이다(=그 사람과 함께 살 것이다).
> (요한 14 : 21-24)

그러나 이와 같은 일이 어떻게 일어나는지 부연하고자 합니다. 주님께서는 모두를 사랑하시고, 그리고 그 모두와 결합하시기를 원하십니다. 그러나 주님께서는, 그 사람이 악에 속한 쾌락 안에 있는 한, 예를 들면, 미움과 복수에 속한 쾌락들 안에 있다면, 그리고 간음과 음란을 범하는 쾌락 안에 빠져 있다면, 그리고 어떤 형체 하에서든 약탈이나 도둑질의 쾌락에 빠져 있다면, 그리고 모독이나 속임의 쾌락에 빠져 있다면, 그리고 자기사랑이나 세상사랑에 속한 온갖 정욕들 안에 빠져 있다면, 주님께서는 결코 그런 자들과 결합하실 수 없습니다. 왜냐하면 이런 것들에 빠져 있는 사람은 모두가 지옥에 있는 악마들과의 우정관계에 있기 때문입니다. 사실 주님께서는 심지어 거기에 있는 그들까지도 귀하게 여기십니다. 그러나 주님께서는, 그런 악들에 속한 쾌락들이 제거되지 않는다면, 그들과 결합하실 수는 없습니다. 그리고 이런 것들은, 그 사람이 그의 말들을 알기 위하여, 그리고 주님 앞에서 그것들을 시인하고, 고백하기 위하여 자기 자신을 예의 검토하는 일이 없다면, 그리고 그것들을 단절하기 원하지 않는다면, 따라서 회개하지 않는다면, 주님에 의해서도 제거될 수 없습니다. 그 사람은 이런 일을 마치 자기 자신이 하는 것처럼 하여야 합니다. 그 이유는, 그 사람은 그가 주님으로 말미암아 어떤 것을 행한다는 것을 느끼지 못하기 때문입니다. 그리고 사람에게 이와 같은 일을 허락하신 것은 결합, 즉 결합이 이루어지려면, 반드시 상호적, 다시 말하면 주님과 사람의, 사람과 주님의 상호적인 것이 되어야 하기 때문입니다. 그러므로 그들의 쾌락과 결합된 악들이 제거되는 것에 비례하여, 이미 앞에서 언급한 것과 같이, 모두를 향한 보편적인 주님의 사랑은 들어오게 됩니다. 그리고 그 때 사람은 지옥에서 나오고, 그리고 천계에 들어갑니다. 이 일은 사람이 이 세상에서 반드시 행하여야 하는 것입니다. 왜냐하면 그의 영의 측면에서 보면 이 세상에서의 그런 사람이 영원히 그 사람으로 남아 있기 때문입니다. 다만 차이가 있다면, 만약에 이 세상에서 선하게 살았다면, 그의 상태는 더욱 완전하게 된다는 것입니다. 그 이유는 그 때 그 사람이 물질적인 몸(a material body)으로 옷 입지 않고, 오히려 그 사람은 영적인 몸(a spiritual body)으로 살아가고 있기 때문입니다.

938. 4절. 그들은 하나님의 얼굴을 뵐 것입니다. 그들의 이마에는 그분의 이름이 적혀 있고…….
이 말씀은 그들이 자신들을 주님을 향하게 할 것이고, 그리고 주님께서도 역시 그분 자신을 그들에게 향하게 하실 것이라는 것을 뜻합니다. 그 이유는 그들이 사랑을 통해서 결합하기 때문입니다. "하나님과 어린 양의 얼굴을 뵌다" 또는 주님을 본다는 말은 그분의 얼굴을 보는 것을 뜻하지 않습니다. 그 이유는, 주님께서는 그분의 신령사랑 안에, 그리고 주님의 신령지혜 안에 계시고, 그리고 사시기 때문에, 어느 누구도 주님의 얼굴을 볼 수 없기 때문입니다. 왜냐하면 주님께서는 천계의 태양(the sun of heaven)이시고, 온 영계의 태양이시기 때문입니다. 왜냐하면 그와 같이 그분 자신 안에 계신 그분의 얼굴을 본다는 것은, 마치 어떤 사람이 태양 안에 들어가는 것과 같아서, 그것의 불이 그 사람을 일순간에 살라버리기 때문입니다. 그러나 주님께서 때로는 당신 자신을 그분의 태양 밖으로 드러내 보이시기도 하지만, 그러나 그 때 주님께서 자기 자신을 가리시고, 그리고 그들의 시각에 자기 자신을 드러내시는 것입니다. 이런 일은 천사를 통해서 하시는 것입니다. 예를 들면 주님께서는 이 세상에서 아브라함·하갈·롯·기드온·여호수아 그 밖의 다른 여러 사람들 앞에서 그렇게 하셨습니다. 그러므로 그런 천사들이 천사들이라고 불리웠고, 또한 여호와라고 불리웠습니다. 왜냐하면 여호와의 현존(現存·臨在)은 아주 멀리 떨어진 그들 안에 계셨기 때문입니다. 그러나 우리의 본문, "그들이 하나님의 얼굴을 뵐 것이다"는 말은 여기서는 그분의 얼굴을 본다는 것을 뜻하지 않고, 오히려 주님에게서 비롯된 성언 안에 있는 진리들을 본다는 것을, 그리고 그 진리들을 통하여 그분을 알고, 시인하는 것을 각각 뜻합니다. 왜냐하면 성언에 속한 신령진리들은, 천사들이 거기에 있는 태양이신 주님에게서 발출(發出)한 빛을 이루기 때문입니다. 그리고 그 진리들이 빛을 이루기 때문에 그들은, 마치 주님의 얼굴이 그것 안에서 보여지는 거울들과 같기 때문입니다. "주님의 얼굴을 본다"는 말씀이 어느 누구의 자신을 그분에게 향하게 하는 것을 뜻한다는 것은 아래에서 설명드리겠습니다. "그들의 이마에 적혀 있는 주님의 이름"은, 주님께서 그들을 사랑하신다는 것, 그리고 그들이 자기 자신들을 주님에게 향하게 한다는 것을 뜻합니다. "주님의 이름"(the Lord's name)은 주님 그분을 뜻하는데, 그 이유는, 그것에 의하여 그분이 알려지고, 그리고 그것에 일치하여 주님께서 예배 받으시는 그분의 모든 성품(=본성·quality)을 뜻하기 때문입니다(본서 81·584항 참조). 그리고 "이마(forehead)는 사랑을 뜻하기 때문이고(본서 347·605항 참조), 그리고 "이마에 적혀 있다"는 말은 그들 안에 계신 주님에 속한 사랑을 뜻하기 때문입니다(본서 729항 참조). 이렇게 볼 때 우리의 본문들의 낱말들이 뜻하는 바가 무엇인지 밝히 알 수 있겠습니다. 그러나 우리의 본문이, 그들은 자기 자신들을 주님에게 향하고, 주님께서는 그분 자신을 그들에게 향하신다는 것을 뜻한다는 것은, 주님께서 이마가 뜻하는 사랑에 의하여 주님에게 결합된 모든 자들을 주의 깊게 보시기 때문이고, 따라서 그들을 주님 자신에게 돌리게 하시기 때문입니다. 그러므로 천계에 있는 천사들은, 자신들의 얼굴을 태양이신 주님 이외의 다른 방향에 두지 않습니다. 그리고 놀라운 일은, 이와 같은 일이 그들의 몸이 어느 방향으로 바뀌든, 꼭 같이 일어난다는 것입니다. 그러므로 일반적인 언어에서도 "그들은 그들의 안전에서 변함없이 하나님을 모신다"는 말이 있습니다. 이와 비슷한 일이, 이 세상에 살고 있고, 그리고 사랑을 통해서 주님에게 결합된, 사람의 영(the spirit of man)에게서 일어난다는 것입니다. 그러나 우리의 본문, 주님에게 얼굴을 돌린다는 말에 관한 더 많은 값있는 설명은 ≪신령사랑과 신령지혜≫ 129-144항을 참조하시고, 1758년 런던에서 출간된 ≪천계와 지옥≫ 17·123·143·144·151·153·255·272항을 참조하십시오.

939. "주님의 얼굴을 본다"는 말이 그분의 얼굴을 보는 것을 뜻하지 않고, 오히려 수많은 것들을 가리키는 그분의 신령속성(=신령특질·His Divine attributes)의 측면에서 그분이시다는 존재로, 그분을 아는 사랑에 의하여 그분과 결합된 자들을 뜻하고, 그리고 따라서 그들이

그분의 얼굴을 본다는 것을 뜻한다는 것 등등은 아래 장절들에게서 잘 알 수 있겠습니다.

 무엇하러 나에게
 이 많은 제물을 바치느냐?……
 너희가 나의 앞에 보이러 오지만,
 누가 너희에게 그것을 요구하였느냐?
 나의 뜰만 밟을 뿐이다.
 (이사야 1 : 11, 12)
 주께서 나더러
 "내게 와서 예배하여라" 하셨을 때
 "주님, 내가 가서 예배하겠습니다" 하고
 대답하였습니다(=너희는 내 얼굴을 찾으라 하실 때에 내 마음이 주께 말하되, 여호와여 내가 주의 얼굴을 찾으리다 하였나이다).
 (시편 27 : 8)
 오너라, 우리가 주님께 즐거이 노래하자.
 우리를 구원하시는 반석을 보고,
 소리 높여 외치자.
 찬송을 부르며 그의 앞으로 나아가서,
 노래 가락에 맞추어,
 그분께 즐겁게 소리 높여 외치자.
 (시편 95 : 1, 2)
 내 영혼이
 하나님, 곧 생명의 하나님을 갈망하니,
 언제 내가 나아가서
 하나님을 뵈올 수 있을까?……
 이제 내가,
 나의 구원자, 나의 하나님을,
 또다시 찬양하련다.
 (시편 42 : 2, 5)
 너희는 빈 손으로 내 앞에 나와서는 안 된다(=빈 손으로 내 얼굴을 보지 못한다).
 (출애굽 23 : 15)
 "어서 가서 만군의 주께 기도하고,
 주의 은혜를 구하자" 하면,

다른 성읍의 주민들도 저마다
"나도 가겠다" 할 것이다.
수많은 민족과 강대국이,
나 만군의 주에게 기도하여
주의 은혜를 구하려고,
예루살렘으로 올 것이다.
(스가랴 8 : 21, 22 ; 말라기 1 : 9)
주의 얼굴을 주의 종에게로 돌리시고,
빛을 비추어 주십시오.
주의 한결같은 사랑으로
나를 구원하여 주십시오.
(시편 31 : 16)
수많은 사람이 기도할 때마다
"주님, 우리에게 큰 복을 내려 주십시오.
주님, 주의 환한 얼굴을
우리에게 보여 주십시오" 하고 빕니다.
(시편 4 : 6)
축제의 함성을 외칠 줄 아는 백성은
복이 있는 사람입니다.
주님, 그런 사람들은
주의 빛나는 얼굴을 보면서
살아갈 것입니다.
(시편 89 : 15)
우리가 구원을 받도록,
주님의 빛나는 얼굴을 보여 주십시오.
(시편 80 : 3, 7, 19)
하나님, 우리에게 은혜를 베풀어 주시고,
우리에게 복을 내려 주십시오.
주님의 얼굴을 환하게
우리에게 비추어 주시어서······.
(시편 67 : 1)
주께서 너에게 복을 주시고,
너를 지켜 주시며,
주께서 너를 밝은 얼굴로 대하시고,
너에게 은혜를 베푸시며,

주께서 너를 고이 보시어서,
너에게 평화를 주시기를 빈다.
(민수기 6 : 24-26)
주께서 나에게 놀라운 은총을 베푸셨습니다(=주께서는 그분의 얼굴의 은밀한 곳에 그들을 숨기셨습니다).
(시편 31 : 21)
주께서 우리 죄를
주님 앞에 내놓으시니,
우리의 숨은 죄가 주님 앞에
환히 드러납니다.
(시편 90 : 8)
주께서 모세에게 대답하셨다. "내가 친히 너희와 함께 가겠다. 그리하여 네가 안전하게 하겠다." 모세가 주께 아뢰었다. "주께서 친히 우리와 함께 가지 않으시려면, 우리를 이 곳에서 떠나 올려 보내지 마십시오."
(출애굽 33 : 14, 15)

성막 안에 있는 식탁 위의 빵(=진설병·陳設餠)을 얼굴들의 빵(=거룩한 빵·the bread of faces)이라고 불렀습니다(출애굽 25 : 30 ; 민수기 4 : 7). 그리고 아래 장절들에게서와 같이, "주께서는 얼굴을 감추시고, 돌리셨다"는 말씀이 자주 언급되고 있습니다.

나는 그들의 모든 죄악 때문에 이 도성을 외면하였다.
(예레미야 33 : 5 ; 에스라 7 : 22)
오직, 너희 죄악이
너희와 너희의 하나님의 사이를 갈라놓았고,
너희의 죄 때문에,
주께서 너희에게서 얼굴을 돌리셔서,
너희의 말을 듣지 않으실 뿐이다.
(이사야 59 : 2)
주께서 진노하셔서,
그들을 흩으시고 돌보아 주지 않으신다.
(애가 4 : 16)
주께서 그들의 호소를
들은 체도 하지 않으실 것이다.
그들이 그렇듯 악을 저질렀으니,

주께서 그들의 기도를
들어주지 않으실 것이다.
(미가 3 : 4)
어찌하여 얼굴을 돌리십니까?
우리가 고난과 억압을 당하고 있음을,
어찌하여 잊으십니까?
(시편 30 : 7 ; 44 : 24 ; 104 : 29)
그 날에 내가 그들에게 격렬하게 진노하여 그들을 버리고, 내 얼굴을 그들
에게서 숨길 것이다. 그들이,……다른 신을 섬기는 온갖 악한 짓을 할 것이
니, 그 날에 내가 틀림없이 내 얼굴을 그들에게서 숨기겠다.
(신명기 31 : 17, 18)

이 밖에도 여러 장절들이 있습니다(이사야 8 : 17 ; 에스겔 39 : 23, 28, 29 ; 시편 13 : 1 ; 22 : 24 ; 27 : 8, 9 ; 69 : 17 ; 88 : 14 ; 102 : 2 ; 143 : 7 ; 신명기 32 : 20). 반대의 뜻으로 "주님의 얼굴"은 분노와 혐오(嫌惡)를 뜻합니다. 그 이유는 악한 사람이 주님에게서 돌아서기 때문입니다. 그 사람이 자기 자신을 주님에게서 돌려 세웠을 때, 그와 같은 일은 그 사람 자신에게는 마치 주님께서 친히 그에게 돌리시고, 그리고 성내는 것처럼 보이기 때문입니다. 이러한 사실은 아래의 장절에서 잘 알 수 있겠습니다.

나는 복을 내리려고 해서가 아니라, 재앙을 내리려고 이 도성을 마주 보고
있는 것이다.
(예레미야 21 : 10 ; 44 : 11)
내가 이 사람을 정면으로 보고,……마침내 나는 그를 내 백성 가운데서 끊
어 버릴 것이다.
(에스겔 14 : 7, 8)
내가 그들을 대적하겠다. 비록 그들이 불 속에서 피하여 나온다 해도, 불이
다시 그들을 삼킬 것이다.……그들이 크게 배신하였기 때문에, 내가 그 땅
을 황무지가 되게 하겠다.
(에스겔 15 : 7)
어떤 피든지 피를 먹으면, 나 주는 그 피를 먹은 사람을 그대로 두지 않겠
다. 나는 그를 백성에게서 끊어 버리고야 말겠다.
(레위기 17 : 10)

주의 노하신 얼굴 앞에서
멸망하게 해주십시오.
(시편 80 : 16)
주의 얼굴은
악한 일을 하는 자를 노려보시며,
그들의 이름을
이 땅에서 지워 버리신다.
(시편 34 : 16)
이제 내가 너희 앞에 한 천사를 보내어 길에서 지켜 주며,……너희는 삼가 그의 말에 순종하며, 그를 거역하지 말아라.……그가 너희의 반역을 용서하지 않을 것이다.
(출애굽 23 : 20, 21)
궤가 떠날 때에 모세가 외쳤다. "주님, 일어나십시오. 주의 원수들을 흩으십시오. 주를 미워하는 자들을 주 앞에서 쫓으십시오."
(민수기 10 : 35)
나는 크고 흰 보좌와 그 위에 앉으신 분을 보았습니다. 땅과 하늘이 그 앞에서 사라지고, 그 자리마저 찾아볼 수 없었습니다.
(묵시록 20 : 11)

위에서 언급한 것과 같이, 주님께서는 그분 자신 안에 계시기 때문에 어느 누구도 주님을 볼 수 없다는 것은 이 구절에서 명확합니다.

주께서 다시 말씀하셨다. "그러나 내가 너에게 나의 얼굴을 보이지 않겠다. 나를 본 사람은 아무도 살 수 없기 때문이다."
(출애굽 33 : 18-23)

그럼에도 불구하고 주님께서는 자신을 보이셨고, 주님을 본 사람들은 죽지 않고 살았습니다. 그것은 한 천사를 통한 것이기 때문이다는 것 (창세기 32 : 30 ; 사사기 13 : 22, 23)은 명백합니다.

   940. 5절. 다시는 밤이 없고, 등불이나 햇빛이 필요 없습니다. 그것은 주 하나님께서 그들을 비추시기 때문입니다.
이 말씀은 새 예루살렘에는 믿음에 속한 어떤 거짓도 없을 것이다는 것과 그리고 거기에 있는 사람들은 자신들의 총명에서 비롯된 자연적인 빛에서 온, 그리고 자만(自慢)에서 생긴 광영에서, 하나님에 관한 지식들 안에 있지 않을 것이고, 오히려 오직 주님에게서 비롯된 성언에서 온 영적인 빛 가운데 있을 것이다는 것을 뜻합니다. "다시는 밤이 없을 것이다"는 말은, 아래 구절의 말씀이 있는 묵시록서 21장의 말씀이 뜻하는 것과 같은 뜻을 뜻합니다.

그 도시에는 밤이 없으므로, 온종일 대문을 닫지 않을 것입니다.
(묵시록 21 : 25)

이 구절은, 거기에는 믿음에 속한 거짓이 전혀 없기 때문에(본서 922항 참조), 주님에게서 온 사랑에 속한 선에서 비롯된 진리들 안에 있는 사람들은 새 예루살렘에 계속해서 영접된다는 것을 뜻합니다. "등불이나 햇빛이 필요 없습니다. 그것은 주 하나님께서 그들을 비추시기 때문입니다"라는 말은, 아래의 구절이 있는 21장의 구절이 뜻하는 것과 동일한 것을 뜻합니다.

그 도시에는, 해나 달이 빛을 비출 필요가 없습니다. 그것은, 하나님의 영광이 그 도성을 밝혀 주며, 어린 양이 그 도성의 등불이시기 때문입니다.
(묵시록 21 : 23)

이 구절은 새로운 교회에 속한 사람들은 자기사랑(自我愛)이나 자기 자신의 총명 안에 있지 않고, 그리고 그것에서 비롯된 자연적인 빛 안에 있지 않고, 오히려 오직 주님에게서 온 성언에 속한 신령진리에서 비롯된 영적인 빛 안에 있을 것이다는 것을 뜻합니다(본서 919항 참조). 그러나 "달"(月·the moon) 대신에, 여기서는 "등불"(a lamp)이 언급되었고, "해"(太陽·the sun) 대신에 "햇빛"(the light of the sun)이 언급되었습니다. 그리고 "달"(the moon)은, "등불"(a lamp)이 뜻하는 것과 같이, 자기 자신의 총명에서 비롯된 자연적인 빛(natural light)을 뜻하고, "햇빛"은 자만에서 생긴 광영(光榮)에서 비롯된 자연적인 빛을 뜻합니다. 그러나 자만에서 생긴 광영에서 비롯된 자연적인 빛이 무엇인지를 간단하게 설명하겠습니다. 자만에서 생긴 광영에서 비롯된 자연적인 빛도 있고, 또한 자만에서 온 것이 아닌 자연적인 빛도 있습니다. 자기사랑 안에, 그리고 그것에서 비롯된 온갖 종류의 악들 안에 있는 자들은 자만에서 생긴 광영에서 비롯된 빛을 가지고 있습니다. 그리고 만약에 그들이 명성의 상실(名聲喪失)의 두려운 때문에 그것들을 행하지 않는다면, 그리고 만약에 그들이, 그것들이 도덕률이나, 공공의 이익에 거스르는 것이기 때문에, 그것들을 저주한다면, 그들은 여전히 그것들을 죄악으로 여기지 않는 것입니다. 이런 사람은 자만에서 생긴 광영에서 비롯된 자연적인 빛 안에 있습니다. 왜냐하면 의지 안에 똬리를 틀고 있는 자기사랑은 이해 안에 있는 자만이 되기 때문입니다. 그리고 그 사랑에서 비롯된 이런 자만은 이해를 천계의 빛에까지 제고(提高)할 수 있기 때문입니다. 이러한 일은, 그가 한 사람이 되게 하기 위하여, 그리고 그가 개혁(=바로잡음·改革·reformed)될 수 있게 하기 위하여, 사람에게 부여(附與)된 것입니다. 나는 그들이 천사적인 지혜에 속한 비의들을 듣고, 읽었을 때, 마치 그들이 천사들처럼 이해하지만, 그러나 그들이 갑자기 그들의 정욕이나 애욕들에게로, 그리고 그것에서 비롯된 자신들의 자만에게로 되돌아오게 되면, 그들은 그것들에 관해서 아무것도 이해하지 못할 뿐만 아니라, 그들 안에 있는 거짓에 속한 확증에 속한 빛으로 말미암아, 정반대의 것들을 보고 있는, 가장 고약한 계도 안에 있는 수많은 악마들을 보기도 하였고, 그들에 관해서 듣기도 하였습니다. 그러나 자만에게서 온 것이 아닌 광영에서 비롯된 자연적인 빛은 이웃을 향한 순수한 사랑에서 비롯된 선용들에 속한 기쁨(喜悅) 안에 있는 자들과 함께 합니다. 이런 자들의 자연적인 빛은 역시 합리적인 빛인데, 그 빛 안에는 주님에게서 온 영적인 빛이 내재해 있습니다. 그리고 그들에게 있는 광영은, 찬란하고, 조화를 이루고 있는 것들이 있는 천계에서부터 입류하는 빛에 속한 밝음으로 말미암아 존재합니다. 왜냐하면 천계에 있는 모든 선용(善用·uses)은 휘황찬란하기 때문입니다. 이런 부류의 사람들이 가지고 있는 사상에 속한 개념들 안에 있는 즐거움이나 기쁨은 이런 선용들로 말미암아 광영으로 지각됩니다. 광영은 의지를 통해서, 그리고 그것의 선들을 통해서 이해와 그것의 진리들에게 들어오고, 그리고 후자 안에서 자기 자체를 밝히 드러냅니다.

941. 그들은 영원무궁 하도록 다스릴 것이다.
이 말씀은, 동일한 내용이 설명된, 앞서의 설명에서 드러나는 것과 같이(본서 284·849·855항 참조), 그들은 주님의 나라에 있을 것이다는 것과 그리고 주님과의 결합의 상태에 있을 것이다는 것을 뜻합니다.
  942. 6절. **천사가 또 나에게 말하였습니다. "이 말씀은 믿음직하고 참되다."**
이 말씀은 그들이 이것을 확실하게 알게 될 것이다는 것을 뜻하는데, 그 이유는 주님께서 친히, 꼭 같은 말이 나오는 설명에서 드러나고 있듯이(본서 886항 참조), 그것을 입증하셨고, 말씀하셨기 때문입니다.
  943. **"예언자들에게 영을 내려 주시는 주 하나님께서 그분의 종들에게 곧 일어날 일들을 보여 주시려고, 그의 천사들을 보내셨다."**
이 말씀은, 두 언약—구약과 신약—에 속한 성언의 근원이신 주님께서 천계를 통하여 주님에게서 온 진리들 안에 있는 자들에게 반드시 확실하게 일어나야 할 것들을 계시하셨다는 것을 뜻합니다. "예언자들에게 영을 내려 주시는 주 하나님"(=거룩한 예언자들의 주 하나님)은, 주님께서 두 언약들—구약과 신약—의 성언의 근원이시다는 것을 뜻합니다. 왜냐하면 "예언자들"은 성언에서 비롯된 진리들을 가르치는 자들을 뜻하기 때문이고, 그리고 추상적인 뜻으로는 교회의 진리에 속한 교리를 뜻하고(본서 8·173항 참조), 그리고 넓은 뜻으로는 성언 자체를 뜻하기 때문입니다. 그리고 "거룩한 예언자들"(the holy prophets)이 성언을 뜻하기 때문에, 그러므로 그들은 두 언약의 성언을 뜻합니다. "주 하나님께서 그분의 종들에게 곧 일어날 일들을 보여 주시려고, 그의 천사들을 보내셨다"는 우리의 본문은, 주님에게서 온 진리들 안에 있는 자들에게 확실하게 일어날 것들을 계시하셨다는 것을 뜻합니다. 여기서 "천사"(an angel)는, 위에서 언급한 것과 같이(본서 5·65·644·647·648·910항 참조), 천계를 뜻합니다. 그리고 "종들"은 주님에게서 온 진리들 안에 있는 자들을 뜻하고(본서 3·380·937항 참조), "곧"(quickly)이라는 낱말은 확실한 것을 뜻합니다(본서 4항 참조). 그러므로 "곧 일어날 일들"(=것들)은 장차 확실하게 일어날 것을 뜻합니다. 여기서 "천사"가 천계를 뜻하는 이유는, 주님께서 천계를 통하여 사도 요한과 말씀하셨고, 그리고 주님께서는 천계를 통하여 예언자들과 역시 말씀하셨고, 주님께서 그와 말씀하시는 모든 자와도 천계를 통하여 말씀하시기 때문입니다. 그 이유는 일반적으로 천사적인 천계는 한 사람으로 존재하기 때문이고, 그리고 그의 영혼과 생명이 주님이시기 때문입니다. 그러므로 마치 사람의 영혼과 마음이 그의 몸을 통해서 말하는 것과 같이, 주님께서 말씀하시는 모든 것들은 주님께서 천계를 통하여 말씀하십니다. 하나의 집합체 안에 있는 온 천사적 천계는 한 사람과 관계를 가지고 있다는 것, 그리고 이것은 주님으로 말미암아 존재한다는 것 등은 위에서 볼 수 있고(본서 5항 참조), 그리고 1758년 런던에서 발간한 ≪천계와 지옥≫ 59-86항을 참조하시고, ≪신령섭리≫ 64-69・162-164・201-204항과 ≪신령사랑과 신령지혜≫ 11・19・133・288항을 참조하십시오. 그러나 나는 이 비의(秘義)를 설명하고자 합니다. 주님께서는 천계를 통하여 말씀하시지만, 그럼에도 불구하고 거기에 있는 천사들은 말하지 않고, 그리고 또한 사람과 같이 하는 천사들 중 몇몇을 통해서 천계로부터 공공연하게, 마치 요한이나 몇몇 예언자들과 같이 하듯이, 주님께서 말씀하시지 않는다면, 그들은 사실 주님께서 말씀하신 것을 알지 못합니다. 왜냐하면 거기에는 천계를 통한 주님의 입류가 있기 때문입니다. 그것은 마치 육신을 통한 영혼의 입류와 같습니다. 사실 몸은 말하고, 행동하고, 그리고 또한 입류로부터 무엇인가를 감지(感知)하지만, 그럼에도 불구하고 육신은, 그것 자체에게서 비롯된 것처럼 자체로 말미암아서는 아무것도 하지 못하고, 다만 그것에 따라서 하는 것뿐입니다. 언어가 이러하다는 것, 사실 사람들에게 있는 천계를 통한 주님의 모든 입류가 그러하다는 것은 수많은 경험을 통해서 내가 믿도록 허락된 것입니다. 천계에 속한 천사들이나, 천계 아래에 있는 영혼은, 마치 사람이 천사에 관해서 아무것도 알지 못하듯이, 사람에 관해서 아무것도 알지 못합니다. 그 이유는 영들이나 천사들의 상태는 영적이고, 사람들의 상태는 자연적이기 때문입니다. 그리고 이 둘의 상태들은 오직 대응(對應)에 의해서만 서로 제휴되고, 그리고 대응들에 의하여 이루어진 제휴는 정동들 안에서 그들로 하여금 함께 있게 하지만, 그러나 사상들 안에서는 그렇지가 않습니다. 그러므로 서로 중 하나는 상대에 관해서 아무것도 모릅니다. 다시 말하면 사람은 정동들의 측면에서 제휴한 영들에 관해서 아무것도 알지 못하고, 또한 영들도 사람에 관해서 아무것도 알지 못합니다. 왜냐하면 사상 안에 있지 않고, 정동 안에 있다는 것은 알려지지 않기 때문입니다. 그 이유는 그것이 드러나지도 않고, 보이지도 않기 때문입니다. 주님께서 홀로 사람들에 속한 생각들을 아십니다.

944. 7절. "'보아라, 내가 곧 가겠다' 하신 주님의 말씀을 기억하여

22 : 1 - 21

라." **이 책에 기록된 예언의 말씀을 지키는 사람들은 복이 있습니다.**
이 말씀은, 주님께서 확실하게 오신다는 것과, 그리고 지금 주님께서 여시는 이 책에 속한 교리의 진리들이나, 계율들을 간직하고, 행하는 사람들에게 영생(永生)을 주실 것이다는 것을 뜻합니다. "보아라, 내가 곧 가겠다"라는 말씀은 주님께서 확실하게 오실 것이다는 것을 뜻합니다. "곧"(=속히·quickly)이라는 말은 확실하게 라는 뜻을 뜻합니다(본서 4·943항 참조). 그리고 "온다"(coming)는 말은, 사람으로서가 아니고 (not in Person), 성언으로(in the Word) 오신다는 것을 뜻하는데, 주님께서는 성언 가운데 주님의 새로운 교회에 속하게 될 모두에게 나타나실 것입니다. 이것이 바로 하늘의 구름을 타고 오신다는 주님의 강림 (His coming)이다는 것은 위의 설명들을 참조하십시오(본서 24·642·820항 참조). "이 책에 기록된 말씀들을 지키는 사람들은 행복하다"라는 말씀은, 지금 주님께서 여시는 이 책의 진리들이나, 또는 교리의 계율들을 간직하고, 행하는 사람들에게 주님께서 영생(=영원한 생명·永生)을 주실 것이다는 것을 뜻합니다. 그리고 "행복하다"는 말은 영생을 받는 사람을 뜻하고(본서 639·852항 참조), "지킨다"(=간직한다·to keep)는 말은 진리들, 또는 계율들을 깨닫고(observe), 행하는 것(do)을 뜻하고, "말씀들"(words)은 진리들이나 계율들을 가리킵니다. "이 책의 예언"(the prophecy of this book)은 지금 주님께서 개봉하시는 이 책에 속한 교리를 뜻합니다. 그리고 예언은 교리를 가리킵니다(본서 8·133·943항 참조). 깊이 생각할 줄 아는 사람은, 이 책의 예언의 말씀을 지킨다는 말의 뜻이 지킨다(to keep)는 것이 곧 이 책에서 지금 개봉되고, 설명되는 진리들이나, 교리에 속한 계율들을 깨닫고, 행하는 것을 뜻한다는 것이지, 단순히 그것들을 간직한다는 것을 뜻하지 않는다는 것을 잘 알 것입니다. 왜냐하면 묵시록서에서 설명되지 않았을 때에는 지킬 수 있는 것들이 극소수였기 때문입니다. 왜냐하면 그것들은 지금까지 이해되지 않은 예언들이었기 때문입니다. 예를 들면 아래와 같습니다. 그 책에서 나온 말(馬)들에 관한 6장에 기록된 것들은 지킬 수 없는 것들입니다. 열두 지파들에 관한 7장의 기록들, 그들의 나팔들을 부는 일곱 천사들에 관한 8장과 9장의 기록들, 요한이 먹어야 하는 작은 책(the little book)에 관한 10장의 기록들, 죽임을 당했으나 다시 살아난 두 증인들에 관한 11장의 기록들, 여자와 용에 관한 12장의 기록들, 두 짐승들에 관한 13장과 14장의 기록들, 일곱 재앙들을 가지고 있는 일곱 천사들에 관한 15장과 16장의 기록들, 붉은 짐승 위에 타고 있는 여인에 관해서, 그리고 바빌론에 관한 17장과 18장의 기록들, 흰 말과 큰 잔치에 관한 19장의 기록들, 최후심판에 관한 20장의 기록들, 그리고 하나의 도성인 새 예루살렘에 관한 21장의 기록들 등등은 지킬 수 있는 것들이 아닙니다. 이런 것들에서 밝히 알 수 있는 것은 우리의 본문은 예언의 말씀들을 간직한 사람들을 뜻하는 것이 아니다는 것입니다. 왜냐하면 그것들은 닫혀 있기 때문입니다. 그러나 지키는 사람들은 행복하다, 다시 말하면, 그것들 안에 내포되어 있고, 지금 개봉되려고 하는, 즉, 그것들이 주님에게서 온 것들인 진리들이나 교리에 속한 계율을 깨닫고 행하는 사람들을 뜻한다는 것은 머리말에서 능히 알 수 있겠습니다.

945. 8절. 이 모든 것을 듣고 본 사람은 나 요한입니다. 내가 이 모든 것을 듣고 볼 때에, 이것들을 내게 보여 준 그 천사의 발 앞에 엎드려 경배하려고 하였습니다.
이 말씀은, 요한이 주님께서 그에게 보내졌고, 그리고 영의 상태에서 그를 사로잡은 그 천사가 이런 것들을 계시하신 하나님으로 생각하였다는 것과, 그리고 그럼에도 불구하고 그 때 그것이 사실이 아니다는 것을 뜻합니다. 왜냐하면 오직 천사는 주님께서 밝히신 것만을 보여 주기 때문입니다. 요한이 그에게 파송된 천사가 하나님 그분이라고 생각하였다는 것은 아주 명백합니다. 왜냐하면 요한이 그 천사의 발 앞에 엎드려 경배하려고 하였다 라고 언급되었기 때문입니다. 그러나 이런 생각이 옳은 것이 아니다는 것은 우리의 본문장 다음 절(22 : 9)에 잘 나타나고 있는데, 거기에서 그 천사는 그가 그의 동료 예언자들(=형제들)이니, "경배는 하나님께 드려라"라고 말하였습니다. 그리고 그 천사는 주님께서 요한에게 파송한 천사이다는 것은 우리의 본문장 16절에 잘 나타나고 있는데, 거기에는 "나 예수는 나의 천사를 너희에게 보내어, 교회들에게 주는 이 모든 증언을 전하게 하였다"(묵시록 22 : 16)는 말씀이 있습니다. 그러나 이 말씀에 감추어진 비의(秘義 · arcanum)는 이러합니다. 다시 말하면, 요한이 영의 상태(a state of the spirit)에 남아 있게 하기 위하여, 그리고 그 상태에서 천사가 요한이 본 것들을 그에게 보여 주기 위하여, 주님께서 요한에게 천사를 파송하였다는 것입니다. 왜냐하면 요한이 직접 본 것은, 요한이 육신의 눈으로 본 것이 아니고, 그의 영의 눈으로 보았기 때문입니다. 이러한 사실은 요한이 "영 안에서"(in the spirit) 그리고 "환상 가운데"(in vision)라고 말한 장절들에게서(묵시록 1 : 10 ; 9 : 17 ; 17 : 3 ; 21 : 10) 잘 드러나고 있기 때문입니다. 따라서 "그가 보았다"고 그가 말한 것은 어디에서나 육신의 눈으로 본 것이 아닙니다. 이미 사람에게 아주 가까이 근접해 있고, 그리고 그의 마음에 속한 내면적인 것들 위에 그들의 영적인 상태를 야기 시키는 천사들을 제외하면, 어느 누구도 그런 상태에 들어가게 되면, 그리고 그 상태에 계속 유지될 수 없기 때문입니다. 왜냐하면 이와 같이 사람은 천계의 빛 가운데 올려지고, 그리고 그 빛 가운데서 그는 이 세상에 있는 것들은 아니지만, 천계에 있는 것들을 직접 보기 때문입니다. 에스겔·스가랴·다니엘 선지나 그 밖의 다른 여러 선지자들도 이와 비슷한 상태에 자주 있었습니다. 그러나 그들이 성언(聖言·the Word)에 관해서 언급할 때에는 그렇지가 않았습니다. 왜냐하면 그 때 그들은 영 안에 있지 않고, 육체 안에 있었기 때문입니다. 그리고 여호와 그분에게서, 다시 말하면 주님으로 말미암아 그들이 기록된 말씀들을 들었기 때문입니다. 예언자들에게 속한 이런 두 상태들은 조심스럽게 분별되어야만 합니다. 예언자들은 그 상태들을 엄밀히 분별하였습니다. 왜냐하면 그들은, 그들이 여호와로 말미암아 성언을 기록할 때 어디에서나 여호와께서 그들과 더불어 말씀하셨다, 또는 그들에게 말씀하셨다라고 말하고 있기 때문이고, 그리고 아주 자주 "여호와께서 말씀하셨다"(the saying of Jehovah)라고 말하고 있기 때문입니다. 그러나 그들이 다른 상태에 있을 때에는, 그들은 "그들이 영 안에 있었다"(they were in the spirit) 또는 "환상 가운데"(in vision) 있었다 라고 말하였기 때문입니다. 이러한 사실은 아래 장절들에게서 잘 드러나고 있습니다. 에스겔서의 말씀입니다.

> 그 때에 주의 영이 나를 들어 올리셔서,……하나님의 영으로 환상 가운데 나를, 바빌로니아에 포로로 끌려올 사람들에게로 데리고 오셨다.
> (에스겔 11 : 1, 24)

그는 또 이렇게 말하였습니다.

> 그 때에 주의 영이 나를 들어 올리시는데,······내 뒤에서 지진이 터지는 것 같이 크고 요란한 소리가 들렸다.
> (에스겔 3 : 12, 14)

또한 이런 말씀도 있습니다.

> 하나님이 보이신 환상 속에서, 주의 영이 나를 들어서 하늘과 땅 사이로 올리셔서, 나를 예루살렘으로 데려다가, 안뜰로 들어가는 북쪽 문어귀에 내려 놓으셨다.······역겨운 일들을 보았다(=질투의 우상들이 자리잡고 있는 곳이다).
> (에스겔 8 : 3, 그 이하)

그러므로 마찬가지로 하나님의 환상 가운데(in a vision of God) 또는 영 안에(in the spirit) 있었습니다.

> 그는 그룹들인 네 생물들을 보았다.
> (에스겔 1장과 10장)
> 새 성전과 새 땅을 보았고, 그리고 그것을 측량하는 천사도 보았다.
> (에스겔 40-48장)

그 때 그는 "하나님의 환상 가운데"(=하나님께서 보여 주신 환상 속에) 있었다는 것은 그가 에스겔 4장 2절에서 말하였습니다. 그리고 영이 그들을 들어 올렸다는 것은 그가 역시 43장에서(43 : 5)에서 말하였습니다. 스가랴의 경우도 그와 꼭 같습니다.

> 지난밤에 내가 환상을 보니, 붉은 말을 탄 사람 하나가 골짜기에 있는 화석류나무에 서 있었다.
> (스가랴 1 : 8)
> 내가 고개를 들어서 보니, 뿔 네 개가 내 앞에 나타났다.······내가 고개를 들고 보니, 측량줄을 가진 사람이 하나 나타났다.
> (스가랴 1 : 18 ; 2 : 1)
> 주께서 나에게 보여 주시는데, 내가 보니, 여호수아 대제사장이 주의 천사 앞에 서 있었다.

(스가랴 3 : 1)
내게 말하는 천사가 다시 와서 나를 깨우는데,······그는 등잔대와 올리브 나무 두 그루를 보았다.
(스가랴 4 : 1, 3)
내가 또 고개를 들고 보니, 내 앞에서 두루마리가 날아가고 있었다.······그는 가까이 오는 그것이 곡식을 넣은 뒤주(=에바)라고 일러주면서······.
(스가랴 5 : 1, 6)
내가 또 고개를 들고 바라보니, 내 앞에 두 산 사이에서 병거 네 대가 나왔다. 그리고 말들도 보았다.
(스가랴 6 : 1, 그 이하 절)

다니엘도 동일한 상태에 있습니다.

다니엘은 잠자리에서 꿈을 꾸면서, 머리 속으로 환상을 보고, 그 꿈을 적었다. "내가 밤에 환상을 보았는데,······바다에서 모양이 서로 다르게 생긴 큰 짐승 네 마리가 올라왔다."
(다니엘 7 : 1, 그 이하 절)
환상 속에서 보니, 서로 싸우는 숫양과 숫염소를 보았다.
(다니엘 8 : 1, 그 이하 절)

그가 이런 것들을 "환상 가운데" 보았다는 것은 우리가 7장 1, 2, 7, 13절과 8장 2절, 10장 1, 7, 8절에서 읽습니다. 그리고 또한.

그는 환상 가운데서 천사 가브리엘을 보았고, 그리고 그와 말을 하였다.
(다니엘 9 : 21)

요한이 기록한 것들을 그가 보았을 때에도 요한에게는 동일한 경우입니다. 그가 본 것은, 일곱 촛대들 사이에 있는 사람의 아들(=인자·the Son of man)을 보았고, 천계에 있는 성막·성전·법궤·제단 등을 보았고, 용과 그리고 미가엘과 싸우는 그의 싸움을, 그리고 짐승들, 붉은 짐승 위에 앉아 있는 여인, 새 하늘과 새 땅과 거룩한 예루살렘과 그리고 그것의 성벽, 문들, 기초들과 그 밖의 많은 것들을 보았습니다. 이러한 것들은 주님께서 계시하신 것들이고, 그러나 이런 것들은 천사들에 의하여 보여 준 것들입니다.

946. 9절. 그는 "이렇게 하지 말아라. 나도, 너나, 너의 동료 예언자들이나 이 책의 말씀을 지키는 사람들과 같은 종이다. 경배는 하나님께 드려라" 하고 말하였습니다.

이 말씀은 천계의 천사들도 경배(=예배)받을 존재나 기도의 대상이 아니다는 것을 뜻하는데, 그 이유는 그들에게 속한 신령한 것은 전무(全無)하기 때문이고, 그리고 그들은, 형제들끼리 제휴하듯이, 새 예루살렘에 속한 교리 안에 있고, 그리고 그 계율들을 실천하는 사람들과 제휴(提携)하기 때문이고, 그리고 주님께서 홀로 그들과의 제휴 가운데서 경배(=예배)받으시기 때문입니다. 여기서 천사가 요한과 함께 말한 것은, 위에서 그가 그에게 말하는 것이 뜻하는 것(묵시록 19장)과 거의 같은 내용을 뜻합니다. 거기에는 이런 것들이 언급되었습니다. "그 때에 내가 그에게 경배드리려고, 그의 발 앞에 엎드렸더니, 그가 나에게 말하였습니다. '이러지 말아라, 나도 예수의 증언을 간직하고 있는 네 형제자매들 가운데 하나요, 너와 같은 종이다. 경배는 하나님께 드려라'"(묵시록 19 : 10). 이 구절의 말씀이 동일한 내용을 뜻한다는 것은 본서 818항을 참조하십시오, 다만 차이가 있다면, 여기서는 "너의 동료(=형제들) 예언자들이나 이 책의 말씀을 지키는 사람들과 같은 종이다"고 언급되었습니다. 그리고 "형제(=동료) 예언자들"은 새 예루살렘에 속한 교리 안에 있는 자들을 뜻하고, "이 책의 말씀을 지키는 사람들"은, 지금 주님에 의하여 밝혀지는 그 교리에 속한 계율들을 간직하고, 실행하는 자들을 뜻합니다(본서 944항 참조).

947. 10절. 또 그가 나에게 말하였습니다. "때가 가까이 왔으니, 이 책에 적힌 예언의 말씀을 봉인하지 말아라."

이 말씀은, 묵시록서는 닫혀 있지 않고, 공개되어야 한다는 것과 그리고 이것은 어느 누구나 구원받기 위하여 교회의 마지막 때에 있어야 할 필수적이다는 것을 뜻합니다. "이 예언의 말씀을 봉인하지 말아라"는 말씀은, 묵시록서는 닫혀 있을 수 없고, 오히려 그것에 관해서 곧 설명되겠지만, 공개되어야 한다는 것을 뜻합니다. "때가 가까이 왔기 때문이다"라는 말씀은 누구나 구원받기 위하여 이 일은 필수적이다는 것을 뜻합니다. 그리고 "때"(time)는 상태를 뜻하는데(본서 476·562항 참조), 여기서는 이것이 필수적인 그 교회의 상태를 뜻합니다. "가까이 왔다"(at hand)는 말은 필요하다(=필수적이다)는 것을 뜻하는데, 그 이유는 "가까이 왔다"는 말은 가까운(near) 또는 시간에 속한 가까움을 뜻하지 않고, 오히려 상태의 가까움(nearness of state)을 뜻하고, 그리고 상태의 가까움도 필수적이다는 것을 뜻합니다. 시간에 속한 가까움을 뜻하지 않는다는 것은 분명한데, 그것은 묵시록서가 첫 세기 초에 기술되었고, 그리고 최후심판이 일어날 때 주님의 강림(the Lord's coming)과 그리고 새로운 교회가 있을 것이기 때문입니다. 이와 같은 일들이 여기서 우리의 본문인 "때가 가까이 왔다" 또는 "곧 일어날 일들"(22 : 6)이나 "내가 곧 가겠다"(22 : 7, 20)는 말이 뜻하는 내용이다는 것은 지금에 와서, 그리고 17세기가 지나서 일어나고 있기 때문입니다. 묵시록서 1장 1절에서도 동일한 말씀이 언급되고 있는데, 즉 "이 계시는 곧 일어나야 할 일들이다"(1 : 1)라고 언급되었고, 그리고 "그 때가 가까웠기 때문이다"(1 : 3)라고 언급되었기 때문입니다. 동일한 내용들이다는 것은 앞서의 설명을 참조하십시오(본서 4·9항 참조). 가깝다 또는 시간의 가까움을 뜻하지 않고, 상태의 가까움을 뜻한다는 것을 예를 들어서 설명하고자 합니다. 순수한 영적인 뜻에서 성언(聖言·the Word)은, 시간개념(the idea of time)이나 공간개념(the idea of space)에서 어떤 것들을 이끌어내지 않습니다. 그 이유는, 천계에서의 시간들이나 공간들(times and spaces)은 사실 이 세상에 있는 시간들이나 공간들과 같이 보이지만, 그럼에도 불구하고 그것들은 거기에서는 존재하지 않기 때문입니다. 그러므로 천사들은, 자신들의 진전들(進展·progressions)이나 변화들(變化·changes)에 일치한 상태들 이외의 다른 것이라면, 거기에 있는 외현들(外現·appearances)을 가리키는 시간들이나 공간들을 계수(計數)할 수 없습니다. 이런 사실에서 밝히 드러나는 것은 순수한 영적인 뜻으로 "곧"(quickly)이나 "가까이 왔다"(at hand)라는 낱말은 시간의 측면에서 곧이나, 가깝다는 것을 뜻하지 않고, 오히려 상태의 측면에서 곧(quickly)이나 가깝다(near)는 것을 뜻합니다. 이러한 사실은 마치 그것이 사실이 아닌 것처럼 보일 것입니다. 그 이유는 사람들에게서 철저하게 자연적인 것을 가리키는 그들의 보다 낮은 생각에 속한 모든 개념 안에는 시간과 공간에서 비롯된 어떤 것들(something)이 존재하지만, 그러나 사람들이 내면적인 합리적인 빛 안에서 자연적인 것들, 시민법적인 것들, 도덕적인 것들이나 영적인 것들을 깊이 생각하게 되면, 보다 높은 사상에 속한 개념들 안에는 그렇지 않은 것이 존재하기 때문입니다. 왜냐하면 시간이나 공간에서 떠난 추상적인 영적인 빛이 그 때에 입류하고, 빛을 비추기 때문입니다. 만약에 여러분들이 원한다면 여러분들은 여러분들의 사상들에 예의 주시하는 것에 의하여 이런 사실을 경험할 수 있고, 따라서 그 사실을 확증할 수 있겠습니다. 그리고 여러분들은 사상(=생각·thought)이 높고, 낮은 것이 있다는 것을 역시 확실하게 알 것인데, 그 이유는 단순한 생각(simple thought)은, 보다 높은 생각에서 비롯된 것을 제외하면, 그것 자체를 개관(槪觀)할 수도 없기 때문입니다. 그리고 만약에 사람이 보다 높은 생각이나 보다 낮은 생각을 가지고 있지 않다면, 그 사람은 짐승 이외의 아무것도 아니기 때문입니다. "이 예언의 말씀을 봉인하지 말아라"는 우리의 본문이, 묵시록서는 닫혀져 있을 수 없고, 오히려 반드시 공개되어야 한다는 것을 뜻하는 이유는 "날인한다"(=도장 찍는다·sealing)는 말이 닫는 것(to shut)을 뜻하고, 그러므로 "봉인하지 말아라"(not sealing)는 말은 개봉하는 것(to open)을 뜻하기 때문이고, 그리고 "때가 가까이 왔다"는 말은 필요하다, 필수적이다는 것을 뜻하기 때문입니다. 왜냐하면 묵시록서는, 그것이 설명되지 않는 한, 봉인된 책이고, 닫혀진 책이기 때문입니다. 위에서 언급한 것과 같이(본서 944항 참조), 우리의 본문인, "이 예언의 말씀"은 주님께서 공표하실 이 책에 속한 진리들이나 교리의 계율들을 뜻합니다. 그리고 어느 누구나 구원받기 위하여 이것은 그 교회의 마지막 때에 필요한 것이다는 것은 앞서의 설명에서 볼 수 있겠습니다(본서 9항 참조). 이런 내용들이나 사실에서 밝히 드러나는 것은, 우리의 본문인, "때가 가까이 왔으니, 이 책에 적힌 예언의 말씀을 봉인하지 말아라"는 말씀이 묵시록서는 반드시 닫혀질 수 없고, 오히려 공개되어져야 한다는 것과 그리고 모두가 구원을 받기 위해서는 교회의 마지막 때에 이것은 필수적이다는 것 등을 뜻한다는 것입니다.

    948. 11절. "이제는 불의를 행하는 자는 그대로 불의를 행하도록 내버려 두고, 더러운 자는 그냥 사람이 더러운 채로 내버려 두어라. 의로운 사람은 그대로 의를 행하게 하고, 거룩한 사람은 그대로 거룩한 사람이 되게 하여라."

이 말씀은 사후(死後)에, 그리고 그의 심판에 앞서, 개별적으로는 모든 것의 상태를 뜻하고, 일반적으로는 최후심판 이전에 있는 모든 것의 상태를 뜻합니다. 그것은 바로 온갖 악들에 빠져 있는 자들로부터 온갖 선들이 제거될 것이다는 것입니다. 그리고 온갖 거짓들 안에 빠져 있는 자들로부터 역시 진리들이 제거될 것이다는 것을 뜻합니다. 그 반대로는 선들 안에 있는 사람들에게서 악들이 제거될 것이다는 것과 그리고 진리들 안에 있는 사람들에게서 거짓들이 제거될 것이다는 것을 뜻합니다. "불의를 행하는 자"(=불의한 자・unjust)는 온갖 악들 안에 빠져 있는 자를 뜻하고, "의로운 사람"(just)은 온갖 선들 안에 있는 사람을 뜻합니다(본서 668항 참조). 그리고 "더러운 사람"(filthy) 또는 불결한 사람(unclean)은 거짓들 안에 있는 사람을 뜻하고(본서 702・708・924항 참조), 그리고 "거룩한 사람"(holy)은 진리들 안에 있는 사람을 뜻합니다(본서 173・586・666・852항 참조). 따라서 여기에서 얻는 결론은 "불의를 행하는 자는 그대로 불의를 행하도록 내버려 두어라"는 말씀은, 온갖 악들 안에 빠져 있는 자는 더욱 더 온갖 악들 안에 빠져 있을 것이다는 것을 뜻하고, 그리고 "더러운 자는 그냥 사람이 더러운 채로 내버려 두어라"라는 말씀은 거짓들 안에 빠져 있는 자는 더욱 더 거짓들 안에 빠져 있을 것이다는 것을 뜻합니다. 이에 반하여 "의로운 사람은 그대로 의를 행하게 하라"는 말씀은 선들 안에 있는 자는 더욱 더 선들 안에 있을 것이다는 것을 뜻하고, "거룩한 사람은 그대로 거룩한 사람이 되게 하여라"는 말씀은 진리들 안에 있는 자는 더욱 더 진리들 안에 있을 것이다는 것을 뜻합니다. 그러나 온갖 악들 안에 빠져 있는 자들에게서 선들이 제거될 것이고, 그리고 거짓들 안에 빠져 있는 자들에게서 진리들이 제거될 것이고, 다시 말하면 그 반대로, 선들 안에 있는 자들에게서 악들이 제거될 것이다는 것을 뜻한다는 그 이유는, 악들 안에 빠져 있는 어느 누구에게서 선들이 제거되는 것에 비례하여 더욱 더 그는 악에 빠져 있기 때문이고, 그리고 거짓들 안에 빠져 있는 어느 누구에게서 진리들이 제거되는 것에 비례하여 더욱 더 그는 거짓들 안에 빠져 있을 것이기 때문입니다. 그와 반대로 선들 안에 있는 어느 누구에게서 악들이 제거되는 것에 비례하여 그는 더욱 더 선들 안에 있고, 그리고 진리들 안에 있는 어느 누구에게서 거짓들이 제거되는 것에 비례하여 더욱 더 그는 진리들 안에 있기 때문입니다. 다시 말하면 사후(死後) 모든 사람에게는 이 일이 아니면, 저 일이 일어납니다. 왜냐하면 이와 같이 악한 사람은 지옥을 준비하고, 선한 사람은 천계를 준비하기 때문입니다. 그리고 또한 악한 사람은 자신과 함께 선들이나 진리들을 지옥으로 가지고 갈 수 없고, 또한 선한 사람도 악들이나 거짓들을 천계로 가지고 갈 수 없기 때문입니다. 이러한 일은 천계와 지옥에게 모두 혼돈(混沌)만을 야기할 것이기 때문입니다. 그러나 여기서 명확하게 알아야 할 것은, 그들은 모두가 내면적으로 악한 사람이나 내면적인 선한 사람을 뜻한다는 것입니다. 왜냐하면 내면적으로 악한 사람들도 외면적인 선 안에 있을 수 있기 때문입니다. 그리고 그들은, 위선자들이 하는 것과 같이, 선한 사람처럼 행동할 수 있고, 말할 수 있기 때문입니다. 그리고 내면적인 선한 자들도 때로는 외면적인 악한 사람이 될 수 있기 때문입니다. 왜냐하면 그들은 외면적인 악들을 행하고, 거짓들을 말할 수 있지만, 그럼에도 불구하고 그들은 회개하고, 진리들의 가르침 받기를 열망하기 때문입니다. 이러한 동일한 내용을 주님께서 이와 같이 말씀하셨습니다.

> 가진 사람은 더 받아서 차고 남을 것이며, 가지지 못한 사람은 가진 것마저 빼앗길 것이다.
> (마태 13 : 12 ; 25 : 29 ; 마가 4 : 25 ; 누가 8 : 18 ; 19 : 26)

따라서 이와 같은 일은 심판에 앞서 사후 모두에게 일어날 것입니다. 또 그와 같은 일은 최후심판의 날에 멸망될 사람들이나, 구원받을 사람들에게 일반적으로 일어날 것입니다. 왜냐하면 이런 일이 일어나기 전에는 최후심판이 집행될 수 없기 때문입니다. 그 이유는 악한 사람이 선들이나 진리들 안에 계속 남아 있는 동안은 그들은 외적인 것들의 측면에서 가장 낮은 천계의 천사들(the angels of the lowest heaven)과 결합하고, 그리고 뿐만 아니라 그들은 분리되어 있기 때문입니다. 이러한 내용이 주님께서 말씀하신 것인데(마태 13 : 20-30, 38-40), 이 내용은 위의 설명에서 읽을 수 있겠습니다(본서 324 · 329 · 343 · 346 · 398항 참조). 이와 같은 고찰(考察)들로부터 우리의 본문인, "불의를 행하는 자는 그대로 불의를 행하도록 내버려 두고, 더러운 자는 그냥 사람이 더러운 채로 내버려 두어라. 의로운 사람은 그대로 의를 행하게 하고, 거룩한 사람은 그대로 거룩한 사람이 되게 하여라"는 말씀이 영적인 뜻으로 뜻하는 것이 무엇인지 잘 알 수 있겠습니다. 다니엘서의 아래 장절도 동일한 뜻을 가지고 있습니다.

> 그가 말하였다. "다니엘아, 가거라. 이 말씀은 마지막이 올 때까지 은밀하게 간직되고 감추어질 것이다. 많은 사람이 깨끗해질 것이다. 그러나 악한 사람들은 이해하지 못하고, 계속해서 악해질 것이다. 지혜 있는 사람들만이 이해할 것이다.
> (다니엘 12 : 9, 10)

949. 12절. **"보아라, 내가 곧 가겠다. 나는 너희 각 사람에게 그 행위대로 갚아 주려고 상을 가지고 가겠다."**
이 말씀은, 주님께서 명확하게 오실 것이다는 것과 그리고 그분께서 그분을 믿는 믿음에 따라서 모두에게 영생에 속한 천계와 지복(至福)이시다는 것과 그리고 그분의 계명들에 일치하는 생명이시다는 것을 뜻합니다. "보아라, 내가 곧 가겠다"는 말씀은 그분께서 확실하게 오실 것이다는 것, 다시 말하면, 그분께서 심판을 단행할 것이다는 것과 그리고 새로운 천계(a New Heaven)와 새로운 교회(a New Church)를 세우실 것이다는 것을 뜻합니다. "곧"(=속히·quickly)이라는 말이 확실하게(=명확하게)를 뜻한다는 것은 앞서의 설명에서 알 수 있겠습니다(본서 4·943·944·947항 참조). "내가 상을 가지고 간다"(=내 상이 나에게 있다)라는 말씀은 주님께서 친히 영생(永生)에 속한 천계이시고, 지복이시다는 것을 뜻합니다. "상"(=보상·reward)이 천계와 영원한 지복을 가리킨다는 것은 앞서의 설명을 보십시오(본서 526항 참조). 그것이 바로 주님 자신이다는 것은 아래에서 알게 될 것입니다. "각 사람에게 그 행위대로 갚아 준다"라는 말씀은 주님을 믿는 믿음에 의하여, 그리고 그분의 계명들에 일치하는 삶에 의하여 그 사람과 주님과의 결합에 일치한다는 것을 뜻합니다. 우리의 본문이 이런 내용을 뜻하는 이유는 선한 일들(善行·good works)은 내적인 것 안에 있는 인애와 믿음(charity and faith)을 뜻하고, 동시에 외적인 것들 안에 있는 그것들의 결과들(結果·effects)을 뜻하기 때문입니다. 그리고 인애와 믿음이 주님에게서 오기 때문에, 그리고 주님과의 결합에 일치하기 때문에, 이러한 내용을 뜻한다는 것은 아주 명확합니다. 따라서 이것은 앞에서 언급된 것과 일치합니다. 선행들이 내적인 것들 안에 있는 인애와 믿음이고, 그리고 동시에 외적인 것들 안에 있는 그것들의 결과들이다는 것은 본서 641·868·871항에서 잘 알 수 있겠습니다. 인애와 믿음이 사람으로 말미암아 존재하지 않고, 주님으로 말미암아 존재한다는 것은 잘 알려져 있습니다. 그리고 그것들이 주님으로 말미암아 존재하기 때문에, 그것들은 주님과의 결합에 일치하고, 그리고 주님과의 결합은 주님을 믿는 믿음에 의하여, 그리고 주님의 계명들에 일치하는 삶에 의하여 이루어집니다. 여기서 주님을 믿는 믿음은 주님께서 구원하신다는 확신(確信·confidence)을 뜻하고, 그리고 주님에게 직접 나아가고, 그리고 죄들로 여겨 악들을 단절하는 자들은 이 확신을 갖습니다. 이 밖의 다른 사람들에게 이 확신은 주어지지 않습니다. "나는 상을 가지고 가겠다"(=나의 상이 내게 있다)고 언급되었는데, 그 말씀은 주님 친히 영생에 속한 천계요, 지복이시다는 것을 뜻합니다. 왜냐하면 "상"(=상급·reward)은, 평화(平和·peace)라고 부르고, 거기에서 비롯된 외적인 즐거움(external joy)을 가리키는 본질적인 지복(intrinsic beatitude)이기 때문입니다. 이런 것들은 오직 주님에게서만 비롯되고, 그리고 주님으로 말미암은 것들은 모두가 주님으로 말미암아 존재할 뿐만 아니라, 그분 자체입니다. 왜냐하면 주님께서는, 자신이 아닌 것은 그분 자신으로부터 그 어떤 것도 보내실 수 없기 때문입니다. 왜냐하면 주님께서는 결합에 일치하여 모든 사람과 함께 무소부재(無所不在·omnipresent)하시기 때문이고, 그리고 결합은 수용(=영접·reception)과 일치하고, 그리고 수용은 사랑과 지혜(love and wisdom)에 일치하기 때문입니다. 또한 여러분이 원하신다면, 인애와 믿음(charity and faith)에 일치하고, 그리고 인애와 믿음은 삶에 일치하고, 그 삶은 악과 거짓에게는 혐오(嫌惡)하기 때문입니다. 그리고 악과 거짓에 대한 혐오는 악한 것이나 거짓된 것에 속한 지식과 일치하고, 그리고 그 때 그것은 회개(悔改)에 일치하고, 그리고 동시에 주님에 대한 우러름에 일치하기 때문입니다. "상"(=상급)이 주님으로 말미암아 존재할 뿐만 아니라, 주님 자신을 가리킨다는 것은 성경의 여러 장절들에게서 잘 드러나고 있습니다. 그 장절들에 언급된 내용은, 주님과 결합한 자들은 주님 안에 있고, 그리고 주님께서는 그들 안에 계신다는 것인데, 이러한 사실은, 위에서 볼 수 있듯이(본서 883항 참조), 요한복음서에서 잘 드러나고 있습니다(요한 14 : 20-24 ; 15 : 4, 5 ; 17 : 19, 21, 22, 26 ; 그리고 그 밖의 여러 장절들). 역시 거기에서는 성령(聖靈・the Holy Spirit)이 그들 안에 있고, 그리고 성령은 주님이시다고 언급되고 있습니다. 왜냐하면 성령은 주님의 신령현존(神靈現存・His Divine presence)이기 때문입니다. 그리고 역시 사람이, 하나님께서 그들 안에 함께 사시기를 기도할 때에, 그리고 그들을 가르치고, 인도하시기를 기도할 때에, 그리고 입으로 설교하고, 몸이 선한 것을 행하기를 기도할 때, 그리고 그 밖에 이와 비슷한 본질에 속한 다른 것들을 간구할 때에도 상급은 주님으로 말미암아 존재하고, 역시 상급이 주님 자신이다는 것은 잘 나타납니다. 왜냐하면 주님께서는 사랑 자체이시고, 지혜 자체이시기 때문이고, 그리고 이 둘은 공간(=장소・place) 안에 있지 않고, 그것들이 영접, 수용되는 곳에 존재하고, 그리고 그 영접과 수용에 속한 본질(本質・quality)에 일치하기 때문입니다. 그러나 이러한 비의(秘義)는, 주님에게서 비롯된 천계에서 온 빛의 수용에서 비롯된 지혜 안에 있는 자들을 제외하고서는, 어느 누구도 이해할 수 없습니다. 왜냐하면 이들에 속한 선용(善用・use)은, 두 저서들인, ≪섭리론≫과 ≪신령사랑과 신령지혜≫에 기술된 것들이기 때문입니다. 그리고 거기에서 입증된 것은, 주님께서는 친히 수용에 일치하여 사람들 안에 계신다는 것, 그리고 주님에게서 분리된 그 어떤 신령한 것에도 존재하지 않는다는 것 등입니다. 천사들은, 그들이 신령무소부재의 개념 안에 있을 때, 이 개념 안에 있습니다. 그리고 나는 몇몇 기독교인들이 이와 비슷한 개념 안에 있다는 것을 의심하지 않습니다.

950. 13절. **"나는 알파와 오메가, 처음과 마지막이며, 시작과 끝이다,"**
이 말씀은, 주님께서 천지(天地)의 하나님이시고, 천계와 땅 위에 있는 모든 것들이 주님에 의하여 완성되었고, 그리고 그분의 신령섭리에 의하여 다스려진다는 것과 그리고 그것에 일치하여 일어나기 때문이다는 것을 뜻합니다. 우리의 본문이 이런 내용을 뜻하고, 그리고 더 많은 내용을 뜻한다는 것은 본서 888항을 참조하십시오.

951. 14절. **"생명 나무에 이르는 권리를 차지하고 성문으로 해서 성에 들어가려고, 자기 겉옷을 깨끗이 빠는 사람은, 복이 있다."**
이 말씀은, 사람에 의하여 그들이 주님 안에, 주님께서 그들 안에 있기 위하여 주님의 계명들에 일치하여 사는 자들은 영원한 지복을 가질 것이다는 것과 그리고 주님에 관한 지식에 의하여 주님의 새로운 교회 안에 있기 위하여 주님의 계명들에 일치하여 사는 자들은 영복을 누린다는 것을 뜻합니다. "행복하다"(=복이 있다·happy)는 말은 영생에 속한 지복(至福)을 누리는 자들을 뜻합니다(본서 639·852·944항 참조). "자기 겉옷을 깨끗이 빤다"(=주님의 계명을 행한다)는 말은 주님의 계율들에 일치하여 사는 것을 뜻합니다. 그리고 "생명 나무에 이르는 권리"(=그들의 권세가 생명 나무 안에 있다)라는 말은, 곧 알게 되겠지만, 주님을 위하여 사랑에 의하여 그들이 주님 안에, 주님께서 그들 안에 있기를 목적하는 것을 뜻합니다. 그리고 "성문으로 해서 성에 들어간다"는 말은 그들이 주님에 관한 지식들을 통하여 주님의 새로운 교회 안에 있을 것이다는 것을 뜻합니다. 여기서 새 예루살렘 성의 "성문들"은 주님에게서 비롯된 선과 진리에 속한 지식들을 뜻합니다(본서 899·900·922항 참조). 그리고 "각각 성문이 하나의 진주이기" 때문에, 원칙적으로 "성문들"은 주님에 관한 지식들을 뜻하고(본서 916항 참조), "그 성" 즉 예루살렘은 그것의 교리를 가지고 있는 새로운 교회를 뜻합니다(본서 879·880항 참조). 그리고 우리의 본문, "그들의 권세가 생명 나무 안에 있다"(=생명 나무에 이르는 권리를 차지한다)는 말씀은 그들이 주님 안에, 주님께서 그들 안에 있게 하기 위하여 라는 것을 뜻한다는 것, 또는 주님의 목적 때문이다는 것을 뜻한다는 것은 "생명나무"(=생명의 나무·the tree of life)가 신령사랑의 측면에서 주님을 뜻하기 때문입니다(본서 89·933항 참조). 그리고 "생명 나무 안에 있는 권세"(=능력)는, 그들이 주님 안에, 그리고 주님께서 그들 안에 있기 때문에, 주님에게서 비롯된 능력(=권세·power)을 뜻합니다. 여기서는 "주님과 함께 다스린다"는 말이 뜻하는 것과 동일한 것을 뜻합니다(본서 284·849항 참조). 주님 안에 있고, 주님께서 그들 안에 있는 자들이 모든 능력(=권세·power) 안에 있는 것을 뜻한다는 것은, 그들이 원하는 것은 무엇이나 그들이 할 수 있기 때문인데, 주님께서 친히 요한복음서에서 이렇게 말씀하십니다.

　　사람이 내 안에 머물러 있고, 내가 그 사람 안에 머물러 있으면, 그는 많은 열매를 맺는다. 너희는 나를 떠나서는 아무것도 할 수 없다.……너희가 내 안에 머물러 있고, 나의 말이 너희 안에 머물러 있으면, 너희가 무엇을 구하든지 다 그대로 이루어질 것이다.
(요한 15 : 5, 7)

능력에 관해서도 마찬가지입니다(마태 7 : 7 ; 마가 11 : 24 ; 누가 11 : 9, 10). 마태복음서에서도 마찬가지입니다.

> 예수께서 그들에게 말씀하셨다. "너희가 믿고 의심하지 않으면,……이 산더러 '벌떡 일어나서, 바다에 빠져라' 하고 말해도, 그렇게 될 것이다. 또 너희가 기도할 때에, 이루어질 것을 믿으면서 구하는 것은, 무엇이든지 다 받을 것이다.
> (마태 21 : 21, 22)

여기에 기술된 말들은 주님 안에 있는 사람들의 능력(=권세)을 뜻합니다. 따라서 이들은, 주님에게서 비롯된 것을 제외하면, 어떤 것도 원하지 않고, 그리고 어떤 것도 구하지 않습니다. 그리고 그들이 주님으로 말미암아 원하고, 구한 것은 무엇이나 꼭 같이 다 이루어집니다. 왜냐하면 주님께서 "너희는 나를 떠나서는 아무것도 할 수 없고, 그리고 내 안에 머물러 있고, 나도 너희 안에 머물러 있다"라고 말씀하셨기 때문입니다. 천계에 있는 천사들은 이런 능력을 가지고 있습니다. 그들은 어떤 것을 원하면, 그들은 그것을 얻습니다. 그럼에도 불구하고 그들은, 선용에 속한 것을 제외하면, 어떤 것도 원하지 않습니다. 그들은 이런 일을 마치 자기 자신이 하는 것처럼 하지만, 그러나 여전히 주님으로 말미암아서 행할 뿐입니다.

952. 15절. "개들과 마술쟁이들과 음행하는 자들과 살인자들과 우상숭배자들과 거짓을 사랑하고 행하는 자는 다 바깥에 남아 있게 될 것이다."
이 말씀은, 십성언의 계명들을 무가치(無價値)한 것으로 만들고, 그리고 거기에 죄들로 나열된 악들을 단절하지 않고, 따라서 그런 죄악들 안에서 사는 자들은 어느 누구도 새 예루살렘에 영접, 수용될 수 없다는 것을 뜻합니다. 이러한 내용은 우리의 본문에 나열된 모든 개별적인 것들이 일반적으로 뜻하는 것입니다. 그 이유는 십성언(十聖言)의 계명들은 거기에서 십성언이 뜻하는 것이기 때문입니다. 그러한 사실은 여기서 "개들"이 명명된 것을 제외하면 거의 동일한 낱말들이 등장하는 곳의 설명에서(본서 892항 참조), 잘 알 수 있겠습니다. 여기에서 "개들"은, 십성언의 아홉째와 열째에서 다루고 있는 온갖 정욕(lusts)들 안에 빠져 있는 자들을 뜻합니다. 일반적으로는 "개들"이 온갖 정욕들 안에 빠져 있고, 그리고 그것들을 너무나 좋아하는 자들을 뜻하고, 개별적으로는 철저한 관능적인 쾌락들 안에 있는 자들을, 그리고 특별하게는 그들이 그런 것들 안에서 오직 기쁨을 만끽(滿喫)하는 먹고 마시는 것에 속한 쾌락 안에 빠져 있는 자들을 뜻합니다. 왜냐하면 영계에서 개들은, 그런 식욕(食慾)과 미각(味覺)에 빠져 있는 자들로부터 나타나고, 그리고 거기에서 관능적인 미각들이라고 불리우기 때문입니다. 그것들은 마음에 있는 조잡스러운 것들이기 때문에 이런 부류의 작자들은 교회에 속한 것들을 무가치한 것으로 만들고, 홀대합니다. 그러므로 그들은 밖에 있어야 합니다, 다시 말하면 주님의 새로운 교회에 영접, 수용되지 않는다고 언급되었습니다. 성경의 아래 장절들에서 "개들"은 이와 비슷한 뜻을 가지고 있습니다.

　　백성을 지키는 파수꾼이라는 것들은
　　눈이 멀어서 살피지도 못한다.
　　지도자가 되어 망을 보라고 하였더니,
　　벙어리 개가 되어서
　　야수가 와도 짖지도 못한다.……
　　지도자라는 것들은
　　굶주린 개처럼 그렇게 먹고도
　　만족할 줄을 모른다.
　　(이사야 56 : 10, 11)
　　그들은 저녁만 되면 돌아와서,
　　개처럼 짖어 대면서,
　　성 안을 이리저리 쏘다닙니다.……
　　그들은 먹을 것을 찾아서 돌아다니다가,
　　배를 채우지 못하면,
　　밤새도록 으르렁거립니다.
　　(시편 59 : 6, 14, 15)

22 : 1 - 21   71

"개들"은 가장 타락한 사람들(the vilest men)을 뜻합니다(욥기 30 : 1 ; 사무엘 상 24 : 14 ; 사무엘 하 9 : 8 ; 열왕기 하 8 : 13). 그리고 불결한 자들을 뜻합니다. 그러므로 모세의 오경(五經)에는 이렇게 언급되었습니다.

> 창녀가 번 돈이나 남창이 번 돈(=개의 소득)은, 주 너희의 하나님의 성전에 서원을 갚는 헌금으로 드릴 수 없다. 이 두 가지가 다 너희의 하나님이 미워하시는 것이다.
> (신명기 23 : 18)

953. 16절. **"나 예수는 나의 천사를 너희에게 보내어, 교회들에게 주는 이 모든 증언을 전하게 하였다."**
이 말씀은, 묵시록서에 기술된 것들을 주님께서 홀로 명확하게 밝히시는 것이 참된 것이다는 것을 온 기독교계 앞에서 주님에게서 비롯된 확증(確證·testification)을 뜻합니다. 이러한 사실은 지금 밝히 드러나고 있습니다. 여기서 주님께서 자기 자신을 "예수"라고 명명한 이유는, 기독교계에 있는 모두가 주님 자신을 알게 하기 위한 것이고, 그리고 이 세상에 있는 모두가 묵시록서에 기술된 것들을 밝히 알게 하기 위한 것입니다. 우리의 본문, "증언하기 위하여 천사를 보낸다"는 말씀은 그것이 참된 것이다는 주님에게서 비롯된 증언(=확증·testification)을 뜻합니다. 사실 천사는 이것을 증언합니다. 그럼에도 불구하고 자기 스스로 그렇게 하는 것이 아니고, 오직 주님으로 말미암아서 행합니다. 그러한 사실은 우리의 본문 20절에, "이 모든 계시를 증언하시는 분이 '그렇다. 내가 곧 가겠다' 하고 말씀하셨습니다"라는 말씀에서 아주 명확합니다. 이 말씀이 그것이 사실이다는 증거를 뜻하는 그 이유는 "증언한다"(=증거한다)는 낱말은 진리에 관해서 언급하기 때문입니다. 그것은 진리가 진리 자체를 증거하기 때문이고, 그리고 주님께서 진리이시기 때문입니다(본서 6·16·490항 참조). "증언한다"(=증거한다·to testify)는 말은 그것이 참된 것이다는 증언이나, 주님께서 묵시록서에 기술된 것들을 요한에게 밝히신 것을 뜻할 뿐만 아니라, 주님께서 거기에 있는 개별적인 것들이나 전체적인 모든 것들이 뜻하는 것을 지금 밝히셨다는 것을 뜻합니다. 왜냐하면 "주께서 교회들 안에 있는 모든 것을 증언하셨다"라고 언급되었기 때문입니다. 다시 말하면 요한에게 기록된 것들 안에 내포된 것들은 참된 것이다는 것을 언급하고 있기 때문입니다. 왜냐하면, 앞에서 관찰한 것과 같이, "증언한다"(to testify)는 낱말은 진리에 관해서 언급하고 있기 때문입니다. "교회들 안에 있는 것들을 (증언하기 위하여) 너희에게 보낸다"는 말은 온 기독교계 앞에 라는 것을 뜻합니다. 왜냐하면 여기서 뜻하는 교회들은 거기에 있기 때문입니다.

954. "나는 다윗의 뿌리요, 그의 자손이요, 빛나는 새벽별이다."
이 말씀은, 주님께서 이 세상에 태어나셨다는 것, 그리고 그 때 빛 자체(the Light)이셨다는 것, 그리고 거룩한 예루살렘이 가리키는 주님의 새로운 교회에 앞서서 일어날 새로운 빛(new light)으로 다시 오실 분이시다는 것 등을 뜻합니다. 우리의 본문, "나는 다윗의 뿌리요, 그의 자손이다"는 말씀은 그분께서 이 세상에 태어나셨던 주님 그분이시다는 것, 따라서 그분의 신령인성(His Divine Human) 안에 계시는 주님이시다는 것을 뜻합니다. 이렇기 때문에, 그분은 "다윗의 뿌리요, 그분의 자손"이라고 불리셨고, 그리고 또한 "다윗의 가지"(the Branch of David)라고 불리셨고(예레미야 23 : 5 ; 33 : 15), 그리고 또한 "이새의 줄기에서 난 싹이요, 그 뿌리에서 난 가지"라고 불리셨습니다(이사야 11 : 1). "빛나는 새벽별"(the bright and morning Star)은 그 때 거기에 빛이 있었다는 것과 거룩한 예루살렘이 가리키는 그분의 새로운 교회가 설시되기 전에 일어날 새로운 빛으로 그분께서 오실 것이다는 것을 뜻합니다. 그분께서는 그분께서 이 세상에 강림하셨을 때의 그 빛으로 말미암아 "빛나는 별"(the bright Star)이라고 불리셨습니다. 그러므로 주님께서는 "별"(Star)·"빛"(Light)이라고 불리셨습니다. "별"이라고 불리셨고(민수기 24 : 17), 그리고 "빛"이라고 불리셨습니다(요한 1 : 4-12 ; 3 : 19, 21 ; 9 : 5 ; 12 : 35, 36, 46 ; 마태 4 : 16 ; 누가 2 : 30-32 ; 이사야 9 : 2 ; 49 : 6). 그분께서는 그분에게서 비롯되는 새 예루살렘이 가리키는 새로운 교회에 앞서 일어날 그 빛으로 말미암아 "새벽별"(the morning Star)이라고 불리셨습니다. 왜냐하면 "별"(星·star)은 그것의 본질 안에 있는 지혜와 총명인 주님에게서 비롯된 빛을 뜻하고, "아침"(朝·morning)은, 위의 설명에서 볼 수 있듯이(본서 151항 참조), 주님의 강림(His coming)을 뜻하고, 그리고 그 때는 새로운 교회를 뜻하기 때문입니다.

**955. 17절. 성령과 신부가 "오십시오!"
하고 말씀하십시오.**
이 말씀은 천계와 교회가 주님의 강림(the Lord's coming)을 열망한다는 것을 뜻합니다. 여기서 "성령"(the Spirit)은 천계를 뜻하고, "신부"(the Bride)는 교회를 뜻합니다. 그리고 "'오십시오!' 하고 말씀하십니다"라는 말은 주님의 강림을 열망한다는 것을 뜻합니다. 거룩한 예루살렘인 새로운 교회를 바로 "신부"가 뜻한다는 것은 21장 2, 9, 10절의 설명에서 명확하고(본서 881항 참조), 그리고 "성령"이 천계를 뜻한다는 것은, 그들에 관해서 위에서 언급한 것과 같이(묵시록 14 : 1-7 ; 19 : 1-9 ; 20 : 4, 5), 천사적인 영들(the angelic spirits)이 새로운 천계(=새 하늘)를 형성하기 때문입니다. 여기서 "신부"라고 불리운 교회는 믿음에 속한 거짓들 안에 있는 자들로 이루어지는 교회를 뜻하지 않고, 오히려 믿음에 속한 진리들 안에 있는 자들로 이루어지는 교회를 뜻합니다. 왜냐하면 이들은 빛을 열망하기 때문이고, 결과적으로는 위에서 언급한 것과 같이(본서 954항 참조), 주님의 강림을 열망하기 때문입니다.

**956. 이 말을 듣는 사람도 또한 "오십시오!"
하고 외치십시오.
목이 마른 사람도 오십시오.
생명의 물을 원하는 사람은
거저 마시십시오.**
이 말씀은, 주님의 강림에 관해서, 그리고 새로운 천계(=새 하늘)와 새로운 교회에 관해서, 따라서 주님의 나라(the Lord's kingdom)에 관해서 무엇인가를 아는 사람은 반드시 그것이 일어나도록, 기도하여야 한다는 것을 뜻하고, 그리고 진리들을 열망하는 사람도 반드시 주님께서 빛과 함께 오실 것을 기도하여야 한다는 것을 뜻하고, 그리고 진리들을 사랑하는 사람은, 그 때 자기 자신의 업적(his own work)이 없지만, 주님으로부터 진리들을 영접할 것을 기도하여야 한다는 것을 뜻합니다. "이 말을 듣는 사람도 '오십시오!' 하고 외치십시오"라는 말은, 주님의 강림에 관해서, 새로운 천계(=새 하늘)와 새로운 교회에 관해서, 따라서 주님의 나라에 관해서 무엇인가를 듣고, 그것으로 인하여 그것을 아는 사람은 그것이 이루어지도록 기도하여야 한다는 것을 뜻합니다. "목이 마른 사람도 오십시오"라는 말은 주님의 나라를 열망하고, 그리고 동시에 진리들을 열망하는 사람은 주님께서 빛과 함께 오실 것을 기도하여야 한다는 것을 뜻합니다. "생명의 물을 원하는 사람은 거저 마시십시오"라는 말은 사랑으로 말미암아 진리를 배우고, 그것들을 자신에게 전유(專有)하기를 원하는 사람은, 자기 자신의 업적이나 공로 없이 주님에게서 그것들을 영접, 수용할 것이다는 것을 뜻합니다. 여기서 "원한다"(willing)는 말은 사랑하는 것을 뜻하는데, 그 이유는 사람이 마음에서부터 원하는 것은 그가 사랑하는 것이기 때문이고, 그리고 그가 동일한 것을 사랑하는 것은 그가 마음으로부터 원하는 것이기 때문입니다. "생명의 물"(生命水 · the water of life)은 성언을 통하여 주님에게서 오는 신령진리들을 뜻하고(본서 932항 참조), 그리고 "거저"(=값없이 · 공짜로 · freely)라는 말은 자기 자신의 업적(his own work)이 없다는 것을 뜻합니다. 우리의 본문절에 있는 것들은 주님의 기도문에 있는 것들과 동일한 뜻을 가지고 있습니다. 주님의 기도문입니다.

> 나라가 임하게 하시오며,
> 뜻이 하늘에서 이루어진 것같이,
> 땅에서도 이루어지게 하시옵소서.
> (마태 6 : 10 ; 본서 839항 참조)

주님의 나라(the Lord's kingdom)는 천계와 더불어 하나(一體)를 이루는 교회를 뜻합니다. 그러므로 "이 말을 듣는 사람도 또한 '오십시오' 하고 외치십시오. 목이 마른 사람도 오십시오"라고 언급되었습니다. "목마르다"(to thirst)는 말이 진리들을 열망한다는 것을 뜻한다는 것은 아래 장절들에게서 잘 드러나고 있습니다.

> 내가 메마른 땅에 물을 주고
> 마른 땅에 시내가 흐르게 하듯이,
> 네 자손에게 내 영을 부어 주고,……
> (이사야 44 : 3)
> 너희 모든 목마른 사람들아,
> 어서 물로 나오너라.……

돈도 내지 말고 값도 지불하지 말고
포도주와 젖을 사거라.
(이사야 55 : 1)
예수께서 일어서서 큰소리로 말씀하셨다. "목마른 사람은 다 내게로 와서 마셔라. 나를 믿는 사람은,……그의 배에서 생수가 강처럼 흘러 나올 것이다."
(요한 7 : 37, 38)
내 영혼이
하나님, 곧 생명의 하나님을 갈망하니,……
(시편 42 : 2)
하나님,
주님은 나의 하나님,
물기 없이 메말라 황폐한 땅에서
목마른 사람이 물을 찾듯이,
내가 주님을 찾습니다.
내 영혼이 주님을 찾아 목이 마르고,
이 육신도 주님 찾아 애가 타서,……
(시편 63 : 1)
의에 주리고 목마른 사람은 복이 있다.
(마태 5 : 6)
목마른 사람에게는 내가 생명수 샘을 거저 마시게 하겠다.
(묵시록 21 : 6)

위에 인용된 장절들은 영적인 선용을 위하여 진리들을 갈망하는 자들에게 주님께서 자기 자신으로부터 성언을 통하여 그 선용에 도움이 되는 모든 것들을 주실 것이다는 것을 뜻합니다. "목마르다" 또는 "목마름"이 진리의 결핍(缺乏)으로 말미암아 멸망하는 것을 뜻한다는 것은 아래의 장절들에서 명확합니다.

그러므로 나의 백성은
지식이 없어서 포로가 될 것이요,
귀족은 굶주리고
평민은 갈증으로 목이 탈 것이다.
(이사야 5 : 13)
어리석은 사람은 어리석은 말을 하며,

> 그 마음으로 악을 좋아하여
> 불경건한 일을 하며,
> 주께 함부로 말을 하고,
> 굶주린 사람에게 먹을거리를 주지 않고,
> 목마른 사람에게 마실 물을 주지 않습니다.
> (이사야 32 : 6)
> 가련하고 빈궁한 사람들이
> 물을 찾지 못하여
> 갈증으로 그들의 혀가 탈 때에,
> 나 주가 그들의 기도에 응답하겠고,
> 나 이스라엘의 하나님이
> 그들을 버리지 않겠다.
> (이사야 41 : 17)
> 고발하여라. 너희 어머니를 고발하여라.
> 그는 이제 나의 아내가 아니며,
> 나는 그의 남편이 아니다.
> 그의 얼굴에서 색욕을 없애고,
> 그의 젖가슴에서
> 음행의 자취를 지우라고 하여라!……
> 내가 그를
> 사막처럼 메마르게 하고,
> 메마른 땅처럼 갈라지게 하여,
> 마침내 목이 타서 죽게 하겠다.
> (호세아 2 : 2, 3)

여기서 어머니는 교회를 가리킵니다.

> 그 날이 온다.……
> 내가 이 땅에 기근을 보내겠다.
> 사람들이 배고파 하겠지만,
> 그것은 밥이 없어서 겪는 배고픔이 아니다.
> 사람들이 목말라 하겠지만,
> 그것은 물이 없어서 겪는 목마름이 아니다.
> 주의 말씀을 듣지 못하여서,
> 사람들이 굶주리고 목말라 할 것이다.……

그 날에는
아름다운 처녀들과 젊은 총각들이
목이 말라서 지쳐 쓰러질 것이다.
(아모스 8 : 11, 13)

아래 장절들에게서 "목마르지 않다"(not thirsting)는 말은 진리의 결핍이 없다는 것을 뜻합니다.

예수께서 말씀하셨다. "내가 주는 물을 마시는 사람은, 영원히 목마르지 않을 것이다."
(요한 4 : 13-15)
예수께서 그들에게 말씀하셨다. "나를 믿는 사람은 다시는 목마르지 않을 것이다."
(요한 6 : 35)
'주께서 그의 종 야곱을 속량하셨다'
하고, 즐겁게 소리를 높여서 알려라.……
주께서 그들을 사막으로 인도하셨으나,
그들이 전혀 목마르지 않았다.
주께서 바위에서 물을 내셔서
그들로 마시게 하셨고,
바위를 쪼개셔서 물이 솟아나게 하셨다.
(이사야 48 : 20, 21)

957. 18절. **나는 이 책에 기록한 예언의 말씀을 듣는 모든 사람에게 증언합니다. 누구든지 여기에 무엇을 덧붙이면, 하나님께서 그에게 이 책에 기록한 재앙들을 덧붙이실 것이요.**
이 말씀은 주님께서 지금 개봉하시는 이 책의 교리에 속한 진리들을 읽고, 알지만, 그럼에도 불구하고 이들 두 요소들을 파괴할 수 있는 것을 더하는 것에 의하여 주님 이외의 다른 믿음을 시인하는 자들이 이 책에 기술된 재앙들이 뜻하는 거짓들이나 악들로 말미암아 멸망하는 것 이외의 다른 어떤 것도 할 수 없다는 것을 뜻합니다. "이 책에 기록한 예언의 말씀을 듣는다"는 말은, 위에서 본 바와 같이(본서 944항 참조), 주님께서 지금 공개하시는, 이 책의 교리에 속한 진리들을 읽고, 그리고 아는 것을 뜻합니다. "그것들에 덧붙인다"는 말은, 곧 알게 되는 것과 같이, 그것에 의하여 그런 진리들을 그들이 파괴하는 어떤 것을 더하는 것을 뜻합니다. "이 책에 기록된 재앙들"은 묵시록 15장과 16장에 그것에 관해서 "이 책에 기록된 재앙들"이 뜻하는 온갖 거짓들과 악들을 뜻합니다. "재앙들"이 용의 짐승과 거짓 예언자를 숭배하는 자들이 가지고 있는 온갖 거짓들과 악들을 뜻한다는 것은 위의 설명을 참조하십시오(본서 456·657·673·676·677·683·690·691·699·708·718항 참조). 용의 짐승과 거짓 예언자는 선행들 없이도 믿음만으로 구원을 받는다고 주장하는 자들입니다. 이 예언서에는 그것의 전 내용들이 관계되고 있는 두 요소(=본질·two things)가 있습니다. 그 첫째는 주님 이외에 시인하여야 할 다른 하나님은 존재하지 않는다는 것이고, 그 둘째는 주님을 믿는 믿음 이외에는 시인하여야 할 다른 믿음은 없다는 것입니다. 이런 것들을 알고 있지만, 그럼에도 불구하고 그것들을 파괴하려는 의도(意圖)를 가지고 무엇인가를 덧붙이는 사람은 온갖 거짓들이나 악들 안에 빠지는 것 이외에 다른 별수가 없고, 그리고 그런 일들로 말미암아 반드시 멸망할 것입니다. 그 이유는, 주님께서 친히 복음서의 수많은 곳에서 가르치신 것과 같이(본서 553항 참조), 주님 이외의 다른 하나님(神)으로부터, 그리고 주님을 믿는 믿음 이외의 다른 믿음에 의해서는, 사랑에 속한 선이나 믿음에 속한 진리, 그리고 그것에서 비롯된 영생의 지복(永生至福)은 허락되지 않기 때문입니다. 우리의 본문이 뜻하는 내용이나, 그리고 묵시록 15장과 16장에 기술된 재앙들을 묵시록의 예언의 말씀에 그 어떤 것을 덧붙이는 사람에게 하나님께서 덧붙이시지 않을 것이시다는 것 등은 어느 누구나 자기 자신의 판단에서 잘 알 것입니다. 왜냐하면 순진무구(純眞無垢)한 사람은 이런 판단을 할 수 있을 것이고, 그리고 좋은 목적을 가지고 있는 수많은 사람들도 그와 같이 판단할 것이고, 그리고 역시 그것이 뜻하는 바를 모르는 무지(無知)한 사람도 그와 같이 판단할 것이기 때문입니다. 왜냐하면 묵시록은, 지금까지 닫혀있는 책과 같았고, 또한 비밀의 책(mystic book)이었고, 따라서 어느 누구나 알 수 있었던 것은, 우리의 본문이 뜻하는 내용, 다시 말하면 이 두 요소(=본질)에 관계되는 진리들을 가리키는, 지금 주님께서 공표하시는 이 책에 있는 교리에 속한 진리들을 파괴하는 그 어떤 것도 덧붙일 수 없고, 또한 그 어떤 것을 제거할 수도 없다는 것이었습니다. 그 이유는 그 뒤에 계속해서 이런 말씀들이 이어지고 있기 때문입니다. 즉, "예수께서 그의 천사를 너희에게 보내어, 교회들에게 주는 이 모든 증언을 전하게 하였다. 나는 다윗의 뿌리요, 그의 자손이요, 빛나는 새벽별이다. 성령과 신부가 '오십시오!' 하고 말씀하십시오. 이 말을 듣는 사람도 또한 '오십시오!' 하고 외치십시오. 목이 마른 사람도 오십시오. 생명의 물을 원하는 사람은 거저 마시십시오"(22 : 16, 17)라는 말씀이 뒤이어 계속되고 있기 때문입니다. 이 구절의 말씀은, 주님께서 그분의 신령인성으로 오실 것이고, 그분을 시인하는 모든 자들에게 영생(永生)을 주실 것이다는 것을 뜻합니다. 그러므로 계속해서 동일한 말씀들이 뒤이어지고 있습니다. 즉, "이 모든 계시를 증언하시는 분이 '그렇다. 내가 곧 가겠다' 하고 말씀하셨습니다. 아멘. 오십시오. 주 예수님!"(22 : 20)이라는 말씀이 이어지고 있습니다. 이런 내용이나 장절들에게서 얻는 것은 그 밖의 다른 어떤 것을 뜻하지 않는다는 것입니다. 여기서 "덧붙인다"(to add)는 말은, 파괴한다는 것을 뜻하고 예언적인 말(a prophetic word)을 뜻할 뿐입니다(시편 120 : 2 ; 그 밖의 여러 곳). 이런 내용들로부터 지금의 본문절이나 그 뒤에 이어지는 본문절의 뜻을 잘 알 수 있겠습니다.

958. 19절. **또 누구든지 이 예언의 책에 기록한 말씀에서 무엇을 없애 버리면, 하나님께서 이 책에 기록한 생명 나무와 그 거룩한 도시에서 그가 누릴 몫을 없애 버리실 것입니다.**

이 말씀은, 지금 주님께서 공개(=공표)하시는 이 책의 교리에 속한 진리들을 읽고, 알면서, 그리고 그럼에도 불구하고, 이 두 요소(=본질)들을 파괴하기 위하여 그 어떤 것을 제거하여 주님 이외의 다른 하나님(神)을 시인하고, 주님을 믿는 믿음 이외의 다른 믿음을 시인하는 자들은 성언으로부터 그 어떤 지혜도 터득할 수 없고, 자신에게 그 어떤 것도 전유(專有)할 수 없으며, 또한 새 예루살렘에 영접될 수도 없고, 그리고 주님의 나라에 있는 사람들이 가지고 있는 처지나 몫을 향유(享有)할 수 없다는 것을 뜻합니다. 여기 구절의 말씀들은 앞서의 구절과 동일한 내용을 뜻합니다. 다만 여기서는 제거하는 자들에 관해서 언급하였고, 거기에서는 덧붙이는 자들에 관해서 언급하였습니다. 결과적으로는 이들 두 진리들을 파괴하기 위하여, 덧붙이는 자들과 제거하는 자들에 관해서 언급하였습니다. "생명책의 그들의 몫을 제거한다"는 것은, 그들이 성언으로부터 어떤 진리도 얻을 수 없고, 그리고 그것을 자신들에게 전유(專有)할 수 없다는 것을 뜻합니다. 여기서 "생명책"(the book of life)은 성언입니다. 그리고 역시 성언의 측면에서 주님을 가리킵니다(본서 256 · 469 · 874 · 925항 참조). 그 이유는, 주님께서 성언(聖言 · the Word)이시기 때문입니다. 왜냐하면 성언(=말씀)은 오직 그분에 관해서만 다루고 있기 때문입니다. 이러한 사실은 ≪사대교리≫의 ≪주님론≫과 ≪성서론≫에서 충분하게 입증하였습니다. 그러므로 주님에게 직접 나아가지 않는 자들은 성언(=성경)으로부터 그 어떤 진리도 알 수 없습니다. "거룩한 도시의 그들의 몫을 제거한다"는 것은 거룩한 예루살렘인 새로운 교회 밖에 있다는 것을 뜻합니다. 왜냐하면 오직 주님에게 나아가지 않는 사람은 어느 누구도 거룩한 예루살렘에 수용되지 않기 때문입니다. "이 책에 기록된 그들의 몫을 제거한다"는 것은 주님의 나라 안에 있는 자들이 가지고 있는 그들의 몫을 차지하지 못한다는 것을 뜻합니다. 왜냐하면 이 책에 기록된 모든 것들은 새 하늘(=새로운 천계 · the New Heaven)과 새로운 교회(the New Church)에 관한 것들이기 때문입니다. 그것은 목적으로서 주님의 나라를 완성하고, 그리고 이 책에 기록된 모든 것은 그 목적과 관계를 가지고 있기 때문입니다.

959. 문자적인 뜻으로 기록된 것과 같이, 이 말씀은 "이 책에 기록된 것을 없애 버린다"는 그 사람들을 뜻하지 않고, 오히려 성언의 영적인 뜻 가운데 있는 교리에 속한 진리들을 없애 버리는 자를 뜻한다는 것을 잘 알고, 이해하기 위하여, 나는 이것의 근원을 설명하고자 합니다. 주님에 의하여 구술(口述 · dictated)된 성언(=말씀 · 聖言 · the Word)은 주님의 천적 왕국(His celestial kingdom)의 천계를 거쳐서, 그리고 주님의 영적 왕국의 천계를 거쳐서, 따라서 그 사람을 통해서 그것을 받아 쓴 그 사람에게 이른 것입니다. 그러므로 그것의 처음 근원에서 성언은 순수한 신령한 것(purely Divine)이었습니다. 주님의 천적 왕국의 천계를 통과하였기 때문에, 성언은 신령 천적(Divine celestial)이었고, 그리고 성언이 주님의 영적 왕국의 천계를 통과하였기 때문에, 성언은 신령 영적(Divine spiritual)이었습니다. 그리고 그것이 사람에게 이르렀을 때 성언은 신령 자연적(Divine natural)이 되었습니다. 여기에서 얻는 것은, 성언의 자연적인 뜻은 본질적으로 영적인 뜻을 내포하

고 있다는 것입니다. 그리고 이 영적인 뜻은 본질적으로 천적인 뜻을 내포하고 있습니다. 그리고 이 양자의 뜻—영적인 뜻과 천적인 뜻—은 순수한 신령한 뜻을 내포하고 있어서, 그 뜻은 어느 사람에게도, 그리고 사실은 어느 천사에게도 나타나 보이지 않습니다. 여기에 부연한 것들은, 묵시록에 기록된 것에서 "덧붙이지 말 것과 없애 버리지 말 것"이라는 우리의 본문이 천계에서는 주님에 관한, 그리고 주님을 믿는 믿음에 관한 교리에 속한 진리들에게 그 어떤 것도 덧붙이지 말고, 또한 없애 버리지 말라는 것을 뜻한다는 것을 바르게 알게 하기 위한 것입니다. 왜냐하면 이미 언급한 것과 같이, 성언의 문자적인 뜻에서, 이 성언의 영적인 뜻이나, 주님의 계명들에 일치하는 삶에 관한 진리도, 존재하기 때문입니다.

960. 20절. 이 모든 계시를 증언하시는 분이 "그렇다. 내가 곧 가겠다" 하고 말씀하셨습니다. 아멘. 오십시오, 주 예수님!
이 말씀은 묵시록을 계시하시고, 그리고 지금 그것을 개봉하시는 주님께서 이 복음(福音)을 증거하시는 분이시다는 것을 뜻합니다. 이 복음은, 곧 신부와 남편과 같이, 그분께서 이 세상에서 취하셨고, 영광화하셨던, 그분의 신령 인성(His Divine Human)으로 강림하신다는 것이고, 그리고 신랑과 아내처럼, 교회가 그분을 열망한다는 것입니다. 주님께서는 위에서 "나 예수는 나의 천사를 너희에게 보내어, 교회들에게 주는 이 모든 증언을 전하게 하였다"(22 : 16)라고 말씀하셨는데, 그것은 온 기독교계 앞에서 주님께서 하신 증거(證據 · testification)를 뜻하고, 그리고 앞에서 볼 수 있는 것과 같이(본서 953항 참조), 주님께서 이 책에 기록된 것들을 명확하게 밝히셨고, 지금은 그것들을 공개하신 것이 사실이다는 것을 뜻합니다. 여기에서 얻는 것은, "이 모든 계시를 증언하시는 분"이, 묵시록을 계시하셨고, 지금은 그것을 공개하시고 증거하시는 주님이시다는 것을 뜻합니다. 그것이 복음을 증거하는 것을 뜻하는 이유는 여기서 그분께서는 그의 강림(His coming)과 그분의 왕국과 그 교회와의 그분의 영적인 혼인(His spiritual marriage)을 선포하셨기 때문입니다. 왜냐하면 그분께서는 "그렇다. 내가 곧 가겠다. 아멘. 오십시오, 주 예수님!"이라고 말씀하셨기 때문입니다. 그리고 "복음"(福音 · the gospel)은 그분의 왕국에 오는 주님의 강림을 뜻하기 때문입니다(본서 478 · 553 · 626 · 664항 참조). 주님께서 교회와의 영적인 혼인에 이르셨느냐 하면 이 새로운 교회가 신부와 아내(the Bride and Wife)라고 불리웠고, 그리고 주님께서는 그의 신랑과 남편(its Bridegroom and Husband)이라고 불리웠기 때문입니다(묵시록 19 : 7-9 ; 20 : 2, 9, 10 ; 21 : 17). 그리고 이 책의 말미인 여기서는 신랑과 신부로서 주님께서는 말씀하시고, 교회는 말하였기 때문입니다. 주님께서 하신 "그렇다. 내가 곧 가겠다. 아멘!"이라는 말씀과, 교회가 한 "오십시오, 주 예수님!"이라는 말들은 영적인 혼인에 대한 약혼(約婚·betrothing)의 말들이기 때문입니다. 주님께서는, 이 세상에 계셨을 때 입으셨고, 영광화하신 주님의 신령인성으로 장차 오신다는 것은 그분께서 친히 자기 자신을 "예수"라고 부르셨다는 것에서, 그리고 "다윗의 뿌리요, 그의 자손이요, 빛나는 새벽별이다"(22 : 16)라고 말씀하신 사실에서 명확합니다. 그리고 여기서 그 교회는, 위에서 언급한 것과 같이(본서 953·954항 참조), "오십시오, 주 예수님!"이라고 말한 사실에서 명확합니다.

961. 나는 <영계 체험기> 두 편을 부연하고자 합니다. 그 첫째는 이런 내용입니다. 한번은 잠에서 깨어났을 때 나는 하나님에 관해서 마음으로부터 명상(瞑想)에 빠지는 느낌을 느꼈습니다. 내가 위를 쳐다 보았을 때, 내 위에 있는 하나의 달걀 모양의 아주 밝은 빛을 보았습니다. 나는 그 빛에 주의를 집중하였는데, 그 빛은 여러 측면으로, 그리고 주변으로 퍼져 나갔습니다. 그 때 놀라운 일은, 천계가 내게 열렸고, 그리고 나는 몇몇 장대한 것들을 보았습니다. 그리고 나는 남녘의 열린 곳에서 서로 대화를 하면서 원형을 이루고 서 있는 천사들을 보았습니다. 나는 그들이 말하는 것이 무엇인지 듣고 싶은 열망으로 마음이 불탔기 때문에, 나는 처음에는 천계적인 사랑으로 충만한 음성을 듣는 것이 허락되었고, 그 다음에는 그 사랑에서 비롯된 지혜로 충만한 그들의 말을 듣는 것이 허락되었습니다. 그들은 한분 하나님과 그분과의 결합과 그리고 그것에서 비롯된 구원에 관해서 서로 대화를 하였습니다. 그들은 형언할 수 없는 것들을 말하였고, 그것의 대부분은 어떤 자연적인 언어(natural language)로는 표현할 수 없는 그런 것들이었습니다. 그리고 나는 바로 그 천계에서 천사들과의 제휴 상태에 수도 없이 있은 적이 있고, 그리고 그 때 그들과 이와 같은 비슷한 언

어로 대화한 것이 있었기 때문에, 그 이유는 동일한 상태에 있었기 때문에, 그러므로 나는 지금 그들의 말을 이해할 수 있었고, 그리고 자연적인 언어의 낱말들로 합리적으로 표현할 수 있는 그들의 대화로부터 몇 가지 사실을 수집할 수 있었습니다.

 그들은 신령존재(神靈存在·the Divine Esse)는 유일존재(One)이고, 동일존재(the Same)이고, 존재 자체(the Itself)이고, 그리고 불가분적 존재(不可分的 存在·the Indivisible)이다 라고 말하였습니다. 따라서 역시 신령본질(神靈本質·the Divine Essence)이다는 것입니다. 신령존재가 신령본질이기 때문에, 따라서 하나님은 그러한 존재이다는 것입니다. 그들은 이런 사실을 영적인 개념들을 예로 들어서 증명하였는데, 그들이 한 말은, 신령존재(神靈存在·the Divine Esse)는 수많은 것으로 나누어질 수 없고, 신령존재에 속한 모든 것은 신령존재를 가지고 있지만, 그럼에도 불구하고 그것은 한 존재이고, 동일 존재이고, 존재 자체요, 불가분적 존재(不可分的 存在·the Indivisible)이다는 것입니다. 왜냐하면 그것의 하나하나는 자기 자신으로부터, 그리고 자기 자신에 의하여, 그의 존재 자체로 말미암아, 생각하기 때문입니다. 만약에 그가 동시에 다른 존재들로부터, 그리고 만장일치로 다른 존재들에 의하여 생각할 수 있다면, 거기에는 한 분 하나님이 아니라, 수많은 하나님들(神·gods)이 있어야 할 것입니다. 왜냐하면 만장일치(滿場一致·unanimity)이다는 것은, 그것이 수많은 사람의 동의(同意)로 이루어졌기 때문에, 동시에 각각에 속한 자기 자신으로부터, 그리고 자기 자신에 의한 것이기 때문에, 하나님의 단일성(the unity of God)에 일치하지 않고, 오히려 하나님의 복수성(a plurality)에 일치할 것이기 때문입니다. 그들은, 그렇게 말할 수 없기 때문에, 여러 하나님들에 대해서 말하지 않습니다. 왜냐하면 그들의 사상의 근원이 되고, 그리고 그들의 대화가 그것 안에 있는, 천계의 빛은 그런 것들을 무시하고, 저항, 방해하기 때문입니다.

 그들은 역시 이런 내용도 말하였습니다. 그들이 하나님들이다는 낱말들을, 그리고 자기 자신에 의하여 각각 한 인격체이다는 것을 발음하려고 할 때 그것을 발설(發說)하려는 노력은 그 즉시 한분 존재(One)로, 말하자면 한 분 하나님(the Only God) 개념으로 떨어졌습니다. 이런 사실에 대하여 그들이 부연한 것은, 신령존재(the Divine Esse)는 본질적으로 신령존재이지, 그 자체로부터 비롯된 것은 아니다는 것입니다. 그 이유는 존재 자체(from Itself)로부터 그것의 근원인 존재 자체 안에 있는 존재(存在·an Esse)를 생각하는 것이기 때문이고, 그리고 따라서 하나님으로부터 한 하나님(a God)을 생각하는 것이기 때문에, 그런 생각은 납득되지 않기 때문입니다. 하나님으로 말미암아 존재하는 것을 하나님이라고 부르지는 않고, 다만 신령존재(the Divine·신령한 것)라고 부릅니다. 왜냐하면 하나님으로 말미암아(from God) 존재하는 하나님(a God)은 어떤 존재인가? 그러나 그런 낱말들 안에는 천계에서 비롯된 가장 미세한 빛이라도 존재하는가? 그러나 그것은 주님 예수 그리스도 안에서는 사정이 다릅니다. 그분 안에는 모든 것들의 근원이 되시는 신령존재 자체가 계시고, 그리고 사람이 가지고 있는 영혼에 대응하는 신령존재 자체가 있고, 그리고 사람이 가지고 있는 육체에 대응하는 신령인성(=신령인간·the Divine Human)이 있고, 그리고 사람 안에 있는 활동(活動·activity)이 대응하는 신령발출(神靈發出·聖靈·the Divine proceeding)이 있습니다. 이 삼일성(=삼겹·Trine)은 한 존재(a one)입니다. 그 이유로 신령인성은, 모든 만물의 근원이 되는 신령존재(the Divine)로 말미암아 존재하기 때문입니다. 그리고 신령발출(the Divine proceeding·聖靈)은 모든 만물의 근원이 되시는 신령존재에서 비롯된 신령인간(the Divine Human)을 통해서, 존재하기 때문입니다. 그러므로 모든 천사나 모든 사람 안에, 그들이 형상들(images)이기 때문에, 하나를 이루는, 영혼·육체·활동(a soul·a body·activity)이 존재합니다. 그것은 육체(body)는 영혼(soul)으로 말미암아 존재하고, 그리고 활동(activity)은 영혼으로부터 육체를 통해서 존재하기 때문입니다. 그들은 더 자세하게 부연하였습니다. 본질적으로 하나님이신 신령존재(the Divine Esse)는 동일존재(同一存在·the Same)이십니다. 단순한 동일존재가 아니고, 무한존재(無限存在·the Infinite)이십니다. 다시 말하면 영원 전부터 영원까지 동일존재(the Same)이십니다. 어디에서든 동일존재이고, 어느 누구에게서나, 어느 누구 안에서나 동일존재입니다. 그러나 모든 다양성(多樣性·the variety)이나 가변성(可變性·variableness)은 수용그릇 안에 존재하고, 그 수용의 상태가 이와 같은 사실을 일으킬 뿐입니다.

그분 자신 안에 존재하는 하나님이신 신령존재(the Divine Esse)가 그 자체이시다는 것을 그들은 이와 같이 예증하였습니다. 하나님은 존재 자체(the Itself)이십니다. 그 이유는 하나님께서 사랑 자체요, 지혜 자체요, 선 자체요, 진리 자체요, 생명 자체이시기 때문입니다. 만약에 자체들인 그것들이 하나님 안에 존재하지 않는다면 천계나 이 세상에 그 어떤 것도 존재하지 않을 것입니다. 그 이유는 그 존재 자체와 관계를 가지고 있지 않는 것은 그 어떤 것도 존재하지 않을 것이기 때문입니다. 모든 특성(quality)은, 그것이 그런 것이 되기 위해서는 그것의 근원이 되고, 그리고 그것과 관계를 가지고 있는 거기에 존재하는 그것 자체가 되는 것에서 파생되었습니다. 신령존재를 가리키는 그것 자체는 공간(=장소) 안에 존재하지 않고, 오히려 그것의 수용에 일치하는 공간 안에 있는 사람들과 함께 존재하고, 그리고 사람들 안에 존재하였습니다. 하나님 안에 있는 그 자체를 가리키는 사랑과 지혜, 그리고 선과 진리에 속한 것은 하나님 그분이기 때문에, 공간은 서술될 수 없고, 또한 공간에서 공간으로의 진전으로 서술될 수 없고, 오히려 무소부재(無所不在)가 존재하게 된 공간 밖의 것(without place)으로 서술될 수 있겠습니다. 그러므로 주님께서는, "주님은 그들 가운데 있고" 또한 "주님은 그들 안에, 그들은 주님 안에 있다"고 말씀하십니다. 그러나 주님께서는, 주님께서 그분 안에 있는 어떤 사람에 의하여 수용될 수 없기 때문에 주님께서는 천사적 천계 위에 있는 태양으로서 주님은 자기 자신 안에 있는 것처럼 자신을 드러내셨고, 그리고 지혜의 측면에서는 그분 자신이신 그 태양에서 발출하는 빛으로, 그리고 사랑의 측면에서는 그분 자체이신 별로 그분 자신을 드러내셨습니다. 그분 자신은 태양은 아니지만, 그러나 그분 주위에 있는 가장 가깝게는 그분에게서 나온 신령사랑과 신령지혜로 천사들 앞에서는 태양처럼 나타나십니다. 그 태양 안에 계신 그분 자신은 하나의 사람(a Man)이시고, 그분은 그것의 근원인 신령존재(the Divine)에서, 그리고 신령인간의 측면에서의 양쪽 측면에서 우리 주님 예수 그리스도이십니다. 그 존재 자체(the Itself)는 사랑 자체이고, 지혜 자체이시기 때문에, 그리고 성부(the Father)에게서 비롯된 그분의 영혼이시고, 따라서 본질적으로 생명이신 신령생명(the Divine Life)이십니다. 그러나 모든 사람 안에서는 그렇지가 않습니다. 사람 안에 있는 영혼은 생명이 아니고, 오히려 생명의 그릇입니다. 주님께서 역시 이렇게 가르치셨습니다. 말씀하시

기를,

> 내가 곧 길이요, 진리요, 생명이다.
> (요한 14 : 6)

또 이렇게 말씀하셨습니다.

> 아버지께서 자기 안에 생명이 있는 것처럼, 아들에게도 생명을 주셔서, 그 안에 생명이 있게 하여 주셨기 때문이다.
> (요한 5 : 26)

그분 안에 있는 생명은 하나님이십니다. 그들은 이것에 부연하여, 영적인 빛 안에 있는 사람은, 신령본질이신 신령존재를 영접, 수용할 수 있습니다. 그것은 한 존재(One)이시고, 동일존재(the Same)이시고, 그것 자체이시고, 그리고 그것에 인하여 불가분적 존재(the Indivisible)이시기 때문에 수많은 것 안에 주어질 수 없다는 것과 그리고 만약에 여럿 안에 주어진다고 말한다면 명확한 모순이 뒤따른다는 것도 말하였습니다.

이런 내용들을 들은 뒤, 천사들은 내 생각 안에 있는 하나님에 관한 단일성 안에 있는 인격체들의 삼일성(a Trinity of Persons in Unity)과 삼일성 안에 있는 그들의 단일성(their Unity in Trinity)에 관한 기독교회의 공통적인 개념을 지각하였고, 그리고 또한 영원부터 계신 하나님의 아들의 출생(the birth of a Son of God)에 관해서도 동일한 것을 지각하였습니다. 그 때 그들은, "귀하는 무엇을 생각하고 있습니까? 귀하는 우리의 영적인 빛과 일치하지 않는 자연적인 빛으로 이런 것들을 생각하고 있는 것은 아닙니까? 그러므로 만약에 귀하께서 그 생각에 속한 관념들을 버리지 않는다면, 우리는 귀하에게 천계를 닫고, 떠나 보내야 하겠습니다"라고 말하였습니다. 그러나 나는 그 때 그들에게 "원하건대 내 생각에 보다 더 깊이 들어오십시오. 아마도 여러분은 어떤 일치점(agreement)을 볼 것입니다"라고 말하였습니다. 그러자 그들은 그렇게 하였고, 그리고 그들은, 창조·구원·개혁(=중생)을 가리키는 발출하는 신령 속성들(Divine Attributes)을 세 인격들(three persons)

에 의하여 내가 이해하고 있는 것을 보았고, 그리고 이 속성들(屬性·attributes)이 한 분 하나님(the One God)의 속성들이라는 것을 보았고, 그리고 영원 전부터 하나님의 아들의 출생에 의하여 영원 전부터 예견되었고, 그리고 시간 안에서 준비된 그분의 출생을 내가 이해하고 있다는 것도 보았습니다. 그 때 내가 설명한 것은, 삼일성(三一性·a Trinity)과 인격들의 단일성에 관한 나의 자연적인 생각(my natural thought)과 그리고 영원 전부터 하나님의 아들의 출생에 관한 나의 자연적인 생각은 내가 아타나시우스라는 이름에서 그 명칭을 가지고 있는 교회에 속한 믿음의 교리에서 수용한 것이다는 내용과, 그리고 만약에 거기에 있는 세 분 인격들에 속한 삼일성(a Trinity of Persons) 대신에 오직 주님 예수 그리스도 안에서만 허용되는 한 분 인격의 삼일성(a Trinity of Person)으로 이해된다면, 이 교리는 정당하고 올바르다는 것이고, 그리고 하나님의 한 아들의 출생(the birth of a Son of God) 대신에 영원 전부터 예견된, 그리고 시간 안에서 준비된 그분의 출생으로 이해한다면 이 교리는 역시 정당하고 올바르다는 것을 설명하였습니다. 그 이유는 그분께서 시간 안에서 자신에게 취하신 인성(the Human)의 측면에서 주님께서는 공공연하게 하나님의 아들(the Son of God)이라고 불리셨기 때문이다는 것도 설명하였습니다.

그 때 천사들은 "좋습니다"(well)라고 말하였습니다. 그리고 그들이 나에게 원했던 것은, 만약에 어느 누구도 천지(天地)의 하나님이신 그분에게 가까이 나아가지 않는다면, 그가 천계에 오를 수 없다는 것과, 그리고 그 이유는 천계는 유일하신 하나님(that Only God)으로 말미암아 천계가 존재하기 때문이다는 것과 그리고 하나님께서는 영원 전부터 창조주이시고, 시간 안에 계시는 구세주이시고, 영원까지 개혁주(Reformer)이신 여호와 주님, 곧 주님 예수 그리스도이시다는 것과, 그리고 따라서 그분께서는 동시에 성부(聖父)·성자(聖子)·성령(聖靈)이시다는 것 등등을 그들의 입을 통해서 내가 고백하는 것이었습니다. 이런 일이 있은 뒤, 공개된 위에서 앞서 보였던 천계적인 빛이 다시 돌아왔고, 그리고 점차적으로 하강하였고, 나의 마음을 가득 채웠고, 그리고 하나님의 단일성과 하나님의 삼일성(the Unity and Trinity of God)에 관한 나의 자연적인 것에 불과한 초기에 그것들에 관해서 수용했던 관념들은, 마치 송풍기의 움직임에 의하여 밀에서부터 분리된 껍데기(chaff)처럼, 그리고 바람에 의하여 북녘으로 날아가서, 종국에는 소멸해 버리는, 그런 분리되는 것을 나는 목격하였습니다.

   962. 두 번째 <영계 체험기>입니다.
주님께서 나에게 천계에 있는, 그리고 천계 아래에 있는 놀라운 것들 (the wonderful things)을 보는 것을 허락하셨기 때문에, 명령에 따라서 내가 본 것을 반드시 설명하여야 하겠습니다. 거기에는 장엄한 궁전이 보였고, 그리고 그 중앙에는 성전(聖殿)이 있었습니다. 성전의 중앙에는 금으로 된 책상이 있었고, 그 금책상 위에는 성언(聖言·the Word)이 놓여 있었고, 그 양쪽에는 두 천사들이 서 있었습니다. 그 주위에는 세 줄로 된 좌석들이 있었습니다. 첫 번째 줄의 좌석들은 자주색(a purple color)의 명주 천으로 덮혀 있었고, 둘째 줄의 좌석들은 푸른색(a blue color)의 명주 천으로 덮혀 있었고, 셋째 줄의 좌석들은 흰색의 천으로 덮혀 있었습니다. 천정 아래, 책상 위에는 보석들로 빛나는 널리 펼쳐진 덮개(canopy)가 보였는데, 마치 소나기가 그친 뒤 하늘이 맑았을 때처럼, 그것에서부터 무지개와 같은 영롱한 광채가 비추었습니다. 그 때 거기에 갑자기 그들의 성직자 직무에 맞는 법복을 입은, 성직자 무리가 나타나서 그 자리들을 차지하였습니다. 한쪽에는 옷장이 있었고, 거기에는 파수꾼천사(an angel keeper)가 서 있었습니다. 그 옷장 안에는 아름다운 색깔의 아주 멋진 의상들이 있었습니다. 그 자리는 주님께서 소집하신 종교회의(a Council)였습니다. 나는 천계로부터 들려오는 음성을 들었는데 그 음성은 "숙고(熟考)하십시오"라고 말하였습니다. 그러나 그들은 "무엇을 말입니까?"라고 말하였습니다. 그러자 "주님과 성령에 관해서 입니다"라는 말이 들려 왔습니다. 그러나 그들이 이런 주제들에 관해서 생각하였을 때 그들은 사리에 밝은 상태 (=조요의 상태)에 있지 않았습니다. 따라서 그들은 간구하였습니다. 그 때 천계에서 한 줄기 빛이 내려왔습니다. 그 빛은 처음에는 그들의 머리 뒷부분을 비추었고, 그 뒤에는 그들의 이마를 비추었고, 마지막에는 그들의 얼굴을 비추었습니다. 그 때 그들은, 처음에 명령을 받은 대로 '주님에 관해서' 생각하기 시작하였습니다. 제안되고 토의된 첫 번째 문제는, "어느 누구가 처녀 마리아(the Virgin Mary)에게서 인성 (the Human)을 입으셨는가"라는 것이었습니다. 성언이 놓여 있는 책상 곁에 서 있는 한 천사는 누가복음서에 있는 이런 구절들을 그들 앞에서 낭독하였습니다.

(천사가 말하였다.) "보아라, 네가 잉태하여 아들을 낳을 것이니, 너는 그의 이름을 예수라고 하여라. 그는 위대하게 되고, 가장 높으신 분의 아들이라고 불릴 것이다."……마리아가 천사에게 말하기를 "나는 남자를 알지 못하는데, 어떻게 이런 일이 있겠습니까?" 하였다. 천사가 마리아에게 말하였다. "성령이 네게 임하시고, 가장 높으신 분의 능력이 너를 감싸 줄 것이다. 그러므로 태어날 아기는 거룩한 분이요, 하나님의 아들이라고 불릴 것이다."
(누가 1 : 31, 32, 34, 35)

마태복음서는 어떠합니까?(마태 1 : 20-25). 25절에 있는 내용을 그는 강조해서 낭독하였습니다. 이외에도 그는, 그분의 인성(His Human)의 측면에서 주님께서 "하나님의 아들"(the Son of God)이라고 불리운 장절과 그리고 그분의 인성으로 말미암아 그분께서 여호와가 "그분의 아버지"(His Father)라고 불리운 많은 장절을 복음서에서 낭독하였습니다. 그리고 또한 여호와 그분 친히 이 세상에 강림하신 것을 예언한 예언서들로부터 여러 장절들을 낭독하였습니다. 그 중에서 이사야서의 두 절의 말씀입니다.

그 날이 오면,
사람들은 이런 말을 할 것이다.
바로 이분이 우리의 하나님이시다.
우리가 하나님을 의지하였으니,
하나님께서 우리를 구원하신다.
바로 이분이 주님이시다.
우리가 주님을 의지한다.
우리를 구원하여 주셨으니
기뻐하며 즐거워하자.
(이사야 25 : 9)
광야에서 한 소리가 외친다.
"광야에 주께서 오실 길을 닦아라.
사막에 우리의 하나님께서 오실 큰 길을
곧게 내어라.……

주의 영광이 나타날 것이니,
모든 사람이 그것을 함께 볼 것이다.
이것은 주께서 친히 약속하신 것이다."……
만군의 주 하나님께서 오신다.
그가 권세를 잡고 친히 다스리실 것이다.
보아라, 그가
백성에게 주실 상급을 가지고 오신다.
백성에게 주실 보상을 가지고 오신다.
그는 목자와 같이 그의 양 떼를 먹이시며,
어린 양들을 팔로 모으시고 품에 안으시며,
젖을 먹이는 어미 양들을
조심스럽게 이끄신다.
(이사야 40 : 3, 5, 10, 11)

그 천사가 "여호와께서 친히 이 세상에 강림하셨고, 그리고 인성을 입으셨고, 그 일을 통해서 사람들을 구원하시고, 속량하셨기 때문에, 그러므로 그분께서는 예언서들에서 '구세주'와 '속량주'라고 불리셨습니다"라고 말하였습니다. 그 때 그가 그들 앞에서 아래의 장절들을 낭독하였습니다.

주께서 말씀하신다.……
"과연 하나님께서 당신과 함께 계십니다.
그 밖에 다른 이가 없습니다.
다른 신은 없습니다" 할 것입니다.
구세주, 이스라엘의 하나님,
진실로 주께서는
자신을 숨기시는 하나님이십니다.
(이사야 45 : 14, 15)
너희는 앞 일을 말하고 진술하여 보아라.
함께 의논하여 보아라.
누가 예로부터 이 일을 들려주었으며,
누가 이전부터 이 일을 알려 주었느냐?
나 주가 아니고 누구냐?
나 밖에 다른 신은 없다.
(이사야 45 : 21, 22)

나, 곧 내가 주이니,
나 말고는 어떤 구원자도 없다.
(이사야 43 : 11)
나는, 너희를 이집트 땅에서 데리고 나올 때부터
주 너희의 하나님이다.
그 때에 너희가 아는 하나님은
나밖에 없고,
나 말고는 다른 구원자가 없었다.
(호세아 13 : 4)
모든 사람이
나 주가 네 구원자요,
네 속량자요,
야곱의 전능자임을 알게 될 것이다.
(이사야 49 : 26 ; 60 : 16)
우리의 속량자는
그 이름이 만군의 주님,
이스라엘의 거룩하신 하나님이시다.
(이사야 47 : 4)
그들의 구원자는 강하니,
그 이름은 '만군의 주'다.
(예레미야 50 : 34)
나의 반석이시요 구원자이신 주님,
나의 말과 나의 생각이
언제나 주의 마음에 들기를 바랍니다.
(시편 19 : 14)
주, 너의 속량자,
이스라엘의 거룩하신 분께서 이르시기를
"나는 주, 네 하나님이다."
(이사야 48 : 17 ; 43 : 14 ; 49 : 7 ; 54 : 8)
주께서는 우리의 아버지이십니다.……
오직 주 하나님은
우리의 아버지이십니다.
옛적부터 주의 이름은
'우리의 속량자' 이십니다.
(이사야 63 : 16)

너의 구원자,
너를 모태에서 만드신 주께서 말씀하신다.
"내가 바로 만물을 창조한 주다."
(이사야 44 : 24)
이스라엘의 왕이신 주,
이스라엘의 속량자이신
만군의 주께서 말씀하신다.
"나는 시작이요, 마감이다.
나 밖에 다른 신은 없다."
(이사야 44 : 6)
그분의 이름은 만군의 주님이시다.
너를 구속하신 분은
이스라엘의 거룩하신 하나님이시다.
그분은 온 세상의 하나님으로 불릴 것이다.
(이사야 54 : 5)
내가 다윗에게서 의로운 가지가 하나 돋아나게 할 그 날이 오고 있다.……
그는 왕이 되어 슬기롭게 통치하면서, 세상에 공평과 정의를 실현할 것이다. 그 때가 오면……사람들이 그 이름을 '우리를 공의로 다스리시는 주'라고 부를 것이다.
(예레미야 23 : 5, 6 ; 33 : 15, 16)
주께서 온 세상의 왕이 되실 것이다.
그 날이 오면
사람들은 오직 주 한 분만을 섬기고,
간구할 것이다.
(스가랴 14 : 9)

이런 장절들로 확증하는 그 자리에 있던 자들은 이구동성(異口同聲)으로 여호와께서 친히 사람들을 구원하고, 속량하시기 위하여 그 인성(=인간·the Human)을 입으셨다는 것을 고백하였습니다. 그러나 그 성전 구석에 자신들을 숨기고 있었던, 로마 가톨릭 신도들에게서 비롯된 음성이 들렸는데, 그 음성은 "어떻게 여호와 하나님께서 사람(Man)이 되실 수 있는가? 그분은 우주의 창조자가 아니신가?"라고 하였습니다. 둘째 줄의 자리에 앉아 있는 무리 중에서 하나가 돌아서서 "그러면 누구입니까?"라고 말하였습니다. 그 구석에 숨어 있는 자 하나가 "영원 전부터 계신 아드님(the Son)입니다"라고 대답하였습니다. 그러나 그는 대답으로서 "당신의 고백에 따르면 영원 전부터 계신 아드님이 우주의 창조자가 아닙니까? 아들(a Son)은 무엇이고, 영원 전부터 하나님은 무엇입니까? 그리고 한 분 존재이시고, 분리될 수 없는 신령본질이 어떻게 분리될 수 있으며, 그것에 속한 어떤 것이 하강하고, 인성을 취하였습니까? 그 전체(全體·the whole)는 아니겠지요?"라는 말을 들었습니다.

두 번째 토의는, 영혼과 육체(the soul and body)가 하나인 것과 같이, 하나님 아버지와 그분이 한 분인가, 아닌가 라는 주님에 관한 것이었습니다. 그들이 한 말은, 이것은 하나의 논리적인 필연적인 결론(=귀결·a consequence)인데, 그 이유는 영혼은 아버지(the Father)로 말미암아 존재하기 때문이다는 것이었습니다. 그 때 셋째 줄의 자리에 앉아 있던 무리 중 하나가 이른바 '아타나시우스 신조'에서 이런 말들을 읽었습니다. 즉, "비록 우리 주 예수 그리스도 하나님의 아들은 하나님이시고, 사람(Man)이지만, 그럼에도 불구하고 그들은 두 분이 아니고, 한 분 그리스도이십니다. 사실 그분은 전적으로 한 분이시고, 그분은 한 인격(one Person)이십니다. 영혼과 육체가 한 사람을 만들 듯이, 하나님과 사람(God and Man)은 한 분 그리스도이십니다"라는 내용을 낭독하였습니다. 그 독자는, 이 믿음의 교리는 전 기독교계가, 심지어 로마 가톨릭교회까지도 수용되고 있다는 것을 말하였습니다. 그 때 그들은 "이 이상 무엇이 더 필요합니까? 하나님 아버지와 그분은, 마치 영혼과 육체가 하나이듯이, 하나입니다"라고 말하였습니다. 그리고 그 때 그들은 "그것이 이와 같이 사실이기 때문에 우리가 밝히 알고 있는 것은 주님의 인성(the Lord's Human)은 신령하다는 것입니다. 그 이유는 여호와에 속한 인성이기 때문입니다. 자, 그러면 다음에는 신령인성의 측면에서의 주님이 다루어지겠습니다. 이렇게 하지 않는다면 아버지(the Father)라고 부르는 신령존재(the Divine)는 다루어질 수 없습니다"라고 말하였습니다. 그들의 이런 결론을 천사는 성경의 수많은 장절에 의하여 확증하였는데, 그들이 인용한 장절들 가운데는 이사야서의 이런 장절도 있었습니다.

한 아기가 우리에게 태어났다.

우리가 한 아들을 얻었다.
그는 우리의 통치자가 될 것이다.
그의 이름은 '기묘자, 모사,
전능하신 하나님,
영존하시는 아버지,
평화의 왕'이라고 불릴 것이다.
(이사야 6 : 9)

또 같은 책의 말씀입니다.

주께서는 우리의 아버지이십니다.
아브라함은 우리를 모르고,
이스라엘은 우리를
인정하지 않는다 하여도
오직 주 하나님은
우리의 아버지이십니다.
옛적부터 주의 이름은
'우리의 속량자'이십니다.
(이사야 63 : 16)

요한복음서의 말씀입니다.

예수께서 큰소리로 말씀하셨다. "나를 믿는 사람은 나를 믿는 것이 아니라 나를 보내신 분을 믿는 것이요, 나를 본 사람은 나를 보내신 분을 본 것이다."
(요한 12 : 44, 45)
빌립이 예수께 말하였다. "주님! 우리에게 아버지를 보여 주십시오"……예수께서 대답하셨다. "나를 본 사람은 아버지를 본 사람이다. 그런데 네가 어떻게 '우리에게 아버지를 보여 주십시오' 한다는 말이냐? 내가 아버지 안에 있고 아버지께서 내 안에 계심을, 네가 믿지 않느냐?……내가 아버지 안에 있고, 아버지께서 내 안에 계심을 믿어라."
(요한 14 : 8-11)

마지막에는 이런 말씀을 하셨습니다.

예수께서 대답하셨다. "내가 곧 길이요 진리요 생명이다. 나로 말미암지 않고서는, 아무도 아버지께로 올 사람이 없다."
(요한 14 : 6)

이런 말들을 듣자, 그들은, 한 마음과 한 목소리로, 주님의 인성(the Lord's Divine Human)은 신령이시다는 것과, 그리고 아버지께 가까이 나아가려면 주님의 인성에 가까이 나아가야 한다는 것 등을 말하였습니다. 여호와 하나님은 영원 전부터 주님이시기 때문에 그 인성을 통해서 이 세상에 오셨고, 주님 자신을 사람들의 눈에 보이는 존재로 이루셨고, 따라서 주님 자신을 근접할 수 있는 존재가 되게 하셨습니다. 마찬가지로 주님께서는 자신을 보이는 존재로 이루셨고, 그리고 고대인에게는 인간의 형체(the human form)로 근접할 수 있게 하셨지만, 그러나 그 때에 그 일은 천사를 통해서 이루셨습니다.

이런 일이 있은 뒤, 성령에 관한 토의(討議)가 뒤이어졌습니다. 처음에는 하나님 아버지·아들·성령에 관한 수많은 생각이나 개념들이 노출되었습니다. 그것은 마치 하나님 아버지는 높은 곳에 앉아 계시고, 아드님(the Son)은 그분의 오른쪽에 앉아 계시고, 그리고 이 두 분은 사람들을 깨우치고, 가르치시기 위하여 자신들로부터 성령을 보내신 것 같았습니다. 그러나 그 때 하늘로부터 한 음성이 들려왔는데, 그 음성은 "우리는 그런 생각의 개념을 참을 수가 없구나. 여호와 하나님께서 무소부재(無所不在)하시다는 것을 누구가 모르겠는가? 이것을 알고 시인하는 사람은 주님 친히 깨우치시고, 가르치신다는 것을 시인할 것이고, 그 중간적인 하나님(an intermediate God)이 존재하지 않는다는 것, 그리고 한 사람이 저 사람과 서로 다르듯이, 두 분 사이에는 분별되는 중간적인 하나님은 없다는 것을 시인할 것입니다. 그러므로 허무 맹랑한 처음의 개념을 모두 버리십시오. 그리고 올바른 개념을 받아 수용하십시오. 여러분은 이것을 명료하게 알게 될 것입니다." 그러나 그 때 로마 가톨릭의 무리로부터 한 소리가 들려 왔습니다. 그들은 성전의 모퉁이에 자신들을 숨기고 있던 자들입니다. 그들은 "그러면 복음서나, 그리고 성직자에게서 온 유식한 많은 사람들, 특히 우리들 가운데의 유식한 자들이 성령에 의하여 인도되었다고 하는 성령(聖靈·the Holy Spirit)은 무엇입니까? 그리고 오늘날 기독교계에서 어느 누구가 성령과 성령의 역사(役事)를 부인합니까?"라고 말하였습니다. 이 때 좌석들의 둘째 줄에 앉아 있던 자들 중의 하나가 돌아보면서 하는 말은 "성령은 여호와 주님에게서 비롯된 신령발출(神靈發出·the Divine proceeding)입니다. 여러분은 성령이 그분 자신에 의하여 존재하는 한 분이요, 그리고 그분 자신에 의하여 존재하는 한 하나님(a God)이라고 말합니다. 그러나 어떤 한 인격(a Person)에서 나오거나, 발출한 것은 바로 나오고, 발출하는 활동(operation) 이외의 무엇이겠습니까? 한 사람의 인격은 다른 존재로부터 제 삼자를 통해서 나오고, 발출할 수 없지만, 그러나 활동은 그것이 가능합니다. 또한 어떠한 하나님에게서 나오고, 발출하는 하나님은 신령나옴이요, 신령발출 이외에 무엇이겠습니까? 한 분 하나님은 다른 하나님으로부터 제 삼의 하나님을 거쳐서 나올 수도, 발출할 수도 없지만, 그러나 신령존재는 능히 할 수 있습니다. 신령본질은 하나이고, 분리될 수 없는 것 아닙니까? 신령본질 또는 신령존재가 하나님이기 때문에, 하나님은 한 분이고, 분리될 수 없는 것 아닙니까?"라고 말하였습니다. 이런 것들을 듣고서, 그 자리에 앉아 있던 자들은 만장일치로 결론을 내렸는데, 성령은 그것 자체에 의한 한 인격(a Person)도 아니고, 또한 그것 자체에 의한 하나의 하나님(a God)도 아니고, 다만, 주님이신 유일하고 무소부재한 하나님(the Only Omnipresent God)에게서 비롯된 신령나옴(the Divine going forth)이요, 신령발출(the Divine proceeding)이다는 것입니다. 이 때 성경이 놓여 있는 금책상 옆에 서 있던 천사들이 "바로 그것입니다. 우리들은 구약 어디에서도 예언자들이 성령으로 말미암아(from the Holy Spirit) 성언을 말하였다는 것을 읽지 못하였지만, 그러나 주님 여호와로 말미암아 성언을 말하였다는 것은 읽었습니다. 신약에 거명된 '성령'은 신령발출(the Divine proceeding)을 뜻합니다. 그것은 바로 신령한 깨우침, 가르침, 생기, 개혁, 중생을 뜻하는 신령발출입니다"라고 말하였습니다.

　이런 일이 있은 뒤, 성령에 관한 또 다른 토의가 이어졌습니다. 그것은, 성령이라고 부르는 신령존재는 누구에게서 나오는가? 아버지라고 부르는 신령존재에게서 발출하는가? 아들이라고 부르는 신령인간에게서 나오는가? 라는 등등의 토의였습니다. 그들이 이런 주제를 토의하고 있을 때 하늘로부터 그들에게 빛이 비추었습니다. 그 빛으로부터 그들은, 성령이 뜻하는 거룩한 신성(the Holy Divine)은 신령인간을 가리키는, 그분의 영화된 인성(His glorified Human)을 통해서 주님 안에 존재하는 신령존재에서 발출한다는 것을 보았습니다. 비교해서 말한다면 사람에게서 모든 활동(all activity)은 영혼으로부터 육체를 거쳐서 발출한다는 것과 같습니다. 그 책상 곁에 서 있는 천사는 이 사실을 이런 장절들에 의하여 성언으로부터 확증하였습니다.

하나님께서 보내신 이는 하나님의 말씀을 전한다(=말한다). 그것은 하나님께서 그에게 성령을 아낌없이 주시기 때문입니다. 아버지는 아들을 사랑하여, 모든 것을 아들의 손에 맡기셨다.
(요한 3 : 34, 35)
이새의 줄기에서 한 싹이 나며
그 뿌리에서 한 가지가 자라서
열매를 맺는다.
주의 영이 그에게 내려오신다.
지혜와 총명의 영,
모략과 권능의 영,
지식과 주를 경외하는 영이
그에게 내려오시니,…….
(이사야 11 : 1, 2)
나의 종을 보아라.
그는 내가 붙들어 주는 사람이다.
내가 택한 사람,……
내가 그에게 나의 영을 주었으니…….
(이사야 42 : 1 ; 59 : 19, 20 ; 61 : 1 ; 누가 4 : 18)
내가 아버지께로부터 너희에게 보내려는 보혜사, 곧 아버지께로부터 오는 진리의 영이 오시면, 그 영이 나를 증언할 것이다.
(요한 15 : 26)
그는 나를 영광되게 하실 것이다. 그가 나의 것을 받아서, 너희에게 알려 주실 것이기 때문이다. 아버지께서 가지신 것은 다 내 것이다. 그렇기 때문에 내가, 성령이 나의 것을 받아서 너희에게 알려 주실 것이라고 말하였다.
(요한 16 : 14, 15)
내가 가면, 보혜사를 너희에게 보내 주겠다.
(요한 16 : 7)

보혜사, 곧 아버지께서 내 이름으로 보내실 성령(=보혜사는 성령이다).
(요한 14 : 26)
예수께서 아직 영광을 받지 않으셨으므로, 성령이 아직 사람들에게 와 계시지 않았다.
(요한 7 : 39)
(예수께서 영광을 받으신 뒤) 예수께서 그들에게 숨을 내뿜으시고 말씀하셨다. "성령을 받아라."
(요한 20 : 22)

성령이 주님의 신령무소부재에서 비롯된 주님의 신령 역사(活動·the Lord's Divine operation)를 뜻하기 때문에, 그러므로 주님께서 하나님 아버지에게서 보내 주신다고 하신 성령에 관해서 제자들에게 이렇게 말씀하셨을 때, 이런 말씀을 하셨습니다.

나는 너희를 고아처럼 버려 두지 않고, 너희에게 다시 오겠다.······그 날에 너희는, 내가 내 아버지 안에 있고, 너희가 내 안에 있고, 또 내가 너희 안에 있음을 알게 될 것이다.
(요한 14 : 18, 20)

주님께서 이 세상을 떠나시기 바로 직전에 말씀하셨습니다.

내가 세상 끝 날까지 항상 너희와 함께 있을 것이다.
(마태 28 : 20)

그들 앞에서 이런 장절들을 낭독한 뒤에, 그 천사는 "성경에 있는 이런 구절들이나 그 밖의 많은 장절들에게서 밝히 알 수 있는 것은 성령이라고 부르는 신령존재(the Divine)는 주님 안에 계신 신령존재로부터 그분의 신령인간(His Divine Human)을 통해서 발출하신다는 것입니다." 이 말에 대해서 좌석들에 앉아 있던 자들은 "이것이 바로 신령진리입니다"라고 말하였습니다.

종국에 이런 결론을 맺었습니다. "이 회의에서 있었던 토의들로 말미암아 우리가 명료하게 된 사실은, 그리고 그것으로 인하여 거룩한 진리로서 우리가 시인할 수 있는 것은, 우리 주님 예수 그리스도 안에는 신령 삼일성(神靈三一性·a Divine Trinity)이 있다는 것, 다시 말하면, 아버지(聖父·the Father)라고 부르는 그것의 근원인 신령존재(神靈存在·the Divine)와 아들(聖子·the Son)이 가리키는 신령인간(神靈人間·the Divine Human)과 그리고 성령이 가리키는 신령발출(神靈發出·the Divine proceeding)이 있다는 것입니다. 따라서 교회에는 한 분 하나님이 계신다는 것입니다"라고 결론을 맺었습니다.

그 장엄한 회의에서 이런 내용의 결론을 맺은 뒤에 그들은 모두 일어났습니다. 그리고 옷장을 지키는 천사가 와서, 그 자리에 앉아 있었던 자들 모두에게 금실로 짠 아주 멋진 의상들을 주었습니다. 그리고 그는, "이 의상은 혼인 예복입니다. 받으십시오"라고 말하였습니다. 그들은, 새로운 기독교도 천계의 영광 가운데 들어갔는데, 그 천계는 새로운 예루살렘이 가리키는 이 땅 위의 주님의 교회와 장차 결합할 것입니다.

묵시록 22장 21절

21절. 주 예수의 은혜가 모든 사람에게 있기를 빕니다. 아멘.

≪묵시록 계현≫ 5권 끝

◆ 부 록 ◆

묵시록 계현

색 인

1. <영계 체험기> 요약
2. 인용된 성경의 장절들
3. 용어들

≪묵시록 계현≫에 기술된 <영계 체험기>

1. "이스라엘의 성언"(the Israelitish Word)이 있기 전에 아시아에 있었던, 고대 성언에 관한 것으로, 이 성언은 대 탈타르 지역에 사는 사람들 가운데 오늘날까지 보존되고 있다. 11항.
새로운 천계와 새로운 교회에 속한 믿음은 하나의 일반적인 개념이나 보편적인 개념 안에 내포되었다. 67항.

2. 교리에 속한 거짓들 가운데서 자기 자신을 굳게 확증한 자들의 일반적인 그들의 사후 상태와 그들의 개별적인 사후 상태에 관하여, 그리고 전자와 후자에 관해서 보면 아래의 일반적인 관찰들이 일어나고 있다. 첫째는, 대부분의 사람들은 그들의 죽음 뒤 제 셋째 날에 다시 소생(蘇生)하는데, 그들은 종전의 세상, 즉 이 세상에 살고 있다는 것 이외에는 아무것도 알지 못한다. 둘째는, 모든 무리는, 영들의 세계(the world of spirits)라고 부르는 천계와 지옥 중간에 있는 세계에 들어온다. 셋째는, 그들은 다종다양한 사회들에게로 안내되고, 그리고 그들은 자신들의 본성이나 성품의 측면에서 점검을 받는다. 넷째는, 선하고, 신실한 사람은 거기에서 천계를 준비하고, 사악하고, 신실하지 못한 사람은 거기에서 지옥을 준비한다. 다섯째는 여러 해 동안 계속된 그 준비가 있은 뒤, 선한 사람에게는 천계에 있는 어떤 사회에 이르는 길이 열리고, 그리고 거기에서 그들은 영원히 산다. 그러나 사악한 사람에게는 지옥에 이르는 길이 열린다. 그 밖에 많은 개별적인 것들이 있다. 그리고 그 뒤에는 지옥의 본성이 기술되었는데, 확증에서 비롯된 온갖 거짓들 안에 있는 자들을 사탄이라고 부르고, 삶에 속한 온갖 악들 안에 있는 자들을 악마라고 부른다. 153항.

3. 하나님께 기도하는 영들의 무리가 보였다. 주님께서는 믿음에 관계되는 다종다양한 주제에 관해서 그들을 가르치기 위하여 천사들을 파송하였다. 왜냐하면 그들은 대부분의 것들에 대해서 의심하였기 때문이다. 그리고 그들 가운데 있는 교회들도 서로 매우 다르기 때문이고, 그리고 아직까지도 그들의 교역자들의 모두는 "우리를 믿으십시오" "우리들은 모두 하나님의 종들(=성직자들)이고" "그래서 잘 알고 있다"라고 공언하였기 때문이다. 천사들이 인애와 믿음에 관해서, 회개·중생·하나님·영혼불멸·세례·성만찬에 관해서 의문을 제기하고, 가르침 받기를 염원했던 자들에게 나타났다. 천사들은 그런 구체적인 것들에 대한 가르침을 답하였는데, 그것이 그들이 그들의 이해나, 자기 자신의 예의 검토하는 것에 올바른 상태에 있게 하기 위한 것이고, 더욱이 바른 이해 안에 있지 않는 것은 모래밭에 뿌려진 씨앗과 같아서, 비가 내린다고 해도, 그것은 시들고 말라 죽는 것과 같고, 그리고 종교에 의하여 닫혀진 이해는 더 이상 주님에게서 온 빛으로 말미암은 성언 안에 있는 그 어떤 것도 보지 못한다는 것이다. 아니, 그 사람이 성경을 읽는다고 해도 믿음이나 구원에 대한 그런 사안에 관계 되는 것들 안에서는 더욱 더 몰이해하는 장님이 되고 만다. 224항.

4. 어떤 여물통 안에 있는 매우 큰 지갑들이 보였는데, 그 안에는 아주 많은 은(銀)이 들어 있었다. 그리고 그 지갑들 가까이에는 그것을 지키는 파수꾼들인 두 천사가 서 있었다. 그 옆방에는 정숙한 여인과 함께 얌전한 처녀들이 있었고, 그리고 또한 그 방 가까이에는 어린 것 둘이 서 있는 것이 보였고, 그런 뒤에는 한 창녀와 죽은 말이 보였다. 그런 뒤에 그것을 통해서 나는 이런 것들이 뜻하는 것

이 무엇인지를 알게 되었다. 그리고 그것들이 성언을 표징하고, 그것들에 의하여 성언을 기술하고 있다는 것이다. 그것은 본질적으로 그러하다. 그리고 그것이 오늘의 사실이다. 그것은 역시 그들이 하늘에 있는 별들과 같이 빛날 것이다고 생각했던 자들에 관한 것인데, 그들에 관해서 점검되었고, 그들에게서 발견된 것은 자기사랑에서 성경을 연구하였다는 것, 그리고 이 세상에서 위대한 사람처럼 보이려고, 그리고 많은 사람들에게서 존경받고, 추앙받기 위해서 성경을 연구하였다는 것 등이다. 그들은 자신들의 옷이 벗겨졌고, 그대로 내쫓겨났다. 그럼에도 불구하고 그들의 자만이나 교만 따위는 여전히 남아 있었고, 그리고 그들의 공로사상에 빠져 있는 신념 또한 여전히 남아 있었다. 그러나 그것이 진리이기 때문에, 진리를 알고자 하는 정동에서 성경을 연구하고, 공부한 사람들에게는 경우가 아주 다르다. 이들은 천계로 올리워졌고, 그리고 모두 구원을 받았다. 255항.

5. 영계에서는 어느 누구나 그가 생각한 것 이외의 것을 말하는 것이 허락되지 않는다. 그렇지 않다는 그는 공공연하게 위선자의 말로 들린다. 그러므로 지옥에는 예수라는 이름을 부르는 자는 전무(全無)하다. 그 이유는 이름 예수가 구원을 뜻하기 때문이다. 이러한 내용은 거기에서의 수많은 경험에 의하여 터득된 것이다. 오늘날의 기독교계에는 얼마나 많은 사람들이 그분의 인성의 측면에서 그리스도께서 하나님이시다는 것을 믿고 있는가? 그러므로 거기의 어떤 장소에 성직자나 평신도에 속한 수많은 자들이 모였다. 그들에게 신령인성(=신령인간·the Divine Human)이라는 낱말을 발음하는 것이 요청되었다. 그럼에도 불구하고 그들이 거의 자신의 생각에서 동떨어졌고, 그래서 그들은 두 낱말을 발설하였다. 주님께서 그의 인간의 측면에서 하나님이시다는 것은 성경에서 비롯된 수많은 이런 장절들에 의하여 확증되었다(마태 28 : 18 ; 요한 1 : 2, 24 ; 17 : 2 ; 골로새 2 : 9 ; 요한 1서와 요한 5 : 20과 그 밖의 여러 장절들). 그럼에도 불구하고 그들은 여전히 신령인성(the Divine Human)이라는 말을 발음할 수 없었다. 그리고 놀라운 것은 비록 그들의 전통적인 정설이 가르친다고 해도 루터파 교도들은 그리스도 안에서 하나님은 사람이고, 사람은 하나님이시다는 것을 말할 수 없었다. 더욱이 가장 거룩한 방법으로 성만찬에서 그리스도의 몸을 숭배하는 수도승까지도 낱말 '신령인성'이라는 것을 발음할 수 없었다. 이런 경험에서 밝혀진 사실은 오늘날 기독교인들의 대부분, 그들이 아니안파이든 소시니안파이든, 그들이 하나님으로서 그리스도를 예배한다고 해도 위선자들이다는 것이다. 294항.

6. 한번은 육백 명의 영국의 성직자들이 보다 높은 천계의 한 사회에 올라가는 것이 허락되었다. 거기에서 그들은 그들의 왕(=George 2세)과 더불어 하나님에게 가까이 가지 않고, 주님에게 가까이 나아가는 것에 관해서 대화를 하였다. 이 일이 있은 뒤, 그 왕은 두 감독들에게 천계적인 선물을 하사(下賜)를 하였다. 갑자기 그 선물과 그들의 왕이 그들에게서 사라졌다. 그들이 돌아온 뒤에 그들은 그들의 동료들에게 보고하였고, 그리고 그들의 감독들과의 대화는 이구동성(異口同聲)으로 일치하였고, 그것은 최고의 권위와 지배권에 관한 것이었는데, 나머지 사제들도 동의하였다. 마지막으로 그들의 모습은 괴물처럼 생긴 모습으로 나타났다. 341항.

7. 한 번은 멀리 떨어진 곳에서 이른바 이를 가는 소리와 같고, 그리고 문을 두드리는 소리와도 같고, 그 소리들이 뒤

섞인 것과 같은 소리를 들었다. 나는 소리들이 나는 곳으로 가까이 갔는데, 나는 진흙을 발라 갈대로 엮어서 지은 작은 오두막을 보았다. 이를 가는 소리나 두드리는 소리 대신에 그 오두막 안에서부터 인애와 믿음에 대한 언쟁(言爭)이 들려 왔는데, 그것들은 교회의 근본적인 것이었다. 믿음이 근본적이다고 하는 자들은, 그것이 하나님에게서 온 것이기 때문에 믿음이 영적인 것이지만, 그러나 인애는 사람에게서 온 것이기 때문에 인애는 자연적이다는 것을 주장하면서 자신들의 논증(論證)을 주장하였다. 다른 한편에서는 인애가 근본적인 것이다고 하는 자들은, 믿음이 인애에 결합되지 않는다면 인애는 영적이지만, 믿음은 자연적인 것이다는 것을 주장하였다. 이런 것에 대하여 어떤 제설혼합자(諸說混合者·syncretist)는 그 논쟁을 끝내려고 한 의견을 제시하였는데, 그것은 믿음은 영적이지만, 인애는 오직 자연적이다는 확증이었다. 그러나 일러진 사실은, 도덕적인 삶(moral life)은 이중적이어서, 하나는 영적이고 다른 하나는 자연적이다는 것과 그리고 주님으로 말미암아 사는 사람 안에 있는 생명은 영적-도덕적(spiritual-moral)이지만, 주님으로 말미암아 살지 않는 사람 안에 있는 생명은 자연적-도덕적(natural-moral)이다는 것이다. 그리고 후자는 사악한 사람에게 존재하고, 때로는 지옥에 있는 영들에게 존재한다. 386항.

8. 나는 두 종류의 짐승무리를 보았는데, 하나는 염소의 무리였고, 다른 하나는 양의 무리였다. 그것들에게 가까이 이르렀을 때 염소들이나 양들 대신에 사람들이 보였다. 그리고 지각된 것은 염소들의 무리는 오직 믿음만이 구원한다(依唯信得義)는 교리로 확증한 자들로 이루어졌고, 양들의 무리는 믿음과 결합된 인애가 구원한다는 교리로 확증한 자들로 이루어졌다는 것이다. 나는 그들이 왜 거기에 모여 있는지 이유를 캐물었는데, 염소들과 같은 모습의 그들은 회의에 참석하기 위해서 모였다고 말하였다. 그 이유는 바울 사도가 말한 "사람은 율법의 행위와는 상관없이, 믿음으로 의롭게 된다"(로마서 3 : 28)는 말씀이 올바르게 이해되지 않는다는 말을 들었기 때문이다고 말하였다. 그 이유는 이 구절에서 믿음은 오늘날의 믿음을 뜻하지 않고, 주님을 구세주로 믿는 믿음을 뜻하기 때문이고, 그리고 율법에 속한 행위들(works)은 십성언의 율법에 속한 행위들을 뜻하지 않고, 오히려 자세하게 설명된 예전들을 가리키는 유대교적인 율법에 속한 행위들을 뜻하기 때문이다. 그리고 그들은, 그들이 지은 결론은, 믿음은 마치 나무가 열매를 생산하듯이, 선행들(=행위)을 생성한다는 것이다고 말하였다. 이런 결론에 대하여 양들의 무리를 형성한 자들은 동의를 하였지만, 그러나 그 때 두 무리들 사이에 서 있던 천사는 양들의 무리에게 크게 소리 질렀다. "그들의 말에 귀를 기우리지 마시오. 왜냐하면 그들은 자신들의 예전의 믿음에서 물러나지 않았기 때문이오." 천사는 양들을 두 무리로 갈라놓고서, 왼쪽에 있는 무리에게, "그대들은 염소의 무리에 합치시오. 내가 그대들에게 선언할 수 있는 말은, 그대들을 죽이려고 하는 이리가 올 것이다는 것과 그대들은 그것들과 함께 있을 것이다"는 것뿐이요. 그러나 그 때 나무가 열매를 생산하듯이, 믿음이 선행들을 낳는다는 말을 그들이 어떻게 이해하는지에 대해서 조사되었는데, 밝히 드러난 사실은 믿음과 인애의 결합에 관한 그들의 지각(知覺)은 전적으로 그 비유에 정반대이다는 것, 결과적으로 그들의 주장이나 공언은 사기적이다는 것이다. 그와 같이 이해되었기 때문에, 염소들의 무리에 합쳤던 양들의 무리에 속한 몇몇은

다시 양의 무리에 합쳤고, 예전과 같이, 그들은 인애가 믿음의 본질이다는 것과 그리고 인애에서 분리된 믿음은 철저하게 자연적이지만, 인애에 결합된 믿음은 영적인 것이 된다고 고백하였다. 417항.

9. 동녘을 향해 있는 남녘에 있는 아비소스(無底坑)에 관해서, 또는 개혁교회(the Reformed Church)에 속한 오직 믿음만에 의한 칭의(稱義)와 구원을 스스로 확증한 자들의 지옥에 관해서 기술되었다. 그 아래에 있는 아비소스에 관해서는, 그 확증뿐만 아니라, 자신들의 영 안에 하나님을 부인하고, 마음 속에서는 교회에 속한 거룩한 것들을 비웃는 자들이 있다고 기술되었다. 그들의 성품이 그들의 처지와 함께 기술되었다. 421항.

10. 아비소스의 북녘에 사는 자들이 있었는데, 그들은 믿음에 속한 칭의의 비의들을 수학(修學)하지 않고, 그저 단순하게 믿음을 종교에 속한 모든 것으로 삼는 자들이고, 그 밖의 것은 아무것도 모르고, 관습적인 예배를 드리고, 그리고 그저 자신들이 좋아하는 대로 그렇게 사는 자들이다. 그들의 주거들과 그들의 추론의 양식이나 처지 따위들이 기술되었다. 442항.

11. 서쪽을 향한 북녘에 살고 있는, 또는 지옥의 북녘에 살고 있는 자들이 있었는데, 그들은 종교에 관해서는 거의 아무것도 모르고, 그리고 세상적인 것들이나, 관능적인 것들로 채워져 있고, 그리고 무지(無知)와 어리석음에 빠져 있기 때문에, 오직 믿음만의 교리에 관계되는 그 밖의 측면에 대해서는 전혀 주의를 하지 않고 산다. 456항.

12. 고대 사람들 사이에서 사용된 복술(卜術 · incantation · enchantments)에 관한 것으로, 거기에는 세 가지 방법들로 행해졌다. 그 복술의 방법들 중 세 번째 것, 즉 남의 말을 경청하는 자들에게 일어나는 것으로 오늘날에는 자기 자신의 총명의 자만으로부터 자기 스스로 종교에 속한 거짓들을 확증하는 자들에게 남아 있다. 462항.

13. 영계에 있는 아주 큰 선창과 항해를 위한 창고를 보았는데, 거기에는 크고, 작은 종류의 배들이 여러 척 있었다. 그리고 갑판 위에는 소년 소녀들이 바다에서 올라오는 거북이들을 기다리고 앉아 있었다. 그것들이 나타났을 때, 머리 둘을 가지고 있는 거북이들을 보았는데, 그것들은 그 중의 하나를 자신의 몸의 껍질에 붙어 있었다. 다른 머리 하나는 사람의 모습으로 보였는데, 그것으로 거북이들은 거기에 있는 소년 소녀들과 대화를 하였고, 그리고 그들은 그것들을 어루만졌고, 그리고 그것들에게 선물들을 주었다. 이런 것들이 뜻하는 것은 한 천사에 의하여 설명되었다. 내용인즉슨, 그들은 이 세상에 있을 때 사람들이었다는 것이고, 결과적으로는 사후(死後)의 수많은 영들이다고 하였다. 그들 중에 믿음을 터득한 자들은, 하나님은 그들이 생각하는 것이나 행하는 것을 전혀 보시지 못하고, 다만 그들의 마음에 속한 내면적인 것들 안에 숨겨져 있는 그들의 믿음에만 관심이 있다고 말하였다. 그리고 그들은, 이런 부류의 사람들은, 다른 사람과 꼭 같이, 교회들 안에 있는 청중들 앞에서 성경에서 비롯된 거룩한 것들을 인용해서 말하지만, 그러나 이런 것들은 그들이 사람의 모습과 같이 보이는 큰 머리로부터 말하였지만, 그 때 작은 머리는 큰 머리 속에 쑤셔 박았고, 그리고 자신의 몸 속에 숨겼다. 이런 일들이 있은 뒤, 이런 영들이 일곱 개의 돛을 가지고 있는 배의 공중에 떠다니는 것이 보였다. 그리고 거기에 있는 선원들은 월계수로 장식을 하였고, 자주색 옷을 입고 있었다. 그들은 모든 성직자에 속한 지혜 때문에 가장 저명하다

고 외쳤지만, 그러나 이런 그들의 모습들은 그들의 마음에 속한 생각들에게서 흘러나오는 자만과 사기적인 것의 형상들에 지나지 않았다. 그들이 땅에 내려앉게 되었을 때, 나는 그들과 이성(理性)으로 말미암아서 말하였고, 그 뒤에는 성경을 가지고 말하였다. 그리고 나는 수많은 논증(論證)들에 의하여, 그들의 이와 같은 교리는 미친 것이고, 그리고 성경에 전적으로 정반대가 되는 것이다는 것과, 그리고 그것은 지옥에서 비롯된 것이다는 것 등등을 설명하였다. 그러나 내가 그것들을 입증하는데 사용된 논증들은, 그것들의 장황한 지루함 때문에, 일일이 열거할 수는 없지만, 본서에 기술된 <영계 체험기> 자체에서 알 수 있겠다. 그런 일이 있은 뒤 그들은, 종전과 같이 공중에 있는 이른바 천계에 있는 배 안에 있는 것처럼 보이지 않았고, 또한 자주색 옷도 입지 않았고, 월계수 월계관도 머리에 쓰지도 않았으며, 그들은 모래밭에 있었고, 누더기 옷을 걸쳤고, 허리에 어망 조박지를 걸치었고, 그 어망들 사이로는 그들의 맨살이 보이기도 하였다. 그리고 종국에 그들은 마키아벨리주의자들이 사는 경계선에 인접해 있는 사회로 가라앉았다. 463항.

14. 나는 맷돌 가는 소리와 같은 잡음을 들어서, 그 소리를 따라가 보았는데, 땅 아래에 보이는 입구를 통해서 내려가 보니, 거기에는 갈라지고, 틈바구니로 가득한 집 한 채를 보았다. 거기에서 오직 믿음에 의한 칭의(依唯信得義)에 도움이 되는, 성경의 장절들이나 다른 책의 그런 것들을 수집하고 있는 한 사람을 보았는데, 그는 그가 수집한 것들을 한 권의 책으로 기술하고 있었다. 나는 그에게 그가 수집한 것이 어떤 것인지를 물었다. 그러자 그는 이런 것을 수집하였다고 말하였다. 그것은 하나님께서 인류에게서부터 그의 은혜와 호의를 거두셨고, 따라서 하나님께서는 속죄(贖罪)와 화해(和解)를 이루실 그분의 아드님을 보내셨다는 것이다. 나는 그의 이런 말에, 그것은 성경이나 이성에 정반대이다는 것과 그리고 하나님은 그분의 은총과 호의를 거두실 수 있지만, 그것은 하나님의 본질을 거두시는 것이기 때문에, 결과적으로 그것은 하나님존재로부터 소멸하는 것이다는 것을 대답하였다. 내가 이 내용을 확실하게 입증하였을 때, 그는 몹시 화가 났고, 그의 필생들에게 나를 내쫓으라고 명령하였다. 그러나 내가 스스로 거기에서 나오자, 그는 자신의 손에 있던 제일 첫 번째 책을 나에게 던졌는데, 그 책은 바로 성경이었다. 484항.

15. 두 번째 체험기이다. 나는 두 개의 맷돌이 서로 부딪치는 불쾌한 잡음을 들었는데, 나는 그 소리 나는 입구에 가까이 갔다. 나는 한 가옥을 보았는데, 거기에는 여러 개의 작은 방들이 있었고, 그리고 그 방에는 오직 믿음에 의한 칭의의 교리를 확증하는 이 시대의 학자들이 앉아 있었다. 내가 그들 중 하나에게 다가가서 그가 거기에서 공부하는 것이 무엇인지 물었다. 그는 칭의에 속한 행위(the act of justification)에 관한 것인데, 이 교리는 우리의 모든 정통 교리에서 가장 으뜸 되고, 가장 중요한 내용이라고 대답하였다. 나는 또, 의롭게 하는 믿음이 어느 누구에게 들어오고, 그리고 들어 왔을 때, 그 증표를 아는지 물었다. 그는, 이러한 것은 능동적이 아니고, 수동적으로 느낀다고 대답하였다. 나는 그 대답에 대하여, "만약에 귀하께서 그것 안에 있는 활동(activity)을 제거한다면 귀하께서는 역시 감수성(感受性 · the reception)을 제거하는 것이고, 결과적으로 이러한 행위는 하나의 개념적인 환영(幻影 · an idea phantom)이나 환상의 조각물에 지

나지 않을 것이고, 또한 그것은 롯의 아내의 소금기둥이나, 필생의 펜촉이나 손톱으로 긁을 때 떨어지는 작은 소금알맹이에 불과하다"고 질문하였다. 내가 이런 말을 하자 그는 몹시 화가 끓어올랐고, 촛대를 집어서 나에게 던졌다. 그러나 촛불이 꺼졌고, 그는 그 촛대를 그의 동료의 얼굴에 던졌다. 484항.

16. 세 번째 체험기이다. 나는 수많은 사람들이 모여 있는 어느 집에 가까이 이르렀다. 거기에서는 믿음에 의한 칭의의 상태에서 어떤 사람이 행한 선행이 종교적인 선행인지 아닌지에 대해서 토의가 진행되고 있었다. 종교적인 선행은 구원에 이바지하는 그런 부류의 선행을 뜻한다는 데 동의 하였다. 그러나 그 토론에 대하여 우세한 쪽은, 사람이 행한 모든 선은 구원에 전혀 아무것도 이바지하지 못한다는 것이었다. 이렇기 때문에 사람의 의지에서 발출하는 선은 값없이 주는 은혜(a free-gift)와의 어떤 결합도 가질 수 없다는 것이다. 그리고 사람에게서 발출한 선은, 구원의 유일한 수단인 그리스도의 공로와의 결합도 불가능하고, 그리고 사람의 도움 없이도 모든 일들을 성취하는 사람의 온갖 활동은, 성령의 역사(役事)와의 결합도 불가능하다는 것이다. 이런 내용들에게서 얻는 결론은, 믿음에 의한 칭의의 상태에서의 선행들도 구원에는 결코 이바지 못하지만, 다만 오직 믿음만이 구원에 공헌한다는 것이다. 입구에 서 있는 두 이방사람들이 이런 추론을 들었는데, 그들이 서로 말하였다. "이 백성은 전혀 종교를 가지고 있지 않군요. 왜냐하면 종교라고 부르는 것은 하나님을 위해서, 결과적으로는 하나님으로 말미암아(from God), 그리고 하나님과 함께(with God) 이웃에게 선을 행하는 것에 존재한다는 것을 모르는 것 아닙니까?" 484항.

17. 나는 한번 거의 치명적인 질병에 사로잡힌 적이 있는데, 악취는 이집트와 소돔이라고 묵시록 11장 8절에 언급되고 있는 예루살렘에서 올라왔다. 죽은 사람 같았던 나는 그 도시에 사는 자들의 구경거리가 되었는데, 그들 가운데서 몇몇은 내가 땅에 묻을 가치가 없다고 말하였다. 그것은 마치 묵시록 11장에 언급된 두 증인에 관해서 언급된 것과 꼭 같았다. 더욱이 나는 그 도시에 사는 자들에게서 비롯된 수많은 욕설이나 불손한 말들을 들었다. 그 이유는 내가 회개와 주님 예수 그리스도를 믿는 믿음을 설교하였기 때문이다. 그러나 그들에게서 심판이 단행되었기 때문에 나는 그 도시 전체가 무너지고, 그 도시가 큰 물속에 빠지는 것을 보았다. 그 일이 있은 뒤, 그들은 돌무더기가 쌓여 있는 곳으로 달려갔고, 그리고 자신들의 처지를 매우 슬퍼하였다. 그 때 그럼에도 불구하고 그들이 믿고 있는 사실은, 자신들의 교회에 속한 믿음을 통해서 그들은 새롭게 되고, 의의 사람이 된다는 것이다. 그러나 그들에게 일러진 것은, 그들은 이런 일들에게서는 아주 멀리 떨어져 있다는 것이다. 그 이유는 그들이 결코 회개의 일을 한 적이 없었고, 따라서 그들 자신 안에 있는 저주스러운 단 하나의 악도 모르기 때문이다는 것이다. 그런 일이 있은 뒤 하늘로부터 그들에게 일러진 것은, 주님을 믿는 믿음과 회개는 중생과 구원에 속한 두 가지 방법이다는 것이고, 그리고 이러한 사실은 성경에서 아주 명확한 것이다는 것, 그리고 또한 이것은 십성언·세례·성만찬에 비하여 더 뛰어난 것이다는 것 등등이었다. 이러한 내용은 <영계 체험기>에서 잘 볼 수 있다. 531항.

18. 영들 사이에 일종의 다툼이 있었다. 그것은 성언 자체이신 주님에게 가까이 나아가는 것 없이도 사람은 성경에서

순수한 진리를 볼 수 있는지에 관한 것이다. 그러나 그것에 반대하는 자 몇몇이 있었기 때문에 실증적인 방법이 있었다. 그 때 하나님 아버지에게 가까이 나아가는 자들은 어떤 진리들도 볼 수 없었지만, 그러나 주님에게 가까이 나아가는 자들은 그것들을 볼 수 있었다. 이런 다툼이 진행되고 있는 동안에 묵시록 9장에 언급된 것과 같이, 무저갱(無底坑)에서 어떤 영들이 올라왔다. 그 때 그들은 오직 믿음만에 의한 칭의의 신비(the mysteries of justification)를 시험, 조사하기 시작하였다. 그리고 그들이 한 말은 그들은 스스로 하나님 아버지에게 가까이 나아갔고, 그리고 오늘날과 꼭 같이, 그들 자신의 신비들을 보았다는 것이었다. 그러나 그들에게 일러진 대답은, 그들은 도깨비 불 같은 빛 가운데서 그것들을 보았다는 것이고, 거기에는 그것들에 속한 진리는 단 하나도 없다는 것이었다. 그들이 이런 단언들에 대하여 분노하였기 때문에, 그들은, 진리들을 가리키는 성언에 수많은 것들을 인용, 설명하였지만, 그러나 그들에게 일러진 것은 그들 자신들 안에는 진리들이 있지만, 그러나 그런 진리들 안에는 위화(僞化)된 진리들이 있다는 것이었고, 그리고 이러한 사실은 천계로부터 직접 흘러나와 그 안에 빛이 유입하는, 책상이 놓여 있는 그 집에 인도된 그들에 의하여 명확하였다. 그리고 그들이 성경에서 인용된 진리들을 한 장의 종이에 기록할 것과 그리고 그것을 책상에 놓을 것이 일러졌다. 그들이 그렇게 하였을 때, 진리들이 기록된 그 종이는 별처럼 빛을 냈지만, 그러나 그들이 그 책상에 가까이 갔고, 그리고 그들이 그것에 진지하게 그들의 시선을 고정시켰을 때 그 종이는, 아까와는 달리, 마치 연기에서 나오는 것처럼 검게(black) 보였다. 이런 일이 있은 뒤 천사적 영들이 종전과 꼭 같은 또 다른 책상에 안내되었다. 그 위에는 무지개에 의하여 감싸진 성언이 놓여 있었는데, 그 때 오직 믿음만에 속한 교리를 가르치는 어떤 인도자가 그의 손으로 그것을 만졌을 때, 마치 총에서 나오는 것과 같은 폭음이 터져 나왔다. 그리고 그는 그 방 구석으로 옮겨졌고, 그리고 반 시간 정도 죽은 사람처럼 거기에 누어 있었다. 그 때 천사적인 영은 다른 영들과 성언의 위화(the falsification of the Word)에 관해서 대화를 하였는데, 그 대화에는 예들에 의하여 입증된 것이 있었다. 566항.

19. 어떤 의미에서 보면, 그가 천계를 위해 준비했을 때, 그 사람은 천계에 들어간다. 다시 말하면 준비를 마친 뒤에, 그는 그가 거기에서 영원히 살 천계 안에 있는 한 사회로 인도하는 길(道·a way)을 봅니다. 그리고 그 사회에 가까이 가면, 거기에는 활짝 열려 있는 문이 있고, 그가 거기에 들어가면 검증이 있게 되는데, 그것은 그 사람 안에 유사한 빛(a similar light)과 유사한 별(a similar heat)이 있는지에 대한 검토이다. 다시 말하면, 그 사회의 천사가 가지고 있는 것에 비슷한 진리와 선이 있는지 여부가 점검된다. 그것이 발견되기까지 그는 여기저기를 돌아다니고, 그의 집이 있는 곳을 찾게 된다. 왜냐하면 거기에는 초심 천사(novitiate angel)를 위해 준비된 새로운 집이 있기 때문이다. 그 집이 발견되면 그는 그 사회의 일원으로 영접되고, 간주된다. 그러나 그 사람 안에 빛도 없고, 별도 없는 자들에 관해서 살펴보면, 다시 말하면 천계에 속한 선도, 진리도 없게 되면 그들의 처지는 매우 어렵고, 비참하다. 왜냐하면 그들이 들어가면 그들은 매우 심한 고통을 받기 때문이다. 그리고 그 고통으로 말미암아 스스로 머리를 아래로 하고 몸을 던진다. 이러한

일은 천계의 빛과 볕에 속한 영기(靈氣)로부터 그들에게 일어나는데, 그 사람 안에서 이러한 특성은 정반대이기 때문이다. 이런 일을 겪고 나면, 그들은 더 이상 천계를 열망하지 않고, 오히려 지옥에 있는 자신과 비슷한 자들과 결합하기를 열망한다. 따라서 여기서 알 수 있는 사실은, 천계는 은총을 통한 허락 안에 있고, 그리고 허락되면 거기에 있는 기쁨이나 즐거움에 들어가고, 그것은 이 세상에 있는 사람들이 혼인잔치가 있는 집에 들어가는 것과 같다고 생각한다는 것이 얼마나 허망한 것인지를 잘 보여 주고 있다. 천계는 단순하게 은총을 통한 허락 안에 있다고 믿는 수많은 사람들은, 그리고 그 허락 뒤에 영원한 기쁨 안에 있다고 믿는 수많은 사람들이 이 세상을 떠나자 천계에 올려졌다. 그러나 그들은 그 빛과 그 볕을 유지할 수가 없었기 때문에, 다시 말하면 거기에 믿음도 사랑도 없었기 때문에, 그들은 스스로 머리를 거꾸로 하고 몸을 아래로 던졌고, 그들은 아래에 서 있는 사람에게 마치 죽은 말과 같이 보였다. 아래에 서 있는 사람들 중에서 그들의 선생과 함께 있는 몇몇 소년들은 그들이 이와 같이 떨어지는 것을 보았고, 그 선생은 소년들에게 죽은 말과 같이 보인 것이 무엇을 뜻하는지를 가르쳐 주었다. 그리고 그 때 그들은 어떤 사람들을 본 것인데, 멀리 떨어진 곳에서는 그와 같이 보인다는 것도 일러 주었다. 그들이 어떤 사람인지를 살펴보았는데, 그들은 성경을 읽을 때에는 하나님·이웃·천국에 관해서 영적으로 생각하지 않고, 물질적으로 생각하는 자들이고, 그리고 본질에 관해서 사람으로부터 생각하는 사람은 하나님을 물질적으로 생각하고, 그리고 그의 외모나 말에서부터 이웃이나 그의 됨됨이를 생각하는 사람은, 그리고 장소로부터 천계나 거기의 상태를 생각하는 사람은 모두가 물질적으로 생각한다. 그러나 하나님을 그분의 본질이나 거기에서 비롯된 그분의 인품(His Person)을 생각하는 자들은, 그리고 이웃을 그의 성품에서 그리고 그것에서 비롯된 그의 용모나 언어에서 생각하는 자들은, 그리고 이웃을 그의 성품에서 그리고 그것에서 비롯된 그의 용모나 언어에서 생각하는 자들은, 그리고 천계를 거기에 있는 사랑의 상태에서부터 그리고 그것에서 비롯된 장소로부터 생각하는 자들은 모두가 영적으로 생각한다, 이런 일이 있은 뒤 그는 이런 사실들을 가르쳤는데, 즉, 말은 성언의 이해(the understanding of the Word)를 뜻한다는 것, 그리고 영적으로 생각하는 사람들이 가지고 있는 성언은, 그들이 그것을 읽을 때, 살아 있는 글(a living letter)이기 때문에, 그러므로 그들은 먼 거리에서는 마치 활기 넘치는 말들(sprightly horses)처럼 보인다는 것이고, 반대로 물질적으로 생각하는 자들에게서 성언은, 그들이 그것을 읽을 때, 죽은 글(a dead letter)이기 때문에, 따라서 이런 부류인 후자들은 먼 거리에서는 죽은 말들(dead horses)처럼 보인다는 것 등이다. 611항.

20. 용추종자들 중의 하나가 자신의 사랑에 속한 쾌락을 나에게 보여 주기 위하여 나를 초대하였다. 그래서 그는 나를 원형 경기장(amphitheater)과 같은 어떤 곳으로 데리고 갔다. 거기의 의자들에는 반인반수(半人半獸·satyrs)의 요정들과 창녀들이 앉아 있었다. 그 때 그는 "지금 귀하는 우리들의 유희들을 보게 될 것입니다"라고 말하였다. 그리고 그는 대문을 열었고, 그리고 말하자면 수소들·숫양들·양들·염소들·어린 양들이 들어왔고, 그리고 곧 다른 문을 통해서는 사자들·표범들·호랑이들·늑대들이 들어왔다. 이런 놈들은 그 가축의 무리에 달려들어서, 그것들을 갈기갈기 찢고, 그리고 가축들

을 모두 죽였다. 그러나 이런 광경은 모두가 환상에 의하여 만들어진 것이다. 이런 광경을 보고서, 나는 그 용에게 "조금 지나면 당신은 이 극장이 불과 유황의 못으로 바뀌는 것을 볼 것이요" 하고 말하였다. 그 유희는 끝이 났고, 그 용은 요정들과가 창녀들이 앉아 있는 곳으로 나아갔다. 그는 양의 무리들을 보았고, 그것에서 그가 깨달은 것은, 예루살렘의 여러 고을들 중 하나가 가까이 있다는 것과, 그리고 그것의 광경으로 말미암아 그 고을을 빼앗고, 거기의 주민을 모두 내쫓아 버려야 하겠다는 욕망이 그를 사로잡았다. 그러나 그 고을이 벽으로 에워싸여져 있기 때문에 그는 술책이나 계략에 의하여 그 도시를 빼앗기로 생각하고, 그리고 그는 형이상학(形而上學)적인 술책에 능숙한 자를 거기에 보냈다. 그 작자는 그 도시의 주민들 중의 하나와 믿음과 인애에 관해서 아주 총명스럽게 대화를 하였다. 그는 그것들—믿음과 인애—중에서 어느 것이 으뜸인지를 설명하였다. 그리고 인애는 구원에 대하여 얼마나 크게 도움이 되는지를 설명하였다. 이런 설명에 화가 난 그 용은 그 도시를 떠났고, 그의 수많은 동료들을 불러 모으고, 그 도시를 포위, 공격할 준비를 하였다. 그러나 그가 그 도시를 공격, 그것을 멸망시키려고 무척 애를 쓰는 동안 하늘에서 불이 내려와 그들을 모두 살라 버렸다. 그와 같은 일은 묵시록 20장 8, 9절에 예언된 말씀에 일치하였다. 655항.

21. 천계로부터 영국의 한 사회에 종이 한 장이 전달되었다. 거기에는 마태복음 28장 18절에 있는 주님의 말씀에 일치하여, 주님께서 천지(天地)의 하나님이시다는 주님을 구세주로 시인하여야 한다는 제안을 담고 있다. 그러나 그들은 그 사회에 있는 두 감독들에게 가서 그들이 꼭 해야 할 일이 무엇인지 자문을 구하였다. 감독들이 그들에게 조언한 것은 그 종이를 그것이 온 천계에 되돌려 보내라는 것이었다. 조언대로 그렇게 하였을 때 그 사회는, 비록 깊게는 아니지만 땅 밑으로 가라앉았다. 몇 날이 지난 뒤, 땅 밑에서 그들 중 몇몇이 올라왔다. 그리고 그들은, 그들이 땅 밑으로 가라앉은 뒤, 자신들의 처지에 관해서 말하였고, 더욱이 그들은 그 감독들에게 말을 하였다. 그들은 그들의 조언에 관해서 그들과 논쟁을 하였다. 그들은 오늘날 교회의 상태에 관해서 수많은 소견들을 피력(披瀝)하였고, 그리고 그들은 그들의 삼일성의 교리·그들의 칭의의 믿음의 교리·인애의 교리 그리고 그 감독들의 정통교리에 관계되는 그 밖의 다른 사안들에 관해서 비난하였고, 나중에는 그들이 이런 과오을 단절할 것인지에 대한 저주까지도 하였다. 그 이유는 그들은 성경말씀에 전적으로 위배(違背)되기 때문이다. 그러나 그런 것은 모두 아무런 효과가 없었다. 사도 야고보의 서한에 따라서 그들은 그들의 믿음을 죽은 믿음 또는 극악무도(極惡無道)한 믿음이라고 불렀기 때문에, 그 감독 중 하나는 자신의 머리에서 그의 모자를 벗어서, 그 책상 위에 놓으면서, 그는, 그의 믿음에 대한 조소자(嘲笑者)들을 앙갚음하기까지는, 그것을 다시는 머리에 얹지 않을 것이라고 말하였다. 그러나 그 때 아래에서부터 괴물이 솟아 올라왔다. 그 괴물은 묵시록서 13장 1, 2절에 기술된 짐승과 같았는데, 그 놈은 그 모자를 가지고 가버렸다. 675항.

스가랴서 12장, 13장, 14장이 개략적인 방법으로 설명되었다. 707항.

22. 1758년 런던에서 출간된 소책들에 관해서 몇몇 영국의 감독들과 영계에서 대화를 하였다. 그것들은 그들이 이 세상에 있을 때 선물로 보내졌는데, 그들은 그것들을 값진 것으로 생각하지 않

앉다. 그리고 그들은 그것을 읽지 못하도록 설득하였다. 묵시록 16장 12-16절에서 발췌된 내용들이 그들에게 낭독되었고, 그리고 설명되었다. 그들에게 일러진 것은 그들이나 그들과 비슷한 사람들이 거기에 언급된 사람들이다는 것이다. 감독들과의 대화가 그들의 왕, 죠지 2세에게 천계로부터 들려졌다. 그리고 그는 그 원인을 알아보았다. 알게 된 것은 주님의 신령인성에 관한 한, 그리고 그들의 인애에 대한 거부에 관한, 그리고 계속적으로 영향을 주고, 훈련에 의하여 결성된 성직자 단체의 성질에 관한 그들의 그릇된 개념에 관해서 일러졌기 때문에, 그것은 위에 언급된 책자들에 대한 그들의 부끄러운 거부를 가져왔다. 그 임금은 매우 놀라워했고, 그리고 그들이 떠나갈 것을 그들에게 명령하였다. 그는 "천계와 영생에 관계되는 어떤 사실을 듣는 것에 대하여 그의 마음에 무거운 짐을 지우는 것이 어떻게 가능하다는 말인가?"라고 외쳤다. 716항.

23. 나는 영계에서 교황 섹스 퀸토스(Pope Sextus Quintus)와 대화를 한 적이 있다. 그는 서쪽에 있는 어떤 사회에서 왔다. 그는 나에게 판단이나 부지런함에서 뛰어난 가톨릭교도의 사회를 다스리고 있다는 것과 그리고 그가 그들의 통치자가 된 것은 그가 죽기 전 반 년 동안 교황제도(vicar ship)가 통치를 목적해서 조작된 것이다는 것과, 그가 하나님이시기 때문에, 주님 구세주께서는 오직 홀로 경배 받으셔야 하고, 예배 받으셔야 한다는 것과, 그리고 이것 안에 있는 신념은 그의 생애의 마지막까지 고수하였다는 소견을 가지고 있었기 때문이다는 것을 말하였다. 그는 역시 그 밖의 수많은 것들을 언급하였는데, 그가 말한 것은 로마 가톨릭교회의 성인(聖人)들에 관해서, 그리고 그가 다스리고 있는 사회에 관해서는, 로레토(Loretto)에 있는 안젤로 성(the castle of Angelo)에 쌓여 있는 재물과 그리스도처럼 존경 받기를 열망하는 교황들이나 추기경들에 관한 어리석음에 관해서도 말하였다. 땅 위에 있는 사람들에게 한 그리스도·성경·성령에 관한 그의 말은 그가 기술한 것이고, 전해 준 것이다. 752항.

24. 영계에서 바빌로니아 사람들과 대화를 가진 적이 있다. 그 대화의 내용은 베드로에게 주어진 두 열쇠와 그리고 그들이 강력하게 주장하는 천지(天地)를 다스리는 주님의 권능이 주님에게서 그에게 양도되었다고 그들이 믿는 신념에 관한 것이다. 그러나 이러한 주장은 성언의 영적인 뜻(the spiritual sense of the Word)에는 정반대이기 때문에, 그들은, 거기에 있는 성경에는 자연적인 뜻은 없지만 영적인 뜻이 있는, 성언을 바르게 알기를 열망하였다. 그 이유는 그것은 영적인 존재인 천사들의 소용 때문이다. 그 성경에는 그들은, 베드로가 거기에는 언급되지 않았고, 베드로 대신에 주님으로 말미암아 존재하는 선에서 비롯된 진리를 가리킨다는 것을 명확하게 보고 있다. 이런 사실을 직시하고 있기 때문에 분노 가운데서 그들은 그것을 거부하였고, 그리고 만약에 그것이 그들에게서 즉시 수거되지 않았다면 그들은 이빨로 물어뜯어서 그것을 갈기갈기 찢었을 것이다. 768항.

성언에 속한 모든 진리에 대항 섞음질과 모독, 그리고 그것으로 인하여 로마 가톨릭 종교의 종지(宗旨)에서 나오는 교회 안에 있는 거룩한 것에 관해서도 대화를 하였다. 그리고 그 모독이 과거에는 어떻게 해서 존재하였고, 지금은 어떻게 해서 존재하는지 언급되었다. 802항.

25. 나는 붉은말들과 검정말들을 탄 군대를 보았다. 그들의 얼굴들은 꼬리 쪽을 향해 있고, 그들의 머리의 뒷부분은 말들

의 머리 쪽을 향해 있었다. 그들은 "백마(白馬)를 타고 있는 자들과 싸우러 나가자"라고 크게 소리쳤다. 이와 같이 우스꽝스러운 군대는 묵시록 16장 16절에서 아마겟돈이라고 부르는 곳에서 출정(出征)하였다. 이 군대는 그들의 젊은 나이에는 오직 믿음에 의한 칭의(依唯信得義)의 교리에 의하여, 그리고 그 뒤 그들이 높은 지위에 올랐을 때에는 그들의 지옥적인 심성에서 그들의 육신에 속한 외적인 것들에게로, 그리고 종국에 거기에서 모두 소멸해 버린, 믿음이나 종교에 속한 것들을 배척한 신조나 교리에 흠뻑 빠진 자들로 이루어졌다. 아마겟돈에서 보이는 작자들의 성품이 기술되었고, 그리고 거기에서 들려왔는데, 그것은 미가엘 천사들과 싸우기를 열망한다는 것이다. 그 싸움이 허락되었다. 그러나 그것은 아마겟돈에서 멀리 떨어진 곳에서 일어났다. 그리고 또한 주님의 기도문 "하늘에 계신 우리 아버지, 이름을 거룩하게 하시오며, 나라가 임하게 하시오며"라는 말씀의 이해에 대해서 그들 가운데 논쟁이 일어났다. 그 때 미가엘 천사들에 의하여 그들에게 일러진 것은, 구속주이시고, 구세주이신 주님께서, 주님 친히 가르치셨듯이, 천계에 있는 모두의 아버지(the Father of all in the heavens)이시다는 것, 그리고 아버지께서는 그분 안에, 그분께서는 아버지 안에 계신다는 것, 그리고 그분을 보는 자는 아버지를 본다는 것, 아버지에 속한 모든 것들은 그분 안에 존재하는 것, 그리고 또한 그들이 아드님(the Son)을 믿어야 한다는 것이 아버지의 뜻이다는 것, 아드님을 믿지 않는 자들은 생명을 볼 수 없고, 오히려 그들에게 있는 하나님의 진노(the wrath of God)만 본다는 것, 그리고 또한 천지(天地)에 있는 모든 권능과 능력이 그분에게 속한다는 것, 그리고 모든 사람을 다스리는 권능도 역시 그분에게 속한다는 것, 그리고 어느 누구도 하나님 아버지를 보지 못하고, 또한 볼 수 없지만, 그러나 아버지의 품 안에 계신 아드님만이 볼 수 있다는 것과, 그리고 그 밖의 수많은 내용들이었다. 아마겟돈이 패한 이 전쟁이 끝난 뒤, 그들의 한 부분은 묵시록 9장에 언급된 무저갱(=아비소스)에 던져졌고, 나머지 부분은 사막으로 쫓겨났다. 839항.

간략하게 에스겔서 28장과 29장이 설명되었다. 859항.

26. 천계로부터 천사 둘이 내려왔다. 그 천사 중 하나는, 그들이 사랑 가운데 존재하는 동녘의 천계(the eastern heaven)에서 왔고, 다른 천사는 지혜 가운데 존재하는 남녘의 천계에서 왔다. 천계의 본질이 사랑에 존재하는지, 또는 지혜에 존재하는지에 대한 천계의 본질(the essence of heavens)에 관해서 그들이 대화를 하였다. 그리고 그들이 서로의 의견을 일치한 것은, 그것이 사랑과 그리고 그것에서 파생된 지혜로 이루어졌다는 것이다. 그러므로 천계는 하나님에 의하여 지혜를 통하여 사랑으로 말미암아 창조되었다는 것이다. 이런 광경이 사라진 뒤, 나는 한 동산(garden)에 들어가게 되었는데, 그 동산을 통해서 나는 천사적인 영(a angelic spirit)에 의하여 인도되었고, 종국에는 지혜의 전당(the temple of wisdom)이라고 부르는 궁전에 안내되었다. 그 궁전은 사각형 모양이고, 그것의 벽돌은 수정이었고, 그것의 지붕은 벽옥이고, 그 초석(礎石)들은 온갖 종류의 보석들로 이루어졌다. 그는, 확실한 신념 가운데서, 자신이 알고, 이해하고, 그리고 현명하다고 하는 것이 그가 알지 못하고, 이해하지 못하는 것들에 비교하면 지극히 보잘것없다고 믿는 사람을 제외하면, 어느 누구도 그 전당에 들어가지 못한다고 말하였다. 내가 이런 신념 상태에 있었기

때문에 거기에 들어가는 일이 나에게 허락되었다. 나는 이 전당 전체가 빛의 형체로 지은 것같이 보였다. 나는 이 전당에서 사랑과 지혜에 관해서 두 천사들에게서 들은 것을 언급하였다. 그들은 그들이 선용(善用·use)이라고 하는 세 번째 것을 언급하였는지를 물었다. 그리고 그들은, 선용이 결여(缺如)된 사랑과 지혜는 그저 단순한 가공적인 것들(ideal things)에 불과하지만, 그러나 선용 안에 있을 때 그것들은 실제적인 것들(realities)이 된다는 것을 말하였다. 그리고 인애와 믿음과 선행(善行)들도 이와 꼭 같다는 것도 설명하였다. 이 일이 있은 뒤 나는 전당을 떠났고, 그리고 그 정원을 거닐었다. 나는 무화과를 먹으면서 월계수 아래에 앉아 있는 몇 명의 영들을 보았다. 나는 그들에게 사람은 하나님으로 말미암아 선을 행할 수 있는데, 그럼에도 불구하고, 자기 자신 스스로 하는 것처럼 행하는 것에서 어떻게 그들이 이해하고 있는지를 물었다. 그들은, 하나님은 사람 안에서 그 일을 내적으로 역사하시지만, 그러나 만약에 그 사람이 자신의 의지나 이해로 말미암아 선을 행한다면 그는 그것을 모독한 것이고, 그러므로 그것은 더 이상 선이 아니다는 것을 말하였다. 그러나 이런 말에 대하여 내가 대답하기를, 사람은 한 생명의 수용기관이다는 것과 그리고 만약에 그 사람이 주님을 믿는다면 그는 주님으로 말미암아 자기 자신이 선을 행하지만, 그러나 만약에 그가 주님을 믿지 않는다면, 더욱이 만약에 하나님(神)을 믿지 않는다면 그는 지옥으로 말미암아 자기 자신에 속한 선을 행한다는 것과, 그리고 더욱이 주님께서 이것으로, 또는 저것으로 말미암아 행하는 자유의지(free-will)를 주신다는 것 등등을 말하였다. 주님께서 사람에게 이 자유를 주셨다는 것은 성경을 통하여 확증되는데, 성경이 사람이 하나님과 이웃을 사랑할 것을 명령하였고, 그리고 마치 나무가 열매를 맺듯이 인애에 속한 선들을 시행할 것을 명령하였고, 그리고 또한 사람이 구원받기 위하여, 그리고 모두는 그의 행위들(=일들·works)에 따라서 심판받는다는 것, 그리고 만약에 사람이 주님으로 말미암아서 자기 자신에 속한 선을 행할 수 없다면 이런 모든 것들은 명령될 수 있는 것들이 아니다는 것 등등을 말하였다. 이런 일들이 있은 뒤, 천사적인 영들과 함께 집으로 돌아오는 길에서 그는, 믿음과 인애가 무엇인지를, 그것들의 결합을 맺는 것이 무엇인지를 자세하게 입증하였다. 그가 입증한 것은 빛과 별의 비교에 의한 것인데, 그것은 제 삼자(in a third)에서 결합한다는 것이다. 그 이유는, 그것의 본질에서 천계에 있는 빛은 믿음에 속한 진리이고, 그것의 본질에서 천계에 있는 별은 인애에 속한 선이기 때문이다. 그러므로 이 세상에서 겨울철의 빛과 같은, 별(熱·heat)이 없는 빛(光·light)은 나무들의 잎들이 열매들을 제거하는 것과 같이, 인애가 없는 믿음도 그와 같다. 별에 결합된 빛은, 봄철의 빛과 같아서, 모든 것들을 생기발랄하게 하듯이 인애에 결합된 믿음도 그와 같다. 875항.

27. 나는 어떤 장소에 옮겨졌는데, 거기에는 거짓 예언자(the false prophet)가 뜻하는 자들이 있었다. 그리고 그들 중 하나가 그들의 예배 장소를 보게 하기 위하여 나를 초대하였다. 나는 거기에 들어가서 그 예배를 목격하였다. 그 곳 안에는 자색 옷을 입고, 그녀의 오른손에는 금메달이 있고, 왼손에는 진주 사슬이 들려 있는 한 여인의 상이 있었다. 그러나 이런 것들은 모두가 온갖 환상들에 의하여 조작된 것이다. 그러나 주님에 의하여 내 마음의 내면적인 것들이 열렸을 때, 그 예배의 장소 대신에 갈라진 틈이 가득

찬 가옥을 보았고, 여인상 대신에 묵시록 13장 2절에 기술된 것과 같은, 짐승을 보았다. 마당 대신에 그 아래에는 늪이 있었고, 거기에는 깊이 숨겨져 있는 성언이 있었다. 그러나 그 때 갑자기 동풍이 불어 왔는데, 그것으로 인하여 그 예배 장소가 옮겨졌고, 그 늪은 말라버렸고, 그 성언은 볼 수 있게 노출되었다. 그 때 천계에서 온 빛에 의하여 아브라함과 함께 했던 성막(聖幕·tabernacle)이 나타났다. 그 때 세 천사들이 그에게 왔고, 이삭의 탄생을 예언하였다. 그 뒤에는, 이층 천계에서 온 빛으로 말미암아 성막 대신에, 예루살렘에 있었던 것과 같은 성전이 나타났다. 이런 일이 있은 뒤에는 삼층천에서 빛이 비추었는데, 그 때 성전은 사라졌고, 그리고 성언이 놓여 있었던 초석 위에 서 계시는 주님만 홀로 보이셨다. 그러나 그 때 더할 나위가 없는 거룩함(holiness)이 그들의 마음을 가득 채웠다. 그리고 삼층천의 빛도 제거되었고, 그 빛 대신에 이층천으로부터 빛이 왔다. 그것으로 인하여 성전의 종전의 모습은 다시 종전의 것으로 변하였고, 그 성전 안에 있는 성막으로 바뀌었다. 926항.

28. 천사들 가운데 하나님에 관한 토의가 있었다. 그것은 그분의 신성은 본질적으로는 신령본질(the Divine Esse)이지만, 그 본질로 말미암아 존재하지 않는다는 것과 그것은 하나이고, 같은 것이고, 그것 자체요, 나눌 수 없는(不可分·indivisible) 것이다는 것, 그리고 하나님은 장소 안에 존재하지 않지만, 그러나 장소 안에 있는 자들과 함께 하신다는 것, 그분의 신령사랑(His Divine love)은 태양처럼 천사들에게 나타난다는 것, 거기에서 발출하는 그 별(heat)은 그것의 본질에서 사랑이다는 것, 그리고 그것에서 발출하는 빛(light)은 그것의 본질에서 지혜이다는 것 등이었다. 신령발출(the Divine proceeding)은, 한 분 하나님에 속한 것이지, 세 분 하나님에 속한 것이 아니라고 하는 것을 가리키는 창조(Creation)·구원(Salvation)·개혁(=중생·Reformation)에 공헌한다. 961항.

29. 아주 장엄한 궁전이 보였다. 거기에는 성전이 있었다. 거기에는 세 줄의 의자들이 놓여 있었다. 거기에는 주님께서 소집하신 종교회의(a council)가 있었는데, 그 회의에서 그들은 주님에 관하여, 그리고 성령에 관하여 검토, 심의하려고 했다. 거기에 많은 의자들이 놓여 있는 것과 같이 수많은 성직자들이 입실하였고, 그 회의는 시작되었다. 첫 번째 의제(議題)는, 주님에 관한 것으로, 처녀 마리아 안에서 인성(人性·the Human)을 누구가 입으셨나? 라는 것이었다. 그 때 책상 곁에 서 있던 천사가 그들 앞에서 천사 가브리엘이 마리아에게 한 말, "성령이 네게 임하시고, 가장 높으신 분의 능력이 너를 감싸 줄 것이다. 그러므로 너에게 태어날 아기는 거룩한 분이요, 하나님의 아들이라고 불릴 것이다"(누가 1 : 35 ; 마태 1 : 20-25)는 구절과 예언서에서 발췌한 더 많은 장절들을 읽었다. 특히 여호와 그분께서 이 세상에 강림하실 것이다는 것, 그리고 또한 여호와 그 분께서는 구세주·구속주·의의 하나님이라고 불리신다는 것을 읽었다. 이런 내용들에서 얻는 결론은 여호와 그분 자신이 인성(人性·the Human)을 입으셨다는 것이다. 주님에 관한 그 밖의 토의가 있었는데, 그것은, 마치 영혼과 육체가 하나(one)인 것과 같이, 그분과 아버지는 하나인가, 아닌가에 관한 것이다. 이러한 것은 성경의 수많은 장절들에 의하여 확증되었다. 그리고 또한 믿음의 상징, 즉 현대교회의 신조(信條)로부터 확증되었다. 역시 이런 것에서 얻는 결론은, 주님의 영혼(the soul of the Lord)은 하나님 아

버지에게서 왔다는 것, 그리고 그것으로 인하여 그분의 인간성(His Humanity)은 신령하다는 것, 그리고 아버지(the Father)에게 반드시 가까이 나아가기 위하여 그에게 가까이 나아가야 한다는 것 등등이다. 그 이유는 그것에 의하여 그분께서는 자기 자신을 세상에 보내셨고, 그리고 그분께서 자기 자신을 사람에게 보이는 존재로 만드셨다는 것, 그리고 그것에 의하여 역시 근접하기 쉽게 되었기 때문이다. 세 번째 토의가 계속 이어졌는데, 그것은 성령(聖靈)에 관한 것인데, 그들은 그 때 처음으로 영원 전부터 계신 세 분 신령인격들의 개념(the idea of three Divine Person)을 토의하였다. 그리고 성경으로부터 정립된 것은, 성령이라고 불리우는 거룩한 신령존재(the holy Divine)는 아버지로 말미암아 주님에게서 발출한다는 것이다. 종국에 이 종교회의에서 토의된 것에서 결론이 도출(導出)되었는데, 구세주 주님 안에는 신령 삼일성(神靈三一性・the Divine Trinity)이 존재하는데, 그 삼일성은 모든 것들의 근원인 아버지(the Father)라고 불리우시는 신성(=신령존재・the Divinity)과 아들(the Son)이라고 불리우시는 신령인성(神靈人性・신령인간・the Divine Human)과 성령(聖靈・the Holy Spirit)이라고 불리우시는 신령발출(神靈發出・the Divine Proceeding)로 이루어졌다는 것이다. 그리고 따라서 교회 안에는 한 분 하나님(one God)이 계신다는 것이다. 이 종교회의가 끝이 난 뒤에, 좌석에 앉아 있었던 사람들 모두에게 찬란한 의상들이 주어졌고, 그리고 그들은 새로운 천계(=새 하늘・the New Heaven)에 인도되었다. 962항.

≪묵시록 계현≫에 인용된 성경장절 색인

참조 : 고딕체 숫자는 성경에서 직접 인용된 장절이고, 명조체 숫자는 단순 참조 장절이다.

장	절	본서항수
창세기		
1	1,2,3	**200**
	14-19	**414**
2	1	**447**
	7	**343**
	25	213
3	1-5,14,15	**550**
	1,13	**562**
	7	936
	14	788,**455**
	15	538,**565**
	20	239
	23,24	**239**
6	12,13,17,19	**748**
8	11	936
9	4,5	**781**
	12-17	**466**
	13	598
	21,22,23	213
	26	**289**
11	1-9	**717**
12	10이하	**503**
13	10	**503**
14	18,19	**316**
	18,20	101
	18,19,20	**289**
15	11	**757**
	16	**658**
	17	422
	18	444,**503**
17	11	598
18	21	**658**
19	1이하	502
	24	**452**
	24,25	**599**

장	절	본서항수
19	28	**422**
28	18,19,22	**779**
29		349
	14	**489**
30		349
	10,11	352
	16,17	358
	19,20	359
32	2	**862**
	30	939
35	18	349,361
	22	134
	23-26	349
37	21,22,29	351
41		**503**
	38-44	360
		503
	42	**814**
	50,51,52	355
46		**503**
	8-24	349
47	31	**137**
48	2	**137**
	3,4,5	355
	5	351
	15,16	355
	16	**344**
49		349
	3	**351**
	3,4	17,**134**,351
	8-12	**350**
	9	**241**
	11	**166**,653
		378,379,653
	11,12	**303,316**

성경 장절 색인

장	절	본서항수	장	절	본서항수
49	13	406	12	13	440,657
	14,15	358		41,51	862
	17	455	13	2,12	17
	17,18	298		21,22	468
	19	352	14		503
	20	20,353		16,21,26	485
	21	354		21	343
	22	384			503
	22-26	360	15	8,10	343
	23,24	299		23,24,25	411
	24	915		25	774
	33	137	17	5이하	485
출애굽기				9-12	485
3	1,2,3	468	19	1,11,15,16,18	505
	18	505		5,6	586,749
4	3,4	438		9	24,662
	8,9	598		10,11,15	529
	22,23	17		12,13,20-23	529
7		503		14	166
	1	8		16	236
	3	598		16,18	529
	4	862		16-25	397
	15-25	379		20	336
	17-25	405	20	4,5	601
	20	485		7	474
8		503		24-26	392
	1이하	485		25	457,847
	1-10	702		26	213
	16이하	485	21	14	624
9		503	22	21-24	764
	8-11	678		28,29	623
	14	657		29	17
	22-35	399,401,485	23	2	578
10		503		14-16,19,26	623
	12이하	424,485		15	939
	22,23	505		19	623
11		503		20,21	81,44,939
	1	657		20-23	344
12		503		28-30	567
	1이하	10		31	444
	2	935	24	1,2	529
	7,13,22	379		3-8	379

묵시록 계현 색인

장	절	본서항수	장	절	본서항수
24	4	**348**	28	15-21	349,915
	4-10	529		20	897
	17	336		21	**348**
25	4	725		31-35	**328**
	9	585		33	725
	10-16	774		36,37	189
	10-40	585		36,37,38	**347**
	11	**913**		39	**814**
	16	**490**,529		42,43	**213**,**671**
	16,21,22	**669**	29	4	378
	17,18	**913**		7,29	779
	18-21	**239**		11,12	242
	22	239,490,**529**,555		12,16,20,21	**379**
	23,24	**913**		13,22	**782**
	30	**939**		18	**468**
	31,38	**913**		18,25,41	278
	31-끝	43		22	438
26	1	725,793,**814**		30	**10**
	1,31	**239**,793		35	**10**
	4,31,36	725		37	**10**
	18,20,23	**342**		40	316,778
	30	585		45	883
	31	450,725,793	30	1,2	905
	33	**529**		1-10	392,**393**
	33,34	586		2,3,10	270
	36	725		3	**913**
27	1	905		6	239
	1,6	774		12	**364**,657
	1-8	322,392		18-21	378
	2	270		20	779
	9,11,12,13	**342**		22-23	779
	9-18	487		23,24	**493**
	9,18	**814**		30	779
	16	450,725		32,33	779
	20,21	**493**		34	**394**
28	6	725,793		34-37	**777**
	6,15	450,725	31	3	**793**
	6,15-21,30	540		7	**669**
	8	725		7,18	490,555
	11	**793**		8	392
	15	725		18	**529**,**669**
	15,16	905	32		242

장	절	본서항수	장	절	본서항수
32	6	392	3	3-16	782
	15	490,555		5	278
	15,16	529,**669**		5,16	468
	20	**748**		9,10,11	**438**
	32,33	**256**	4	3,13이하	242
33	14,15	**939**		6,7,17,18	**379**
	18-23	**939**		8-35	782
	20	**54**		12	862
34	1,4	662		16,17	**10**
	5	24		25,30,34	379
	15	**134**		31	278
	29-끝	529,662		31,35	468
35	35	793	5	9	379
36	1,2	793		11-13	778
	8	**793,814**		12	468
	8-28	585	6	6-14	778
37	9	239		9이하	**417**
	17-24	43		13	395,**468**
	25-29	392		14이하	**417**
38	9	**814**		15,21	278
	18	**814**		18	468
	21	**669**	7	1	**417**
39	8	793		1-5	392
	9	905		3,4,30,31	782
	27	**814**		7,11이하	**417**
	38,39	392		9-13	778
40	5-26	392		37	**417**
	9,10,11	779	8	6	378
	12	378		10,11,12	779
	13,14,15	779		11	**10,392**
	20	490,529,**669**		12	779
	30,31	378		14이하	242
	34,35	**629**		15,24	379
	38	**468**		17	862
레위기				25	438
1	5,11,15	379		28	278
	8	782		33,35	**10**
	9,13,17	278,468	9	2	242
2	1-13	778		19	438
	2,9,12	278		23,24	629
	2,9,10,11	468		24	468,599
3	2,8,13	379	10	1,2	**395**

묵시록 계현 색인　　　　　　　　　121

장	절	본서항수	장	절	본서항수
10	1-6	599,**748**	21	17-23	**625**
	6	**47**		18	**210**
11	25,40	166		18,20	**48**
	32	378	22	19-25	**625**
	46	417		22	**48**
12	7	**417**	23	9-15,20-25	623
13	1-끝	678		12,13,17	778
	2,32,54,57	417		12,13,18,19	316,778
	46	862		13,18	278
	59	**417**		17	778
14	2,32,54,57	417		18	242
	8	862		39,40	**367**
	8,9	166,378		39-44	585
15	2-15	778		40,41	**400**
	4,5	137	24	2	493
	5-13	378		2,3,4	**468**
	32	**417**		3,4	43
16	3	242		5,6	**348**
	2-14이하	**529**		5-9	778
	4,24	**378**		6	**610**
	4,32	**671**		14,23	862
	11,12,13	**393**	26	1	601
	12,13	395,**468**		6	567
	12-15	**10**,379		8	**427**
	13	490,555,669		11,12	167,**585**
	14,15	379		18,21,24,28	**10**
	18,19	**10**		23,24,27,28	**167**
	18,19,33,34	392		26	101,**485**
	26,28	862		29	**748**
17	6	379,782		30	459
	7	**458**		31	278
	10	**939**		36	936
	12,13,14	781	민수기		
	15,16	378	1		862
18	24,25,28	204		5-16	349
19	2	**586**	2		862
	12	474		1-끝	349
	14	**210**		10-16	351
	23,24,25	**400**,505	3		862
20	6	**134**		1-끝	357
	25,26	567		12,13,40-46	17
21	6	468	4	3,23,30,39	447

성경 장절 색인

장	절	본서항수	장	절	본서항수
4	5이하	862	15	2-15	316,778
	6,7,9,11,12	**450**		3,7	278
	7	939		17-21	623
	8	725		24	242
	23,35,39,43,47	**500**		38,39	**450**
5	2-4	862	16	6,7	468
	23,30	**417**		19,42	629
6	1-21	47		29-33	285
	13,21	**417**		42-50	**393**
	14-21	778		46,47	395,468
	24-26	**306,939**	17	2-10	**485**
7	1	392,779		2-11	357
	1-끝	349		4	490,555
	84-87	**348**		4,10	**669**
	89	239,529		7	669
8	2-4	43		7,8	357
	6,7	378		10	**490**
	8이하	242		12,13	585
	24,25	**500**		22	**669**
9	17-끝	862	18	1	468
10	1-10	**226,397**		1,22,23	585
	2-28	862		8-20	623,778
	10	935		15	567
	33	529		15-18	17
	35	**939**		17	379,782
	35,36	529		17,18	782
	36	**287**		24,28	101
11	1-4	599	19	2	**417**
	18,19,20	489		4	**10**
	31,32	862		11-끝	166,505
	33	657		14	**417**
12	14,15	862		14-19	585
13	4-15	349		19-25	862
	20	623	20	7-13	485
	33	**424**	21	1-9	469
14	8	629		4-10	**455**
	10,11,12	629		6,8,9	49,**775**
	11,22	598		10-25	862
	18	**322**		14,15	11
	21	629		18	485
	22	**101**		27-30	11
	33	**134**	22	7	114

묵시록 계현 색인   123

장	절	본서항수	장	절	본서항수
23	5,12,16	114	1	34	474
	7-15,18-24	114	3	16,17	352
	24	**241**	4	3	**578**
24	1	114		13	101
	1-4이하	**349**		13,23	529
	5-9,16-19	114		16,17,18	601
	6	90		19	**53**,**447**
	6,7	409		20	503
	9	**241**		23-28	774
	13	114		24	216
	17	**342**,954		34	598
	24	406		36	**468**
25	1-4	53	5	2,3	529
	1-3,9,18	**114**		9,10	216
26	5-57	349		11	**81**
	10	285,599		22-26	**529**
28	1-15	778		29	**527**
	1-끝	778	6	2,13,24	527
	2	468		5	682
	6,8,13	278		5,8	**347**
	6,7,18-끝	316		13	474
	11-15,18-끝	778		14,15	216,635
	19,20	242	7	15	503
	26-끝	623		22	567
29	1-7이하	316,778	8	2,3,4,15,16	546
	1-6	**935**		6	527
	2,6,8,13,36	278		7	409
31	1-8	**397**		7,8	**315**
	16	114		7,9	775
	19-25	505		19	578
32	1-끝	352	9	5,6	**350**
33	1-49	862		9	529
	55	**439**		10	529
34	14	352		21	748
	17-28	349	10	4	101
35	5	**342**		5	529
	6,7	**610**		8	**366**
신명기				11	474
1	7,8	444		12	682
	13	**538**		12,20	**527**
	23	**348**		18	764
	31,33	546		20	474,**527**

장	절	본서항수	장	절	본서항수
11	9,21	474	22	15	899
	11,14,16,17	496	23	9-14	862
	13	682		18	952
	18	347		21	668
	22	167	24	6	794
	24	444		14	209
12	5,11,13,14,18	81	26	1이하	623
	23-25	781		3,15	474
	27	379		7	640
13	1-3	598		12	505
	4	527		16	682
	12-18	748		17	167
14	22	101		18,19	586
15	1,2	32	27	5	847
	11	209		12,13	349
	21	210		15	793
16	1	935		18	210
	2,6,11,15,16	81		19	764
	4-7	10	28	15,27,35	678
	13,14	585		38	424
17	2,3,5	919		40	779
	3	447		53	748
	3,15	53		58	527
	15,16	298		58,59,61	657
	15-18,19	417		59	456
	16	503		60	503
	19	527	29	18	410
18	1	468		23	452,502
	4	623		27	635
	9,10,11	462	31	9,11,12,26	417
	15-20	8		12	527
19	1-9	610		17,18	939
	2,3	505		20	474
	5	774	32	2	401,496
	9	167		8	543
20	19	847		10	546
	19,20	400		11	653
21	5	357		11,12	245
	11,13	489		12,13	298
	15,17	17		13,14	315
	18-21	899		14	379,653
	22,23	774		15	782

묵시록 계현 색인   125

장	절	본서항수	장	절	본서항수
32	16,21	216	8	30,31	**457**
	17	**458**		32	**662**
	20	**939**	10	11	**399**
	20-34	**350**		12,13	**11,53**
	22	**336**	13	22	114
	24	567		24-28	352
	25	620	15-19		349
	26	**342**	18	11-28	361
	32	502,649	사사기		
	33	537	1	16	367
	38	316,778	3	13	367
	42	**591**	5	6,7	**501**
	43	**806**		8	**899**
33		349		11	**899**
	2	401		15,16	**351**
	2,3	**586**		17	406
	8-11	**357**		18	**354**
	10	**277**		20	**51**
	13,14,15	**789**	6	17,21	598
	13-17	**360**		21	**485**
	13,14	**935**		25-28	242
	15,21	623	7	16-22	**397**
	17	287,355,458	13	22	**54**
	18,19	**358**		22,23	939
	20	241,861	20	1,2	342
	20,21	352	사무엘 상		
	21	668	1	25	242
	23	**354**	2	4,5	323
	24,25	353,775		5	**10,535**
	26	**24**		8	**20,551**
	28	**384**		8	**671**
34	3	367		34	598
	4	474	3	1-8	**505**
여호수아			5-6		529
1	4	444	5	3,4	529
	11	505	10	1	779
3	1-17	529	14	10	598
	2	505	15	1	779
	11	529	16	2	242
4	1-9,20	**348**		3,6,12,13	779
	5-20	529		14,15,16,23	276
6	1-20	**397**,529	17	13	**578**

장	절	본서항수	장	절	본서항수
17	34-37	573	6	19이하	529
20	1	**342**		23-28	**239**
	5,12,19,20,35,36,41	505		23-33	**493**
22	18	671		29,32	**367**
24	6,10	779		29,32,35	**239**
	14	952	7	8	**503**
26	9	779		14	**354**
	9,11,16,23	779		23-39	378
사무엘 하				25,44	348
1	10	**300**	8	3-9	529
	16	779		9	529
	17,18	11,53,**299**		10,11	629
	20	501		19,21	529
	21	779		51	**503**
	24	**166,725**	10	18,19,20	229
2	4,7	779		19,20	**348**
3	31	492	12	28-32	242
5	17	779	14	8	**167,578**
6	1-19	529		25,26	503
	2	529	16	31,32,33	132
	6,7	529	17	21	**505**
	14	**671**	18	4,13	132
9	8	952		23-26,33	242
12	29,30	300		31,32	348
13	19	538		34	**505**
17	8	573		38	468,599
19	21	779	19	1,2	132
22	3	**270**		15,16	779
	8,16	902		19	**328,348**
	11	**245**	21	6,7이하	132
	14	**472**		23	132
23	3,4	53,151,496		27	492
24	1-끝	**364**	열왕기 하		
열왕기 상			1	10,12	599
1	34,35	779	2	8	**328**
3	1	**503**		11,12	**437**
4	21	503		12	**298**
	30	**503**		12,13	**328**
6	3,36	487		14	**298**
	7	457,847		23,24	**573**
	10-15	774	4	38-41	**411**
	19-28	669	5	10,14	378

묵시록 계현 색인

장	절	본서항수	장	절	본서항수
6	17	36,298,437	18	18	551
	30	492	19	3	101
8	13	952		9	189
9	3	779	24	18,19	382
	10	**506**	25	20-24	707
	22	**134,462**	26	6	**440**
	30-33	132		8,9	**24**
11	12	779	27	4	624
13	14	**298,437**	28	22	**440**
18	21	503	29	22,23	**496**
	24	503	30	1	952
	31,32	**348**		6	**338**
19	1,2	492		28,29	**537**
	21	620		31	276
	26	**401**	31	12	**440**
23	10	748	37	4,5	**471,472**
	16	**506**		15	**24**
	29,30	707	38	4,5	**486**
	30	779		7	**397**
25		591		22,23	**399**
역대지 상			39	17,18이하	**298**
5	1	17,**134**,351		26,27,29	**244**
역대지 하			시편		
35	20-24	707	1	1-3	**400**
욥				3	936
2	12	**788**	2	2,6	779
3	24	**471**		6	586
4	8,9	**343**		6,7,8,12	**612**
5	17,20	323		7	**4**
7	13	137		9	148,149
9	25,26	**406**		10	20
	30,31	**378**		12	**340**
12	7,8,9	290,405,757	3	4	586
13	7	624		7	**435**
	25	936	4	1	376,861
14	11	409		4	137
	16	**364**		6	**939**
15	14,15	586		6,7,8	306
16	9	435	5	6	**379**,624
	15,16	**492**		7	586
18	15	452		9	44,**286**
	17	501		12	436

장	절	본서항수	장	절	본서항수
7	9	140	19	1	629
8	5	249		9,10	668
	6	470		14	281,613,962
	6,7,8	405,757,567	20	2	612
9	4,5,7	229		3	782
	8	551		6	779
	14	612,899		7	298
	18	209		9	376,664
11	2	299	21	5,6	249,289
	2,3	902		10	565
	4	48	22	13	241
	6	343,452,672		18	166
12	6	10		23	527
13	1	939		24	939
	3	48,158		30	565
14	7	591,612	23	1,2	50,383
15	1	586		2	401
	1,2	585		4	485
16	4	778		5	672
	5	672		18	48
	7	289	24	1,2	551,589
	9	832		2	238,409,589,902
17	1	279,624		4	624
	6	376		7-10	664
	8	245		7,9	176,899
	10	782		8	500
	12	241	26	2	140
18	2	270		4	137
	5	409		6,7	392
	4,5	321,870	27	3	500,862
	6	191		5	585
	7	285,331		8,9	939
	7,15	589		13	285
	8	494	28	6	289
	9,10	239		8	779
	10	245,298,343	29	3	50,614
	10,11	24		3-9	37
	12-14	399		6	242
	15	343,551		11	306
	19	861	30	7	939
	42	501		11	492
	43	483	31	1	44

묵시록 계현 색인   129

장	절	본서항수	장	절	본서항수
31	5	281,613	38	4,5	678
	8	861		5,11	657
	16	939		8	471
	20	282,939		14	209
	21	289	39	10	657
32	3	471	40	7	256
33	2	276		16	507
	2,3	279		17	209
	6	200,447	41	3	137
	6,7	238		13	289
	8,18	527	42	2	956
	10	483		2,5	939
	17	298	43	3,4	392
	18	48		4	276
	18,19	323	44	19	537
34	4	376		22,23	325
	7	862		24	939
	7,9	527		26	281,613
	9,10	323	45	1	279
	14	306		3	830
	16	939		3,4	249,298
35	2,3	436		3,4,5	52
	10	209		7	774
	13	492		8	166,774
	15,16	435		9	789
	20,21	624		9-15	620
36	1	44		9,13	913
	3	624		11,13,15	664
	4	137		12	206
	6	336,567,668		13,14	166
	7	245,789	46	1	279
	8	782		2,3	336
	8,9	384		2,3,6,8	285
37	2	401		4	194,409
	6	668		5	151
	11,37	306		8,9	500
	12	435		9	299
	14	209	47	2,6-8	664
	18,19	323		3,8,9	483
	20	422	48	1	279
	35	401		2	194
38	3	306		2,3,11-14	612

장	절	본서항수	장	절	본서항수
48	4,6,7	406	61	4	585
	7	343	62	4	44
	9	44	63	1	832,956
	12-14	364		2	50
49	4	276		5	782
	8	789		7	245
	14,15	321,870	64	3	52
	15	281,613	65	1	279
50	2-5	612		4	487,586
	3	343		6-8	598
	10,11	567		7	336
	11	757		9,10	496
	19	624		12	546
51	2,7	378	66	1	279
	6	140		12	298,861
	8	507		13,15	277
	10	254		20	289
	19	392	67	1	279,939
52	2,4	624		2-4	483
	5	585	68	1	279
	8	401,493		3	507
53	5	861		4	24,298
	6	591,612		5	764
54	7	44		6	99
55	4	44		9	496
	8	343		9,10	567
	9	194		15,16	336
	10,11	898		17	287,437
	17,18	281,613		18	591
	18	306		19,26	289
	19	527		19,35	289
56	13	167		21	538
57	1	245		24	664
	4	52,241,435		24,25	620
	7-9	279		26	384
	8,9	276		30	242
58	4,5	462		31,32	503
	6	241,435		32,33	298
59	6,14	952		33	37
	7	52		34	24
60	1,2	285	69	6,14,15	952
	7	355		9	213

묵시록 계현 색인   131

장	절	본서항수	장	절	본서항수
69	10,11	492	77	18	551
	17	939		19	**238**
	18	281,613	78	4	24
	21	410		5	490,555
	28	**256**		15,16,20	**409**
	32,33	209		20	**50**
	34,35	**290**		31	782
70	4	**209**		39	**748**
	5	507		41	173
71	22	**276**		42,43	598
	23	281,613		45	702
	24	**282**		47,48,49	**399**,401
72	2	**668**		49,50	635
	3,7	**306**		60	**585**
	4	44		60,61	**591**
	4,12,13	209		62,63,64	620
	5,7,17	**53**		68	612
	6,7	**496**		70,71,72	**3**,383
	7,8	704	79	1,2	757
	11	**921**		5,6	216
	13,15	913		11	**99,591**,884
	13,14,15	**379**		12	**10**
	14	624,789	80	1	**239**
	14,15	**913**		2	355
	18,19	**289**		3,7,19	**939**
73	21,22	**140**		8	939
74	3,4,9	**598**		8,9	**503**
	5,6,7	**847**		8,10	336
	12	**44**,664		11	409
	16	**414**		13	567
	18,19	**567**		16	**939**
	21	209	81	1,2,3	**279**
75	1	279		3	935
	3	**285**		7	**236**
	4,5,10	**270**		8	**472**
	6	336		16	**315**
	8	316,635,672,721	82	1	**44**
76	1	279		5	**589**,902
	2	612	83	15	**343**
	2,3	**299,500**	84	1,2	**487**
	6	158,**298**		2	**832**
77	15,17,18	**236**		3	392

장	절	본서항수	장	절	본서항수
84	9	779	92	14,15	**782**
	10	**487**	93	3,4	409
	18,19	567	95	1,2	**939**
85	8,10	306		11	**474**
	11	**668**	96	1	279
86	1	209,279		1-3	**289**
	11	**527**		2,13	**478**
	17	**598**		5,6	**249**
87	1	279		8	**487**
	2,3	**899**		11	**507**
	2,3,6,7	**612**		11,12,13	**290**
	7	**384**	97	4	**236**
88	1	279	98	1	279
	11	**440**		1,4-8	**279**
	14	**939**		4-6	**276**
89	3,4,20	3		7,8	409
	3,35	474		9	**551**
	3,4,29	565	99	1	**239**
	11	551,589		5	**49,183**
	14	**668**	100	4	**487,899**
	15	**397,939**	102	2	**939**
	17	270		3	**957**
	20,38,51	779		13-16,21,22	**612**
	21,24	**270**		15,16	**629**
	25	**409**		18	**254**
	27	**17**		20	**99,525**
	36,37	**53**		25	902
	39	**189**	103	1,4	281
	52	289		4	613
90	4	**4**		5	**244**
	8	**939**		15	401
91	4	**245,436**		19	**14**
	5-7	**287**		21	**447**
	9,10	**585**		21,22	**128**
	10	657	104	1	**245**
	13	**241,537**		2	166
	15	376		3	24,343,437
92	1	279		3,4	**343**
	2,3	**276**		4	**128,343**
	10	779		5,6	**238**,902
	10,14	401		5-10,13	336
	12,13	**487**,367		10,12	757

묵시록 계현 색인   133

장	절	본서항수	장	절	본서항수
104	10,11,14,20,25	567	109	2	624
	14,15	316		16	209
	15	779		22	209
	16	**400**	110	1,2	612
	21,22	241		2	**485**
	26	406		4	474
	28,30	**254**		5,6	**921**
	29	939		6,7	**538**
	35	**803**		7	409
105	9	474	111		38
	10,11	527		1	803
	16	485		2,3	**249**
	17-23	360		7	**457**
	27	**598**		10	**527**
	29	**405**,379	112	1	527,803
	30	702		1,3	**206**
	32,33	**399**,401		10	435
	34,35	**424**	113	1,3	809
	39	**24**,468		1,9	803
	41	**409**	114	2	**350**
	45	803		4-7	**336**
106	1	803		7	**535**
	3	321		7,8	**835**
	4,5	**483**	115	4,5	459
	22	503		5	**460**
	28	**525**		11,13	527
	37	**458**		18	**803**
	48	**803**	116	3	870
107	2	281,613		12,13	**672**
	4,7	194		15	**639**
	4-7	546		19	487,803
	8,9,35,36,37	323	117	1	809
	23,24	**406**		2	803
	25,29	**343**	118	5	**861**
	27	721		22	**342**
	33	409		27	**392**
	33,34	546	119		38
	33,35	**835**		7,164	**668**
	35	**546**		12	289
108	1	279		70	782
	2,3,4	276		118	624
	8	355		165,166	**306**

장	절	본서항수	장	절	본서항수
120	1	279,376	134	2	289
	2,3	**624**		3	612
	3	957	135	1,2	**487**
	6,7	306		3	803
121	1	279,**336**		7	343,496
122	1	279		15,16	459,460
	1-7	880		21	289,612
	2,3	899	136	6	285
	3,4,5	**229,233**		7,8,9	**414**
	6-9	306	137	2	276
	8	**32**		5,6,7	880
123	1	279		8	**762**
124	1	279	138	2	**191**
	2,4,5	**409**		8	**457**
	6	289,**435**	139	13,15	**140**
125	1	279,612		15,16	**256**
	3	**485**	140	1-3	**500**
	7	343		11	282
126	1	279,612		12	209
127	1	279	141	1,2	**278**
	3	20		2	394,778
	3-5	**543**	143	3	**525**
	3,4,5	**299**		7	939
128	1	279,**527**	144	1	289
	5,6	306,612		11,12	543
129	1	279		13	287,**501**
	6	401	145	4,5,12	249
130		279	146	7	99,323
	5-8	**151**		7-9	764
	7,8	**281**,613		10	612
132	1	279	147	4	**51,364**
	6,7	**49**		7	**276**,323
	7	**470**		10	298
	8	529		11	527
	11	474		12,13	**899**
	12	490,555		14	306,315
	13,14	612		17,18,19	**343**
	17	779		18	**50**
	17,18	**189**	148	1-5,7,13,14	**809**
133	1	279		1,14	803
	1,2,3	779		2,3	**447**
134	1	279		3	**51**

묵시록 계현 색인   135

장	절	본서항수	장	절	본서항수
148	4	50	3	14	233,650
	7	290		16-26	612
	7,8	**343**		24	46,492
	7,10	567		25,26	899
	9	**336,400**	4	2	704
	10	**757**		2,3	**880**
	14	**270**		2,5	612
149	1	586		3,4	**379**
	1,2,3	**279**		4	378,612
	1,9	803		5	**24,674**
	2	**612**		5,6	468
	2,4	612	5	1,2이하	**650,651**
	5,6	**52**		1,2,4	**649**
150	1	803		3	47,496
	6	803		7	**885**
이사야				8,11,18,20-22	**416**
1	4	173,483,565		11,12,21,22	316
	4,6	**456**		13	323,956
	4,15-18	**838**		16	668
	6	**657,678**		19	173
	8	612		20	**411,413**
	10	502		21,22	**721**
	11,12	**939**		25	501
	12	487		25-30	**471**
	14	935		26	**769**
	15,16	**379**		26,28	298
	16	378		27	830
	18	47,305		28	**298,299**
	21	668		30	**413**
	21,22	316	6	1	**191**
	27	612,668		2	**245**
2	3,4,5	500		3	**629**
	11	**704**		4	**674**
	12,14	**336**		5	664
	16	601		9,10	**48**
	18,20	**459**		11	194
	19	**338**	7	11,14	**598**
	21	**338**		14	**613**
3	1	**485**		19	**338**
	1,2,3	**462**		20	538
	8,9	502		25	336
	9	350,504,880	8	5-14	**702**

장	절	본서항수	장	절	본서항수
8	7,8	409,444	12	2,3	527
	8	861		3	50,384
	13	527		4	81
	17	939		6	44,173,612
	19-22	323	13	1,9-11,19,21,22	717
	21	323		2	899
	22	413		4	364,447,500
9	2	413,796,954		5	769
	2,3	483		5,9,13	635
	4	485		8	535
	5	291,379,839		9,10	51
	6	21,47,613,962		9,11	53
	6,7	306		9,13	285,345
	7	668		10	51,413
	12,20,21	748		12	243,789
	14,15	438		13	331,635
	14,15,17	764		15	52
	19	285		17,18	543
	19-21	355		19	502
10	1,2	764		19-22	757
	2	209		21	458
	5,6	635		22	537
	5,24,26	485	14		737
	6	483,501		4,11-15,22	717
	10,11	459		5	485
	13,14	206		6	483,657
	20	173,704		9	20
	22,23	658		11,13-16	763
	32	612		12	285
11	1,2	954,962		12,13,14	734
	1,5	46		12,17,20	551
	2,3	527		13	336,694
	4	148,485		14	24
	5	668,830		16,17	546
	6	241,572		17	591
	6,7	573		17,21	194
	8	338		19,20	506
	9	50		19,20,21	325
	10	483		20	528,565,801
	10,11	704		21,22	543
	15	444		22,23	757,835
12	1-6	279		24	474

묵시록 계현 색인

장	절	본서항수	장	절	본서항수
14	29	**455**	21	6,7,9	**437**
	31	885,899		6-9	241
	32	902		8,9	**755**
15	2	47,538		9	285,459
	2,3	492		11,12	**151**
	3	166,501		14,15	52,500
	4,5,6,8	885	22	5	898
	9	379		7	**899**
16	1	612		9,10	**364**
	5	585		12	166,492
	9	645		13	507
	10	**316,650**		19	399
	14	505		20	704
17	5,11	**645**		21,22	62,**174**
	6	427	23	1-8	**606**
	7	173		1,8	**759**
	7,8	392,**457**		1,14	**406**
	7,9	**704**		4	**620**
	13	397		14,15	406
18	1,2	**285**	24	1-23	**285**
	1,6	757		3,4,10,12	**194**
	2	**409**		4	**551**
	3	551		6	**243**
	6	**567**		6,7,9,11	316
	7	**483**		7-9	276
19	1	24,**298**		9	**441**,551
	2	32,**194**		10,11	501
	5-7	**409**		11	**885**
	10	**835**		12	899
	11,12,14	**721**		13	44,**649**
	11-17	**503**		15	**34**
	11,13	**503**		18	585
	15	**438**		18-20	**331,902**
	16,18,21,24	704		20	721
	18,19	194,427		21	20
	18-21	**503**		21,23	53
	19	392		22	**591,884**
	23,24	**503**		23	413,**612**,629,880
20	3	**505**	25	1-3	**194**
	6	704		3	**483**,527
21	1-4	546		4,5	**382**
	5	779		6	316,**782**

138　　　　　　　　　성경 장절 색인

장	절	본서항수	장	절	본서항수
25	7	**483**	29	10	**48,538**
	8,9	**385**		13	527
	9	241,368,**613,704**,962		18	**48,210,413**,704
26	1	**194**		19	158,173,**209**
	2	176,**899**,905		21	**899**
	8,13	**81**	30	2-7	**503**
	9	**551**		6	206
	12	**306**		9	**924**
	16	**462**		10	48
	18	**535,551**		11,12	173
	19	**158**		15,16	**298**
	19-21	**329**		17	**427**
	19,21	**285**		19	885
	21	325,**379**		22	**459**
27	1	52		23	**383**,496
	2,3	**650**		25	336
	6	**551**		25,26	**53**,704
	6,7	**325**		26	456,**657,678**
	9	**392**		27,28	653
	10	**242**		30	**399**,494
	12,13	**503**		31,32	276,**485**
	13	**397**		33	**343,452,494,748**
28	1,2,17	**399**	31	1	**437**
	1,3,7	**316**		1,3	**298,503**
	1,3,7,8	**721**		3	**748**
	2,22	**285**		4	241,**471**,500
	5	**189**,704		4,9	612
	5,6	**500**		5	613
	6	**899**		7	457,**459**,704
	7	**8**		7,8	52
	8,9	**204**	32	4	**282**
	15	**924**		6	323,**956**
	16	**342**		7	**209**
	16,17	**915**		9	**434**
	16,17,18	**612**		9,10	**649**
	20	137		13,14	**546**
	22,25,26	**315**		14	**338**
	22	**658**		15,16	**546**
29	3	**862**		17,18	**306**
	4	**285**		19	**399**
	6	**494**	33	5	**668**
	9	316,**721**		5,20	612

묵시록 계현 색인   139

장	절	본서항수	장	절	본서항수
33	8,9	194	37	35	3
	9	285,546	38	3	167
	13	769		7,8	598
	15	48,379		7,8,22	532
	15,16	50		10	364
	17,22	664		11	285
	18,19	364		18,19	58
	19	282		21	334
	20	585,880		22	598
	21	406,409	40	1,2	762
34	1	483,551		3	546
	2	447,635		3,4	336
	4	334,335,447,936		3,5	629
	8	806		3,5,10,11	962
	8-10	452		5,6	748
	9,10	285		5-8	401
	11	757		9	336
	13	537		9,10	478,612
	14	458		10	526
35	2	249		11	383
	4	806		12	313,486
	4,5	210		19,20	459,793
	5	48		20	774
	6	282,409,782		21	589,902
	6,7	835		21,23	285
	7	537		22	424,585
	9	241,567		26	364,447
	10	507,612		31	244
36	6	485	41	2	299
	17	316		6	32
37	1	166		8,9	565
	1,2	166,492		15,16	336
	3	535		16	173,343
	6,7,23,24	571		17	956
	7,38	52		17,18,20	50
	17	48		18	409,835
	19	457,774		18,19	546
	22	612,620		19,20	254
	24	437		22,23	532,598
	27	401		25	81
	29	653		29	459
	32	216,880	42	1	962

장	절	본서항수	장	절	본서항수
42	1,19	3	44	25	598
	3	485,671,674		28	191
	4,10,12	34	45	3	206
	5	254		8,12,18,19	285
	6	483,529		11	457
	6,7	48,99,210		11,13	598
	6,8	629		11,15	173
	8	809		12	447
	10-12	279		12,18	254
	11	546		13	591
	13	397,500		14,15	613,962
	15	336,409,835		21,22	613,962
	16	210,413		23	282,474
	17	459		24	635
	24	167		25	81
43	1,7	254	46	1,2	591
	2	409		9,11	757
	4	789		13	368,612
	5,6	565	47	1	285,788
	6	543,769		1,2,3	213,794
	7	81		1,2,3,7,10,11,12	717
	8	48,210		3	806
	9	483		4	173,281,613,962
	11	613,962		5,7-11	764
	11,15	173		10,11	208
	14	173,281,613,962		10,11,12	462
	14,16	786		12-15	800
	15	664		14,15	759
	16	238		15	606
	19,20	409,546	48	1	474
	20	537,567		2	586
44	2,24	535		4	347
	3	50,409,565,956		5	459
	3,4	401		11	629
	6	13,281,613,664,962		12	13
	9,18,19	460		12,13	589
	10	527		13	902
	12	847		17	173,281,613,962
	23	260,279,336		18,22	306
	23,24	285		20,21	760,956
	24	281,613,962		21	50
	24,26	880	49	1	34,769

묵시록 계현 색인   141

장	절	본서항수	장	절	본서항수
49	1,5	535	51	7,8	478
	2	52,299		8,9	279
	4	526		13	3
	6	368,796,954		15	20
	7	173,281,613,962	53	1,4,9	613
	8	529		4-10	829
	8,9	99		5	306
	8,13	285		9	624
	9	383,413		10	565
	9,10	382		11	3,640
	10	323,384	54	1	535
	11,13	336		2	585
	13	279		3	194,565
	17,22	543		5	173,281,613
	22	483			839,962
	23	20,350		6,7	434
	24,25	591		8	281,962
	26	281,613,748,962		9	474
50	1	238,405,409		10,13	306
	2,3	290		11,12	899
	3	492		11,12,13	915
	10	527		16	440
51	1-3	279	55	1	316,606,956
	3	90,507,546		2	782
	5	34		4	483
	11	507		5	173
	12	401		10,11	496
	13	902		12	336
	14	50		13	598
	16	902		23	640
	16,17	589	56	1	668
	17	672		5	898
	17,18	543		6	668
	19	323		6,7	392
	20	501,543		8,9	567
	21	721		10,11	210,952
52	1	166,612		11,12	316
	1,2,6,9	880		12	721
	2	591,612	57	2,7,8	137
	3	606		3	134
	6	704		3,4	565
	7	306,336,664		6	316,778

장	절	본서항수	장	절	본서항수
58	2	668	61	9	565
	6,7	213,323		10	797
	7	832		11	90
	8	629	62	1-4,11,12	880
	10	413		1,3	189
	10,11	50		5	797
	11	90		6	898
	12	589		8	474
	14	298		9	487
59	2	939		10	899
	3,7	379		11	368,526,612
	5	455		11,12	281,613
	9,10	413		12	368,586
	14	501	63	1	805
	17	436		1,2	305
	19	962		1,2,3	166,652,825
	19,20	962		1-10	829
	20	612		1,4,9	281,613
60	1-끝	629		2,3	829
	2	413		4	806
	6	277		6	285,635
	6,9	913		9	344
	7	392		15	216
	9	34,173,406		16	21,281,613
	9	543			839,962
	10,16	20		18	586
	13	470	64	8	457
	13,14	49		10	194,586,612
	14,18	898		11	191
	16	281,613,921,962	65	9	336,350
	17	775,913		11	316,352,586,778
	18	809		16	474
	18-21	919		16,19	885
	20	53		17	285
	21	457		17,18	254
61	1	99,591,884,962		17-19,25	880
	1,2	478		23	565,640
	2	806		25	455
	3	779	66	1	14,49,470
	6	32,128		6	191
	7	762		7,8,9	535
	8	526		10	507

묵시록 계현 색인   143

장	절	본서항수
66	10-14	880
	12	923
	15	437,494,635
	16	52
	16,23,24	748
	18	282,629
	20	437,781
	22	285,350,565
	23	489,935

예레미야

장	절	본서항수
1	15	898,899
	16	457
	18	194
2	2,6,7	546
	13	50,384
	15	241
	17,18,36	503
	18	444
	21	565
	22	378
	26	20
	28	350
	30	52
	31	546
	33,34	379
	37	538
3	1,2,6,8,9	134
	2	546
	3	347,496
	16-18	704
	17	880
	24,25	543
4	2	474,668
	7	241
	7,8	492
	7,23-28	285
	7,26-29	194
	8	166
	9	20
	13	244
	14	378
	16	769

장	절	본서항수
4	20	585
	23-25	336
	23,25	243
	24-26	757
	26,27	546
	27	658
	27,28	312
	30	725
	31	325,535,612
5	1	350,501,880
	1,7	134
	1,10	898
	2	58
	5	337
	6	241,572
	9,29	806
	12	52
	13	8
	15	282,769
	17	543,645
	24	496
	26,27	624
	28	782
6	2	612
	2,23	612
	4	500
	6,7	350,880
	16	501
	22	483
	22,23	298
	26	166,492
7	2-4,9,10	891
	2-4,9-11	191,838,891
	9	578
	11,31,32	748
	17	501
	17,18	880
	17,18이하	350
	17,34	194
	18	316,778
	20	567,635
	23	883

장	절	본서항수	장	절	본서항수
7	32,33	506	11	5	474
	33	757		6	501
	34	**507,797**		10	**578**
8	1,2	**506**,**753**,**919**		13	350,501
	2	447		16	401
	5	624		16,17	**493**
	6-8이하	350,880		20	**140**
	10	8,924		22	52,**323**
	13	**334**,**936**	12	2,3	**140**
	16	298		4,8-10	567
	17	**462**		4,11-13	**285**
	19	459		8	241
	20	645		9	757
9	3	299		10,11	**650**
	4	**32**		10,12	**546**
	4,5	44		12	**52**
	5	624,924		16	58
	10	336	13	1-7	**671**
	10,11	757,880		1-7,11	**444**
	10,11,13이하	350,880		1-12	**46**
	11	**537**		9,10,14	350,880
	14,15	**410**		11	883
	21	501		12	672
	24	**668**		12,13	316,**721**
10	2	**598**		14	502
	3	**847**		16	**336**,**413**
	3-10	**460**		18	**189**
	3-5,8-10	**459**		18,19	**194**
	3,8	774		23	**572**
	3,9	**793**		27	**134**
	7,10	664	14	2	**885**
	8,9	**450**		2이하	**899**
	9	457		3	**50**
	10	331		3,4	496,**538**
	11-13	**285**		6	537
	12	**551**		13-18	52
	12,13	**343**,496		12,13-16	323
	14,15	**459**		14	624
	16	**485**		16	350,**501**,**506**,880
	20	**543**,585		17	620
	22	**537**	15	3	567,757
11	4	883		7	899

묵시록 계현 색인

장	절	본서항수	장	절	본서항수
15	9	10,53,**535**	23	5-7,12,20	704
	20,21	281,775,613		6	81
16	3,4	**506**		7,8	58
	4	323,567,757		8	**565**
	7	**672**		9	44
	9	507,797		9,10	316,721
	14,15	58		10	546
	15,16	336,**405**		14	**134**,350,502
	16,17	**338**			504,880,**924**
17	1	**392**		15	**410**
	5	**748**		15,16	**8**
	7,8	**382,400,409**		19	**343**
	8	**400**,936		23	**769**
	10	**140**		26	624
	11	206		32	**924**
	13	50,**384**		35	**32**
	18	**762**	24	1,2	623
	25	437		2,3,5,8	334
	26	277,**361**		6	**48**
18	13	620		7	**883**
	17	**343**		10	**323**
	18	**8**	25	4	**3**
	21	**323**		6,7,14	**457**
19	5,6	**748**		10	507,**794**
	7	567,757		10,11	**797**
	9	**748**		14	**641**,**921**
	11,12	506		15,16,28	**672**
	13	**447**		27	204,**721**
20	12	**140**		30	**471**
21	5	**635**		31	**748**
	6	567		32	**343**
	10	**939**		32,33	**506**
22	3	764		33	325
	3,13,15	668		36	**885**
	4	437	27	5	567
	5	**474**	29	9	44
	16	209		17,18	323,**334**
	19	506		23	**134**
	22	**591**	30	7	**704**
23	5	664,668,954		10	565
	5,6	86,**350**,613		12,14,17	456,**657**
		618,805,**962**		14	**498**

장	절	본서항수	장	절	본서항수
30	18	585	33		805,962
	22	883		18	778
	23	343		20,21,25,26	414
31	2,3	769		21	128
	4,13	620		22	447
	4,21	620		22,25,26	565
	7	809		32	924
	9	50,384	34	17	32,323
	10	34		18,19,20	242
	12	90,315		20	567,757
	14	782	35	10	507
	15-17	526		19	366
	20	789	36	29	567
	21,22	434	37	22,24	664
	23	586	42	13-18	503
	27	243,565,567		13,14,16,17,18,22	323
	27,31,38	704	43	10,13	53
	31,33	350	44	7	434
	33,34	354,920		8	457
	33,34	121		9	501
	35	414		10	527
	35,36	565		11	939
	37	589		12,13,27	323
	38,40	899		17	501
32	8,44	361		17,18,19	316,778
	20,21	598		17,18,19,25	53
	22	474		26	474
	27	748		29,30	598
	30	457	45	5	748
	39,40	527	46	2,3,8,9	437
	41	682		2,8-11	503
	42,44	194		4	436
	43	567		4,9	298
33	4	194		12,14	885
	5	635,939		18	58,664
	6,9	306		20,21	242
	9	527		21,22	455
	10,11	507,797		22	847
	10-12	567	48	8	194
	13	361,364		9	649
	15	664,668,704,954		10	624
	15,16	86,613,618		12	672

묵시록 계현 색인   147

장	절	본서항수	장	절	본서항수
48	17,18	485	50	37,40	502
	20,21	760		37,38,42	298
	25	270		38,39	459
	26	204		39,40	757
	32,33	316,649		40	502
	33	651	51	5,26,29,37,41,42,43	785
	37	47,166		6	760
	37,38	492		6,56	763
	46,47	591		7	316,672,721,758
49	1,2,3	352		7,9,25,44,47,53,57	717
	3	20,166,208,492		8	770
	9	649		9	24,760
	10,11	764		11,36	806
	16	338		12,13	719
	17	456,657		13	771
	18	502		14	474
	21	331		15	285,551
	25,26	500,501		15,16	343
	33	537		16	496
	35	299		17,18	459
	36	343		19	485
50	1,12,14,23,29,31			20,21	298,437
	38-40	717		20-23	620
	3	567		22	434
	4,20,27	704		24	763
	6	336		25	336
	7	316		25,58	766
	8	760		26	342,915
	11	782		30,31,34	770
	12,13	765		33	645
	13	456,657		34	781
	14,29	299		36,42	238
	15	397,762		37	537
	16	645		37,39	721,758
	17	241		38	241
	19	383		39	382,758
	29	173,762		39,57	158
	30	501		45,46	760
	33,34	591		48	761
	34	281,613,962		49,52	801
	35-38	52		53	770
	37,38	437,781		55,56	763

장	절	본서항수
51	63,64	**444,791**
애가		
1	4	620,**899**
	4,15,18	620
	6	612
	8	**213**
	8,9,17	350,880
	15	620,652
	16	**543**
	18	**591**
2	1	**49,470**
	1,4,8,10,13,18	612
	2,3	**270**
	2,10	285
	4	**299**,585
	6,9	20
	7	392,**898**
	8,9	**898,899**
	10	166,492,538,620,**788**
	10,13,21	620
	11,19	501
	11,12	316
	13	620
	16	**435**
	17	270
	19	158,**323**
	21	325
3	1	**485**
	9-11	**573**
	15	**721**
	15,17	**306**
	15,18,19	**410**
4	1,2	**913**
	2	612,**789**
	5	**725**
	5,8,14,18	**501**
	6	**502**
	7	**305**
	7,8	**47,312**
	11	**902**
	12	**551**
	13,14	**379**

장	절	본서항수
4	16	**939**
	20	343,**779**
	21	**507,672,721**
	22	612
5	2,4,6,8	**503**
	2,3	**764**
	4	**774**
	8-10	**323**
	9	52,**546**
	10	**546**
	10-12	620
	13	**794**
	14	**899**
	15,16	**189**
에스겔		
1		36,239,322,**945**
	1-끝	**239**
	7	**49,775**
	23,24	**245**
	24	614,**862**
	26	**14**
	26-28	**830,466**
	28	**629**
2	1,2	**510**
	4,6	**425**
	8-10	**482**
	9,10	**256**
3	1-3	322,**482**
	5,6	**282**
	7,8	**347**
	12,14	**945**
	12,24	**36**
	13	**245**
	23,24	**510**
4	1-끝	350,880
	3	**598**
	11	**610**
	12,15	**315**
	16	**485**
	16,17	**50**
5	1-4이하	**47**
	9-끝	350,880

묵시록 계현 색인   149

장	절	본서항수
5	10	543
	11	58
	11,12	**323**
	13	635
	16	440,485
	17	567
6	1-10	591
	3,13	336
	4,5	459
	4-6,13	392
	11,12,16,17	**323**
7	5-7	**476**
	6,7,10	**151**
	15	52,**323**
	17,18	492
	18	18,47,538
	20	601
	22	939
	26,27	20,**208**
	31,32	748
8	3이하	**36,945**
	3,5	216
	4	629
	10	567
	15,16	919
	16	53
9		239
	1	440
	1,6	325
	2-4,11	671
	3	629
	4-6	**347**
	4,6	620
10		36,239,322,945
	1	**14**
	2-7	671
	3-5	487
	4,18,19	629
	5,21	245
	12	48,240
11	1,24	**36,945**
	6	501

장	절	본서항수
11	19	832
	20	883
	22,23	629
12	1-12	591
	2	**48**
	18,19	50,350,880
13	5	500,**704**
	6-9	**924**
	10,11	208
	11	**399**
	11,13,14	496
	13	343
14	3-6	459
	7,8	**939**
	11	883
	13	485
	13,15,21	**323**
	13,17,19	567
	16-18,20	543
15	6-8	350,880
	7	**939**
16	1-63	350,880
	3,29	759
	5,6,9,22,36,38	**379**
	6이하	**213**
	8	245,**474**
	9	**378**
	10-18	**166**
	10,13	773,**814**
	12	**189**
	13	**913**
	13,19	778
	15,16,26,28,29,32	**134**
	33,35이하	**134**
	17	543,601,**913**
	20,36,45	543
	24,25,31	501
	26	**748**
	26,28,29	503
	42	**216**
	46-50	502
	46,48	350,504,880

성경 장절 색인

장	절	본서항수	장	절	본서항수
16	49	209	23	26	**166**
17	1-8	**244**		31-34	**672**
	4	**759**		32,33	**721**
	10	**343**		37	543
	15	298		41	137
	23	**757**	24	26,27	704
	24	**400**,401	25	13	567
18	5	668	26	7-11	298
	7	**213**		7,8,10,11	437
	12	209		11,12	501
19	3,5,6	241		12	**206**,**774**
	5,6	748		16	**328**
	10-14	485		20	285
	12	343	27		759
	13	**546**		1-끝	**606**
20	12,20	**598**		4-9,25	**406**
	26,31	543		6,15	**774**
	28	316,778		7	**503**,**725**,**814**
	32	774		7,24	450
	34-37	546		9	510
	40	586,623		11	**898**
	41	278		13	775,781
	47	**400**		28-30	**406**,**786**
	48	748		30	538,788
	48,49	748		31	166,492
21	4,5	748	28		406
	9-15,19,20	**52**		3,4,13	**913**
	29	924		4,5	**206**,**606**,**759**
	30	759		4,13	**90**
22	6,7	764		12,13	540
	24,25	**496**		12-14,16	**239**
	29	209		13	897
23	1-49	350,880		13,15	**254**
	2-4	**434**		18	759
	2-33	503	29	1-12	**503**
	2,3,5,7,11,14,16			3-5	405
	17이하	**134**		5	567,757
	4-6	450		6,7	**485**
	6,20	298		13-16	503
	14-16	450		14	759
	24	436		18	**47**
	25	216		21	704

묵시록 계현 색인

장	절	본서항수	장	절	본서항수
30	1-끝	503	37	16,19	774
	15,16	535		22,24	664
31	1-3	503		23,27	883
	3-6,10,13	567		24	3
	2,8	503		25,26	306,350
	3,4	409	38	1-끝	859
	3,8,9	90		2	496
	3,6	757		4	436
	10-18	503		8,9,11,12,15,16	862
	15	312		18,19,20	405,567
	18	90		19,20	331,290
32	2	49		20	757
	4	567		20,21	336
	7	312		22	399,452,863
	7,8	51,53,413	39	1-끝	859
	10-12	52		2	610
	13	567		2	862
	23-27	285		4	567
	24	285		6	863
33	14,16,19	668		8,9	299
	27	567		9	436
	31-34	672		9,11,12	10
34	5,8	567		15,16	860
	6	336		17-21	379,567,832
	11,12	704		17-끝	862
	12-14	383		17,20,21	298
	18,19	49		17,21	757
	21	270		19	782
	23,25,28	567		20,21	437
	24	3		23,28,29	939
	25	306		25	216
	26,27	496	40		861,945
	31	243		1이하	194
36	8	336		2	36,945
	11	567		2이하	896
	15	483		3	671,775
	25	459		3-17	486
	26	832		5	610
	28	883		17-31-44	487
	33	704		40-48	36,191,861,904
	38	243	41		861
37	9,10	343,510		1-5,13,14,22	486

152   성경 장절 색인

장	절	본서항수	장	절	본서항수
41	18-20	239,367	5	1-끝	717
42		486,861		1-5이하	459
	1-14	487		1-5,25-28	313
43		486,861		2이하	913
	2	50,614		2,5,25	364
	4-7	487		2-4,25,30	316
	5	36,45,945		2,5,25	364
	10,11	486	6	1,2	36,704
44		861		8-끝	717
	17,18	671	7		748
45		861		1이하	36,945
	13	610		1-14이하	717
46		861		1,2,7,13	36,945
47		861		2,3이하	343
	1-12	409		2-7	567
	1,7,12	936		3-7	574
	3-5	486		3,7,8,20,21,23,24	270
	8-10	405		5	573
	12	935,936		6	572
	18-20	342		7	101,435
48		342,945		7,19	49
	1-끝	349		9	47,166,694
다니엘				9,10	229,256,287
1	20	101		11	748
2	31-47	717		13	24
	32	538		13,14	291,478,839
	32,33	211,775,913		13-18,27	913
	37,38	567		13,14,27	664
	43	781		14	483,523,749
	43	913		17,24	720
	44	664		18,22	749
	45	913		18,27	284
	47	664		18,22,27	586
3	1-7이하	717		20,21	586
4	1-끝	717		25	476,799
	7-13	567		27	749
	10-14,20,21	757	8	1이하	36,945
	12,14	936		2	36,945
	13	158		3-5,7-12,21,25	270
	13,23	173		5-7,11,12	586
	33	47		9,10,11	51
	34	60,474		10,11,12	711

묵시록 계현 색인   153

장	절	본서항수	장	절	본서항수
8	10-14	447	2	18,19	567
	10,12	541		19	668
	12	51	3	1	134,649
	14,26	151		1,2	315
	21	34,586		4	20
	21,23	720		5	704
	23-25	586	4	1,3	405,757
9	3	492		2,3	290,567
	10	3		7,10,11,13	134
	11,13	662		11,12,17,18	721
	21	36,945		11,17,18	316
	25	501,880		12	485
	27	757,658		16	861
10		500	5	3	134
	1-3	505	6	1,2	704
	1,7,8	36,945		2	505
	3	779		3	496
	5	671,830		10	134
	5,6	49,468,775	7	1	164,924
	5-12	56		4,5,14	316
	13,21	548		7	382
	20	34		11,13,16	503
11		500		16	624
	1-끝	20,720	8	5,6	242
	2	34		7	343
	13,15,20	447		11	392
	40	437	9	1,2	651
	43	503		1,3,6	503
12		500		2	651
	1	256,548,704		2,3	316
	3	51		6	585
	7	562		10	334
	7,9	478		11	757
	9,10	948		11,14,16	535
호세아			10	1,2	392
1	2	134		5	242
2	2,3	213,546,956		8	339,392
	6	208		11	298
	12	334	11	1	503
	13-16	546		5	503
	16,18,21	704		9,10	241,471
	18	299,500,757		9-11	543

장	절	본서항수	장	절	본서항수
11	9,11	757	2	2	704
	10	238,543		9	164,898
	11	503		10	51,53,312,331,413
12	1	503,624		10,11	862
	9	585		11	37,447
13	2	242,243,459,793		16	797
	2,3	422		17	483
	4	613,962		21,22	567
	4,14	281,613		23	496
	6,7	572		23,24	651
	7,8	241,573		25	424,447
	8	567		26	809
	12,13	535		28	8
	14	321,870		29	704
	15	343,546		30	422
14	2	242		31	53,332,379,413
	3	298	3	1,14,18	704
	6-8	316		5	913
	7	278		12,13	645
	8	401		13	651
요엘				14,15	53
1	4	424		15	51,312
	5-7	721		16	37,471
	5,10,11	316		16,17,21	612
	6	435		17,18	336
	6,7	241		17,18,20	880
	7,12	334		18	316,409
	8	620		19	503,546
	8,13	492		20	350
	9	778	아모스		
	9,10	589	1	2	612
	10,11	862		14	343
	10-12	315	2	8	316
	11	645	3	7	3
	15	704		8	241,471
	16	507		12	137
	16,18,20	567		14	270,392
	19,20	546		15	774
2	1,2	397	4	1,13	336
	1,2,11	704		2	439,474
	1,3	546		7,8	496
	1-5	437		10	862

묵시록 계현 색인   155

장	절	본서항수	장	절	본서항수
4	11	502	1	7	459
	12,13	336		8	**537**
5	2	620		13	612
	7	**410**		16	**47,543**
	11	316	2	1	137
	12,15	899		8	**328**
	16	501		9	**434**
	17	**650**		13	899
	18,19	**573**	3	4	**939**
	13,18,20	704		5	435
	18,20	**413**		5,6	**53**
	24	**668**		6	**8,312**
6	4	137,774		10,12	612
	6	360,779	4	1-3,7,8	612
	8	**474**		1,2,8	**880**
	12	410,668		5	**81,167**
	13	**270**		6	704
8	4	209		8	**749**
	8	503		8,10,13	612
	9	**53,476**		13	**206,270**
	10	47,166,492	5	2	**47,291**
	11-13	**50**		4	81
	11-14	323		8	241
	11,13	**620,956**		13	459
9	5	503	6	1,2	336,589
	6	**238**		2	**902**
	11,13	704		4	503
	13,14	316,336		7	**287**
	14	90		12	206,**624**
오바댜				15	316,779
1	3	**338**	7	1	623
	5	**164,649**		1,2	**649**
	11	591		8	**413**
	15	704		9	668
요나				10	501
1	17	**505**		12	444,503
2	4,7	**191**		14	**383,485**
	26	809		17	**455**
3	5,6,8	166,**492**	나훔		
	7	337	1	3	**343**
	7,8	567		4	409
미가				5	551

장	절	본서항수	장	절	본서항수
1	5,6	331,336	1	8	20,166
	15	336,350,478		9	624
2	3	436		10,13	885
	3,4	305		13	316
	4	501		14,15	340
	12	241		15	413
3	1	337,924		15,16	397
	1-3	437		16	342
	1-4	298		18	216,658
	1,3,4	134	2	2,3	340,704
	1,4,5	213		9	483,502
	10	337		9,10	502
	11	721		11	34
	12	334		13,14	567
	13	899	3	5	151
	15-17	424		6	194,342,501
하박국				8	216,494
1	6	861		11,16,19,20	704
	6,8-10	298		13	383,624
	8,9	244		14	612
	14-16	405		14,16	612
2	11	774		14,15,17,20	880
	15	672,721		15	664
	15,16	204,213	학개		
	16	672	2	6,7	331
	17	567		7,9	191
	18,19	459		7-9	913
	20	191		9	306
3	2,16	704		22	298,437,694
	4	270	스가랴		
	6	486	1	6	641
	8	409,437		8	36,305
	8,9	299		8이하	945
	8,15	298		9	376
	10,11	53		14	216
	13	779		18	322,945
	14	485		18-21	36,270,945
스바냐				19,21	376
1	2,3	290,567	2	1	945
	3	405,757		1,2	486,904
	5	919		1-5	36,945
	7,14	704		2	861,896

묵시록 계현 색인

장	절	본서항수	장	절	본서항수
2	4	567	9	10	298,299,409,437
	5	898		11	99,379,529,591,884
	10	612		12	762
	10-12	350		13	543
	11	704		14	343,397
3	1이하	36,945		15,17	316
	3-5	166		16	704
	7	487		17	620
	10	334	10	1	496
4		43		2	924
	1이하	36,945		3-5	298
	2,5,11,12	376		4	342
	3,11,12,14	493		5	500,501
	11,14	543		6,7	360
	14	366		10,11	503
5	1,6	36,945		11	485
	2,6,10	376	11	4,5,7	325
	4	474		9	748
6		322		17	48,52
	1이하	36,945	12	1	285,589,902
	1-8,15	298		1-14	707
	1,5	343		2	672
	4	376		3,4,6,8,9,11	707
	15	769		3,6,8-10	880
8	2	216		4	48,298
	3	612		7	585
	3,4	194		8	704
	3-5	501		11	707
	3,20-23	880		11-13	434
	5	620	13	1	384,704
	8	883		1-9	707
	9	191		1,4	707
	9,10	567	14	1	704
	16	899		1-21	707
	16,19	306		1,4,6-8,9,13,20,21	704
	19	507		3	500
	21,22	939		3,4	336
	22	483		4	493
	23	101,282,350		7	476
9	4	206		8	50,238
	8	447,862		8,9	932
	9	612		8,11,12,21	880

장	절	본서항수	장	절	본서항수
14	9	613,664,962	3	11,12	315
	12	48	4	1,2,3	546
	12이하	498		16	413,796,954
	12,15	456,657		16,17	504
	13-16	567		17	749
	14	206		17,23	553,839
	16-18	503		18,19	405
	16,18,19	585		23	478,664,749
	20	298			
말라기			5	3	209
1	3	537,546		3-12	526
	6	527		5	285
	8	48		6	323,956
	9	939		14	194
	10,11	778		18,26	23
	11	277		23,24	392
	11-13	81		29	48
2	4,5	306		33-37	474
	5	527		34,35	470
	6	167		45	20
	15	565	6	2-5	501
3	1	191,344,529,882		9	81
	1,3	357		10	749,956
	1,4	350		16	23
	2,4	880		17	779
	5	764		19,20	164
	10	101		22,23	48
	12	285		23	413
	20	245		39	210
4	2	242,245	7	1,2	495
	4	3,662		6	727
	5	704		7	951
마태복음				7,8	376
1	20-25	613,962		12	762
2	11	277,913		15	166
	14,15	503		16-20	400,934
	18	526		21	553
3		378		22	618,839
	2	553,749,839		22,23	8,529
	8	934		24,25	915
	10	400,934		24-27	496
	11	378		25,27	409

묵시록 계현 색인   159

장	절	본서항수	장	절	본서항수
7	26	433	12	49	32
8	12	20,413,435,749	13	3	934
	16,28	458		3,4	757
	26	891		8,23	610
9	15	797,812		12	676,948
	17	316,672		19	749
	32,33	458		23	934
	35	478,553,664,749,839		24-30	315
	37,38	645		24-30,36-43	645
10	7	749		24-30,38-40	948
	8	458		25	158
	11-15	12		30,40	658
	12-14	306		31,32	757
	14	788		33	505
	14,15	502		37-39	589
	16	455		38	20,543,565,749
	21	543		41,42,49,50	422
	22	81,839		42,50	435
	23,42	23		43	87
	34	52		44	206,606
	38	639		45,46	606,727,759,916
	39	556,639		47-49	405
	41	8		49	658
	41,42	526		54	373
	42	8		57	8
11	5	839	14	15-21	427
	11	553	15	14	210,914
	15	87		22	458
	21	492,788		34	589
	23	502	16	1-4	598
	27	294,839		4	134
12	12	206		15	478
	22	458		15,16	768
	25	194		15,18	768
	28	553,664		15-19	174
	31,32	571		17	748
	33	400,934		18	915
	35	206		18,19	798,915
	38-40	598		19	62
	39	134,350		24	639
	44	160		24-26	556
	45	10		25	639

장	절	본서항수	장	절	본서항수
16	27	273,641	21	33-35,38,39,41,43	934
	27,28	839		42	342,915
	28	664		43	749
17	1	336		46	8
	1,2	53	22	1-14	812
	1-4	45		11,12	166
	2	166		13	413,435
	2,6,7	56		35-38	903,908
	5	24,642,820		36-40	556
	6,7	55,891		37	682
	24-27	405		40	136
18	5	839	23	5	328
	5,20	618		8	32
	6	791		9	170
	9	48		11,12	128
	13,18	23		13-16,23,25,27,28	416
	18	174		14	764
	19,20	839		16,17	191
	20	81		16-22	474
19	28	79,233,273,284,798, 808		16,17,19,24	210
				18-20	392
	29	81,618,839,890		22	14
20	1-8	650		25,26	378,395,672
	1-17	463		27	728
	3,5	610		27,28	350
	22,23	672		37	245
	25-28	3		37,38	880
	26,27	128		39	81,289,618
21	1	336,493	24	1,2	191
	1이하	620		3	187,336,532,598,658
	2,4,5	612		3,30	629
	7-9	166		3이하	493
	9	81		5,6	500
	11	8		7	331
	16	809		7,8	323
	18-21	334		9	325
	19	936		9,10	81,839
	21,22	951		9,21,29	33
	22	376		11,24	8
	28	650		14	551,664,749
	33-37	651		16	336
	33-39	650		21	711

묵시록 계현 색인

장	절	본서항수	장	절	본서항수
24	21,22	9,263,829	25	35,36	213
	22	4		35,37,44	323
	23-25	595		36,43	591
	24	598		39,42,44	672
	24-26	600		40	32
	26	546		41,42	838
	28	244		43	**99,591**
	29	**51,53,413**	26	27,28	**379,672**
	29,30	**27**		28	**529**
	30	24,273,373,**532**		29	**316**
		642,820,**897**		30	336,493
	31	322,**397**		34	**505**
	32	936		39-44	**505**
	32,33	334		39,42,44	**672**
	40,41	**794**		51,52	**52**
	42	**158**		61	**505**
	42,43	**164**		63	**520**
	44	**273**		63,64	**24**
	45,46	**3**		64	642,820
	51	435	27	20	23
25	1	101		34	**410**
	1,2	**427,433**		53	586
	1,2이하	797	28	1이하	**505**
	1-11	468		3	**166,671**
	1-12	**812**		3-5	**56**
	1-13	**158**		3-5,10	891
	1이하	620		9	**49**
	10,11,12	**176**		10	32,**56**
	12	23		18	서문,176,**294**,476,517,
	13	**812**			520,553,**613,618**,693,
	14-20	**759**			743,738,**768**,800,819,
	14-30	463,606			839,**888**
	26-30	164		19,20	**750**
	27,28	672		20	23,658,**839,962**
	28,29	**676**	마가복음		
	29	948	1	4-14	378
	30	413,435		12,13	543,**567**
	31	586,**629**,808,**897**		14,15	553,664,**839**
	31이하	**229**		15	478
	31,34,41	**664**		16,17	**405**
	32,33이하	230		31,41	55
	34	20,589,890		32-34	458

장	절	본서항수	장	절	본서항수
2	5,9,11,12	**137**	11	7,8	166
	19	812		10	839
	19,20	797		12-14,20-24	334
3	17	**236**		24	951
	33-35	32	12	1-9	650
4	8,20	**610**		2,4-6	505
	9,23	87		10	342
	25	676,948		10,11	915
	32	757		30,33	682
	39	**343**		40	764
	39,40	891	13	1-5	191
5	22	49		3이하	336,493
	36	891		4	532,598
6	7,30	**79**		6,7	500
	11	502,788		8	323,331
	13	779		12	543
	20	**173**		13	839
7	5	**167**		19,24	**33**
	10	**662**		22	**598**
	16	87		24	**51**
	26	34		24,25	**53,413**
	32,33	55		25,26	373
8	11,12	598		26	**24,897**
	22-26	55		28	936
	35	839		35-37	**158**
	35-37	556	14	23,24	672
	38	134,350,629		24	379
9	1	553,664		26	336,493
	1,47	839		26,27	639
	2-8	45		61	**289,520**
	3	**166**		61,62	**24,642,820**
	7	24	15	23	410
	37	618		43	553,664
	41	**8,526**	16	15	290,405,478,**839**
	42	791		17	618,839
	45	**49**		17,18,20	598
	49,50	**122**	누가복음		
10	13,16	55	1	12,13	**56**
	29,30	839		12,13,30	891
	38,39	672		13,17,19	**478**
	42,44	3		14	**507**
11	1	336,493		17,35	373

묵시록 계현 색인   163

장	절	본서항수	장	절	본서항수
1	19	366,839	5	37,38	672
	19,26-35	548	6	22,23	526
	30	56		24,25	206
	30-35	613		31	762
	31,32,35	504,520		35	526
	31,32,34,35	962		39	210
	32,34,35	294		43,44	400,934
	33	664		44	334,649
	34,35	743		47,48	915
	35	173,481		48,49	409
	35,38	618	7	14	55
	50	527		21	456,657
	53	206,323		22	478,839
	64,68	289		37,38,44,46	49
	68	281,289,613		46	779
	70	586	8	1	478,553,749,839
	72,73	474		1,10	664
	74,75	173		2,26-40	458
	78,79	306,413		8	87
2	9,10	56,891		18	948
	10,11	478,839		21	32
	11,12,16	598		23,24	343
	13,20	809		25	891
	22	417,662		41	49
	28	289		49,50	891
	30-32	483,796,954	9	1	373
	32	629		1,2	478
3	4	256		1,2,10	79
	16	378		1,37-42,49	458
	18	478		2,11,27	664
4	1-3	546		23-25	639
	18	962		24,25	556,639
	18,19	591,884		26	586,629
	25	764		28-36	45
	33-37,41	458		29	166
	43	553,664,839		30,31	897
5	2-10	405		32	158
	8-10	56,891		32,34	54
	12,13	55		34,35	24,642,820
	34,35	797		48	618,839
	36	166		54	599
	37	316		60	553,839

성경 장절 색인

장	절	본서항수	장	절	본서항수
9	62	**749**	13	35	81,**289**,**546**,618
10	2	645	14	12-14	526
	5,6	**306**		13,21,23	209
	8-11	553		13,14	618
	9,11	839		14	639
	10-12	788,502		21	**501**
	11	664,749		26,27	639
	13	492,788		35	87
	17	839	16	16	553,664,749,**839**
	19	**425**		19	**206**,814
	27	682		19-21	**725**
	33,34	316		24	**282**
	36,37	32		29,31	**662**
11	9,10	951	17	1	**416**
	16,29,30	598		2	**791**
	17,18,20	553		20,21	839
	20	**749**		28,29	502
	32	49		29,30	**452,504**
	34	**48**		33	556,639
	34-36	**413**		34	**137,922**
	39	672	18	15	55
	50	589		43	**809**
	52	62	19	11	664
12	21	206		12-19	**194**
	32	**891**		12-26	606,759
	35,36	812		12-27	101
	36	217,**218**,812		13-20	**427**
	37	3,128		13-26	463
	37,40	**158**		24-26	164,676
	53	543		26	948
13	6-9	334,**650**,**934**		29,37	336,493
	16	**591**		35,36	166
	19	757		37	**809**
	24	**176**		38	81,618,839
	25-27	**157**		41-44	880
	26	**501**	20	9-16	650
	26,27	531		12	505
	28	435		17,18	342,915
	32	458		42	**256**
	32,33	505		47	764
	33	8	21	5-7	191
	34	**245**		7	532

묵시록 계현 색인　　　　　165

장	절	본서항수	장	절	본서항수
21	8,9	500	1	1-4,14	58
	11	323,331		1,2,7-9,14,34	6
	11,25	**532,598**		1,2,14	613,686,820
	12,17	839		1-14	**200**
	20	**447**		1,4	502
	20,21,22	880		1,4,9,14	**629**
	20,24	**862**		1,12,13	20
	22	**806**		1,12,14	**584**
	24	**52**		1,14	273,294,666
	26	551		3,14	**888**
	27	373,642,820		4	200
	30,31	839		4,5	**413**
	31	553,664		4-12	**796**,954
	36	**273**		4,8,9	200
	37	**336,493**		12	81,553,618,**839**
22	17	672		12,13	17,**379,748**
	18	316,553,664,839		14	256,**897**
	20	378,395		18	222,**839**
	22	**416**		26	378
	27	3		33	378
	30	79,233,**798**		41	**520**,779
	30,31	553		45	417,**662**
	36,38	**52**		47	**624**
	39	336,493		49	**664**
	51	55	2	1-10	316
	53	**413**		6	610
	67	520		11	629
	69	642		17	216
23	28,29,30	880		16,18,19	598
	30	**339**		19-21	43
	50,51	553		19,21	**191**,882
	51	664		23	81,618,**839**
24	4	**166**		30-32	796
	27,44	**662**	3	1이하	20
	30,31	36		3-6	**535**
	36,37	12		5	**50**
	44	417		6	**748**
	47	618,**839**		7,8	**343**
	53	**809**		9,10	510
요한복음				11	23
1	1	**256**		14,15	49,**469**,775
	1,2이하,14,34	**490**		15	553

장	절	본서항수	장	절	본서항수
3	15,16	839	6	33,35,47	553
	15,16,18	839		33,51	589
	15,17,18,36	743		35	323,956
	16	60,553		38,39,40	553
	16-19	589		40	839
	17	743		40,47,48	60
	17,18	81,618		46	839
	18	525,553,584,839		47	60,743
	19	413		51-58	832
	19,21	796,954		53-56	379
	21	17		56	618,839,883
	27	566		63	200,602,748
	29	797		69	520
	34,35	962	7	13-17	884
	35	294,520553,839		18	629
	35,36	743		19,22,23	662
	36	60,553,839,874		22,23	417
4	5-20	384		37,38	50,409,553,956
	7-15	50		38	932
	13-15	956		39	962
	14	932	8	1	336,493
	25	520,779		5	417,662
	35,36	526		12	167,413,553,589
	35-38	645		14	6,490
	42	589		24	553
5	8,9	137		32-36	3
	18,19,21,25	613		34,51,58	23
	19,24,25	23		44	350,924
	21	639	9	4	922
	22,27	230,233,273		4,5	589
	24,29	525		5	796,954
	25	37,639		6,7,11,15	378
	26	58,502,613,875		39,40,41	210
	29	641	10	1,2	914
	33,34	6,490		1,9	618
	37	839		3	81
	43	618,839		3,4,16,27	37
6	9-11	884		4,5,27	621
	26,32,47,53	23		7	23
	30-33	598		7,9	176
	31-51	120		9	914,916
	33-35이하	502		28-38	613,618

묵시록 계현 색인   167

장	절	본서항수	장	절	본서항수
10	30	21,294,693,743,839	13	45,46	916
	30,38	520	14		553,618
	38	839		5-12	520
11	2	49		6	6,23,58,176,222,566
	25	58,875			618,666,839,962
	25,26	60,502,553,851		6-11	613,618,693,743
	26	743		6,19	502,873
	27	520		7	839
12	3	49		7-9,11	21
	12,13	367		8,9	839
	13	618,664		8-11	294,962
	14,15	612		10,11	21
	19	589		10,11,20	839
	20	34		13,14	376,584,613,618
	24	23,639			839
	25	556,639		18,20,28	962
	26	128		19	58
	28	81,193,584,839		20	222,520,618,839,883
	28,29	236		20-23	621
	28-30	472		20-24	556,883,949
	34-36	666		21-24	218,533,903,933,
	35,36	796			937
	35,36,46	954		21,23	54
	35,46	167,413		26	173,962
	36	890		27	306,640
	36,46	553	15		553,618
	40	48,210		2-8	934
	41	629		4,5	54,294,463,883
	44,45	962		4,5,6	97,520,839,933
	45	613,618,693,839		4,5seq	949
	46	796		5	222,613
	46,47	589		5,6	618,650
	47,48	233,874		5,7	951
	48	647		7	376,586,883
13	3	613,618,693,738,743		16	618,934
	4,5	671		26	6,490,743,819,962
	5-10	378	16	2,3	325
	9,10	510		7	962
	10	49		8,10	668
	13	32		13,14	613
	16,20,21	23		13-15	6,173,819
	23	879		14,15	962

장	절	본서항수
16	15	613,618,693,743,839
	23-27	376
	23,24,26,27	618
	24	589
	33	306,640
17		553,618
	2	294,520,839,888
	2,3	693
	2,3,10	613,618,738,743
	2,10	553
	6	618
	6,26	584
	10	520,839
	17,19	173
	17,19,21,23	222
	17,19,23	586
	19	23
	19,21-23,26	839
	19-22,26	883,949
	19,23	839
	20-24	284
	19,21,23,26	618
	23	520
	24	589,629
18	11	672
	20	589
	37	664
	37,38	20
19	23,24	45,166
	34	26
20	17	32
	19-21	12
	21,22	343
	22	962
	31	81,520,618,839
21	2-13	405
	5	890
	15-17	383,505
	18-23	17
	18,25	23
	20	879
	22,23	17

장	절	본서항수
사도행전		
1	9,11	642,820
17	28	31
로마서		
2	5,6	868
	6	417,641
	13	417,828
3	8-10	571
	27-31	417
	28	417,571,750
13	8-10	356,417
	8-11	571
고린도 전서		
5	10	417,641,868
갈라디아서		
2	14-16	417
5	24	639
골로새서		
2	9	294
야고보서		
1	22	828
2	17-26	417
	17,20	828
5	14,15	로마가톨릭 교리 vii
묵시록서		
1		36
	2	846
	4	10,737,808
	4,8,11,17	92
	5	490
	6	664,720,854
	7	642,820
	8,11,17	522
	9	593
	10	36,945
	10-13	29
	11	42
	11,13	13
	13	10,737
	14	468
	15	614,775

묵시록 계현 색인

장	절	본서항수	장	절	본서항수
1	16,20	10	4	2-6,9	808
	17	13,42		4	166
	17,18	29,589		5	10,468,737
	18	269,321,474,870		6	275
2	1	43,70,167,737		6,8	48
	1,2,4,9	72		8	522,811
	2,3	640		9,10	60,474
	2,3,19	593	5		36,322
	2,9,13,19,26	641		1	10,737
	7	71,88		1,7	469
	8	13,29,42,70,468,522,		5	241
		808		6	368,737
	10,11	71		6,9	589
	11	88,858		8	661
	12	70		8-13	275
	13	694		9	483
	16	72		10	20,664,720,854
	17	71,88		13	238,260,808
	18	70,468		14	60,279,474
	19,22,23	72	6		36,944
	23	641		1	236,469,737
	26	88		4	52
	26,28	71		8	870
	28	420		9	392
3	1	70,737		9-11	846
	1,2	525		11	166
	1,2,3	72		12	53,312,379
	1-3,7,8,14,15,19	641		13	51
	4	81		16	343,808
	5	88	7		36,944
	7	62,70		1	322,398
	10	593		1-3	238
	12	71,81,88		3	398
	14	23,70,490		5	134
	15,16	403		9-11	808
	15,19	72		9,13,14	166
	18	913		12	53
	20	463		17	368,808,932
	21	14,20,71,88,808	8		36,944
4		36,322		1	322
	1	260,661		2	10,737
	2	36,236,260		3-5	278

장	절	본서항수	장	절	본서항수
8	4	674	12	4	51,711
	5	236		4,5,7-9,13-17	884
	7-9	290		4,15,17	603
	8,9	238		5	148
	12	53		6	491,562
9		36,944		7,11	379
	1	51,62		9	562
	1-12	500		10	839
	2	53		11	846
	5,10,15	935		11,17	490
	13	322		12	238,721
	17	945		15	409
	19	437		17	500,524,707,846
	20	657		18	238
10		36,944	13		36,518,944
	1	49,53		1	101,238,270,540,884
	2,8	238		1,3	538
	2,5,8	398		1-10	834
	3	241		1,11	398
	3,4	236,737		2	694
	6	60		5	489,575,935
	7	473		5,6	574
	9,10	411		7	500,707
11		36,473,944		8	256
	1	191,392,904		11-18	834
	2	935		12-17	834
	5	839		13,14	721
	6	456,657		13-15	594
	7	586		16	347
	7-9	603	14		518,878,944
	8	350,652,711,880		1	347
	9,11	562		1-7	955
	10	721		1,3,4	348
	15	473,476,839		2	50,236,276,472,661
	15-17	469,478		6	245,478,721
	17	811		7	238,398,527
	18	8,340		8	134,721
	19	191,236,331,399		8,10	316
12		36,434,473,518,944		9	347
	1	53,348		9,10	452
	3	10,101,270,305		9-11	601
	3,4	437		10	672

묵시록 계현 색인   171

장	절	본서항수	장	절	본서항수
15	11,12	593	17	3,7,9	538
	14	24		3,7,12	101
		36,518,878,944		4	672,770
	1,6	456		5	347,719
	1,6,7	737		8	256,589
	2	238		8-17	723,745
	3	173,811		9	336
	4	173,586,743,839		9,10,11	720
	5,6	692,895		9-17	740
	5,6,8	191		12	720
	6	10		14	664,830
	6,7	895		18	36,801
16		36,473,518,944	18		로마 가톨릭 교리
	1	10			36,631,944
	2,3	398		2	458
	3	238		3	20,134,316,721
	3,4	379,811		3,9	720
	3,7,12	270		6	672
	7	392		8	256,657
	7,14	811		9,10	20
	8,9	382		11,12	727
	10,13	814		12	725
	12	20,444		12,16	814
	12-16	716		16,17	725
	13	594		17,19	406
	13-16	603,884		17,19,21	238
	14	20,379,500,551,598		18	456
	15	164,213		20	8,79,586,761
	16	839		22	276
	17	191		23	462
	18	331		24	325,379
	19	194,316	19		로마 가톨릭 교리
	20	336			36,614,626,944
	21	399,456,657		1-9	761,955
17		로마 가톨릭 교리		2	134
		36,631,518,944		6	236,614
	1	895		7	523
	1,2	134,316		7-9	960
	2	20		7,9	서문, 71,797,950
	2,9,14	20		8	173,773
	3	571,945		9	20
	3-5	540		10	325,490,846,946

성경 장절 색인

장	절	본서항수	장	절	본서항수
19	11,13,14,16	298	21	1,2	486,547
	12	468		1,2,5	서문
	12,13	540		2	797,813
	13	299		2,9	612
	13,14	814		2,9,10	955,960
	13이하	821		2,10	586
	13,16	166,664		3	585,926
	14	166,299,447,814		5	196
	15	148,652,811		6	13,50,384,932,956
	15,21	52		8	452,835,853
	17	36,757		8,9	196
	17,18	298		9	10,797
	18	720		9,10	서문,523,797,813
	19	20		10	36,944
	19,20	603		11,18-21	231
	20	452,594,598,601		12,13,25	176
20		329,518,547,626,944		14	79
	1	62		15,17	486
	1,2,10	559		16	861
	2,3	562		17	243,313,960
	2,9,10	960		18	897
	4	229,233,347,490,601		17-20	540
	4,5	878,884,955		21	501,727
	4,6	284		22	191,811,882,926
	5	525		23	796,897,940
	5,12,13	639		23,24	43,629
	8	342		24	20
	8,9	473,655		24,26	249
	8-10	603		25	940
	9	599		27	256
	9,10	718	22		36,348,473,547,626,944
	10	452,473,594,835		1	50,409
	11	877,939		1,2	489
	12	525		1,3	808
	12,13	641		2	501
	12,15	256		4	347,612
	13	238		5	43,284,796
	14	835		6	586
	15	835		10	서문
	24	20		11	173
21		36,348,473,547,559,626		12	526,641
	1	330,548,617,659,944		12,13	13

묵시록 계현 색인

장	절	본서항수	장	절	본서항수
22	14	899	22	17	50,612,932
	15	462		20	953,957,960
	16	151,420		21	961
	16,17	522,957			

용어들

ㄱ

가금・새(家禽・fowl・bird)
짐승들・새들・물고기들은, 좋은 뜻이든 나쁜 뜻이든, 정동들・지각들・생각들을 뜻한다/405・831항(짐승・물고기 참조). 새들은 이해나 생각에 관계되는 것들을 뜻하고, 그 양쪽의 뜻에서 그것에서 비롯된 날조된 것들에 관계되는 것들을 뜻한다/757항. 새들은 지옥에서 비롯된 거짓들을 뜻하고, 그리고 또한 이런 것들 가운데 빠져 있는 지옥적인 귀신들을 뜻한다/837항.

가깝다・가까이・가까움(at-hand・near・nearness)
가깝다・가까움은 상태에 속한 가까움을 뜻하고, 그리고 그것은 필연적인 것을 뜻한다/947항(멀리 떨어져 있다 참조).

가깝다・가까움(near・nearness)
때가 가깝다(22 : 10)는 말 참조.

가난・가난한 사람(貧者・poor)
가난한 사람(貧者)은 진리들 안에 있지 않는 자들을 뜻하고, 빈궁한 사람(the needy)은 선들 안에 있지 않는 자들을 뜻한다/95항. 불쌍하고, 가난한 것(3 : 17)은 진리에 속한 지식이나 선에 속한 지식들이 없는 자들을 뜻한다/209항.

가브리엘(Gabriel)
천사 가브리엘은 천계에 속한 사회들을 뜻하는데, 거기에서는 여호와께서 이 세상에 강림하셨다는 것과 그분의 인성(His Human)이 하나님의 아들이다는 것을 가르쳐진다/548・564・707항(천사 참조).

가슴(胸部・breast)
젖꼭지 참조.

가슴받이(=가슴막이・breast-plate)
무기들 참조.

가증한 것(=역겨운 것・혐오・abomination)
십성언의 둘째 돌판에 나열된 악들이 가증한 것들이라고 불리운다/891항.

간음(姦淫・음행・adultery)
간음이나 음행을 범한다는 말은 성언에 속한 선들이나 진리들을 섞음질하고, 위화하는 것을 뜻한다/134항. 그 이유는 성경이나 성경에 속한 모든 것 안에는 주님과 교회의 혼인, 그리고 교회를 이루는 선과 진리의 혼인이 존재하기 때문이다 ; 그리고 그것에 관한 것들/134・359・380・812・816・881・955항(혼인과 신랑 참조). 바빌론의 큰 창녀는 성언에 속한 섞음질과 모독을 뜻한다/719항(교황추종자들 참조).

간지(奸智・guile)

사기(詐欺) 참조.

갈라진 틈(cleft)
바위 참조.

감관적인 사람(sensual man)
감관적인 사람이라고 불리우는 이런 사람들의 본성이나 성품이 어떤 것인지 ; 그리고 사람의 마음에 속한 궁극적인 것들 안에 있는 것들의 본성이나 성질이 ≪천계비의≫에서 인용, 설명되었다/424·430항. 감관적인 사람이나 감관적인 것들이 상세하게 기술되었다/455항. 메뚜기들(9 : 3)이 이런 자들을 뜻한다/424·430항.

감금(監禁·custody)
구속이나 포로 참조.

감옥(監獄·prison)
포로·구속 참조.

갑절·갑절로 하다(double·to double)
이 말은 양과 질(量·質)에 일치하여 행하는 것을 뜻한다/762항.

갓·갓 지파(Gad)
갓 지파(7 : 5)는 최고의 뜻으로는 전능(全能)을 뜻하고, 영적인 뜻으로는 삶에 속한 선이나 선용(善用)을 뜻하고, 자연적인 뜻으로는 일들(works)을 뜻한다/352항.

강과 홍수(江·洪水·river and flood)
강은 풍부한 상태의 진리들을 뜻하고, 그리고 풍부한 상태의 거짓들을 뜻한다/409·563·683항. 큰 강 유프라테스는 유프라테스를 참조. 생명수의 강(22 : 1)은 주님에게서 비롯된 신령진리를 뜻한다/932항.

개(dog)
개들(22 : 15)은 관능적인 식욕을 뜻하고, 대체적으로는 먹고, 마시는 쾌락을 뜻한다/952항.

개구리(frog)
개구리들(16 : 13)은, 그것들이 시끄럽게 울고, 욕구들에 대한 열망을 가지고 있기 때문에, 온갖 탐욕들에게서 비롯된 추론을 뜻한다/702항.

개혁(改革·바로잡음·개혁교회·reformation·the reformed)
하나님·주님·그리스도·믿음에 의한 칭의·선행들·율법과 복음·회개와 고백·원죄·세례·성만찬·교회에 관한 개혁·교회의 교리들은 저자 서문의 그들의 교리 해설을 참조. 묵시록서는 7장부터 16장까지는 포괄적으로 개혁교회(the Reformed church)에 관해서 다루고 있고, 교황주의자들에 관해서는 17장부터 18장에서 다루고 있다/387·388항. 개혁교회에 관한 예언들은, 그들이 로마 가톨릭 종교의 종지에서 분리될 것이다는 것과 그들은 성언을 시인할 것이고, 그들의 교회는 그것으로부터 그리고 그것에 일치할 것이다는 것 등등이다/746-750항. 개혁교회는 로마 가톨릭의 종교적인 종지에서 비롯된 몇몇을 지키고 있다는 것의 설명/751·801항. 오늘날의 개혁교회에 관한 수많은 내용들은 믿음을 참조 ; 개혁교회 교도들은 영계에서 중앙이나 중간 영역을 형성한다/631항.

사람을 개혁하고(=바로잡음) 중생하는 것(=거듭남)은 오직 주님에 속한 것이다 ; 그것은 신령역사(神靈役事)이기 때문이고, 그리고 무소부재·무소부지·무소불능에 속한 것이기 때문이다/798항. 자기 자신에게서 비롯된 것처럼 그 사람은 자기 자신을 개혁시키고, 중생시킬 수 있지만, 그러나 그것도 역시 주님에게서 비롯되는 것이다/224항. 사람을 중생시키는 데에는 주님의 내면적인 역사들이 헤아릴 수 없이 많지만, 그럼에도 불구하고 그것들은, 사람이 그런 것 안에서 주님과 결합하게 될, 가장 외적인 것들(the out mosts)을 위한 것이다/463항. 사람은 중생하는데, 처음에도 그의 속사람의 측면에서 중생한다 ; 속사람은, 원하고 사랑하는 것, 그리고 그것으로 말미암은 이해하고, 아는 것을 제외하면, 단순히 알고, 이해하는 것에 의하여 중생될 수 없다/510항. 사람은 진리들에 의하여, 그리고 그것들에 일치하는 삶에 의하여 개혁된다/815·832항. 진리들에 일치하는 삶을 살지 않는 자들이 가지고 있는 진리들은 계속해서 소멸할 것이다/85항. 개혁된 사람은 처음에는 교리에 속한 진리들을 주시하지만, 뒤에는 삶에 속한 선들을 주시한다 ; 그리고 그 사람이 교리에 속한 진리들을 주시할 때 그는 설익은 열매와 같지만, 그 뒤 그가 삶에 속한 선들을 주시하기 때문에 그는 완숙한 열매와 같다 ; 그의 처음의 상태를 개혁의 상태라고 부르고, 그 뒤의 후자의 상태를 중생의 상태라고 부른다/84항. 사람의 상태는 그것에 의하여 바뀐다/84항.

거둬들이다(reap)
추수 참조.

거리(=넓은 거리·street)
넓은 거리들(11 : 8)은 교리에 속한 진리들이나, 교리에 속한 거짓들을 뜻한다/501항.

거룩하다(holy)
로마 가톨릭 교회의 성인들에 관해서는 저자의 서문 로마 가톨릭 교리 Ⅷ항 참조. 그들은 그들이 성인들이고, 그리고 신의 가호를 빈다고 믿을 때 판단력을 잃게 된다는 것에 관하여/752항. 주님만이 홀로 거룩하시다/173·247·796·962항. 그 이유는 주님께서 성언이시고, 신령진리이시고, 빛이시기 때문이다/173·790항. 그러므로 주님만이 홀로 예배 받으셔야 한다/247항. 성령(=거룩한 영)은 신령진리이다 ; 그분의 신령발출이 거룩한 영이다 ; 본질적으로 진리를 가리키는 모든 진리는 주님으로 말미암아 존재하기 때문에 그것은 거룩하다고 불리운 그 진리를 가리킨다/173항. 거룩한 영은, 그것 자체에 의하여 한 인격도 아니고, 한 하나님도 아니다는 설명/962항. 거룩하다는 것은 주님에게서 비롯된 진리들에 관해서 언급한다/173항. 거룩하다는 말은 진리에 관해서, 참되다는 말은 선에 관해서 언급한다/173항. 그들이 주님에게서 비롯된 신령진리들 안에 있고, 그리고 그것들에 일치하는 삶을 살 때 성인들이다고 불리운다/586항. 예언자들이나 사도들도 성경에서 거룩하다고 불리웠는데, 그것은 그들이 주님에 속한 거룩한 것들을 표징하기 때문이다/790항.

거문고·수금(harp)
영적인 선들과 진리들로 말미암은 주님에 속한 고백이나 찬양을 뜻한다/276·616항. 거문고 소리나, 일반적인 현악기

소리는 영적인 정동들에 대응한다/792항 (음악 참조). 천사들은 거문고를 연주하지 않지만, 그들의 말이나 고백은 그와 같이 들린다/276·616·661항.

거북이(turtle)
영계에서 보여진 거북들에 관하여 ; 그들이 누구이고, 그들의 본성이나 성품에 관하여/463항.

거주한다(居住·to dwell)
선에 관해서 언급한다/380항. 거주한다, 동거한다는 말은 사랑에서 비롯된 결합을 뜻한다/883항. 그들과 함께 산다는 주님의 말씀은, 주님께서 그들 안에 계신다는 것을, 그리고 그들이 주님 안에 있다는 것을, 결과적으로는 결합을 뜻한다/883항.

거짓말·거짓(falsity)
온갖 거짓말이나 거짓들은 흑암이나 짙은 암흑들이 가리킨다/110항. 그것에는 거짓에 속한 악과 악에 속한 거짓이 있다/379·382항. 악에서 비롯된 거짓과 악에서 온 것이 아닌 거짓이 있는데, 악에서 온 것이 아닌 거짓은 주님 앞에 진리처럼 나타나지만, 그러나 여러 가지 다른 색깔들 하에 나타난다/625항. 선과 거짓이 함께 한다는 것에 관하여/97항. 거짓에 속한 확증의 빛과 그것의 성질에 관하여/566·695항(확증 참조).

거짓말·거짓말쟁이(lie·liar)
거짓말은 교리에 속한 거짓을 뜻하고, 거짓을 말하는 것을 뜻한다. 그리고 사기는 날조에서 비롯된 양자를 뜻한다/624·924항. 거짓말쟁이(2 : 2)는 거짓말과 꼭 같은 뜻을 뜻한다/79항.

거짓 예언자(false prophet)
예언자 참조.

건물(=건축물·building)
건축물이나 그것의 구조는 그것이 관계하고 있는 모든 주제를 뜻하는데, 그 이유는 그것에 속한 모든 것은 그 건축물 안에 있기 때문이다/911항.

걷는다(to walk)
걷는다(3 : 4)는 말은 사는 것을 뜻하고, 주님에 관해서 언급될 경우 주님으로 말미암아 사는 것을 뜻한다/167항.

검은 색·검음(黑色·black·blackness)
두 종류가 있는데, 하나는 흰 색에 정반대되는 것과 붉은 색에 정반대가 되는 것이 있는데, 전자는 성언에 속한 진리들을 위화하는 자들에게 있고, 후자는 성언에 속한 선들을 섞음질하는 자들에게 있다/231항. 그것의 설명/ 312항. 검음은 무지(無知)를 뜻한다/915항.

겉옷(vesture)
옷 참조.

결혼(=혼인·結婚·결합·marriage)
성경에서는 주님과 교회의 결합을 혼인(=결혼)이라고 부른다/359·380항. 그 이유는 주님께서 신랑 또는 남편이라고 불리웠고, 교회는 신부 또는 아내라고 불리웠기 때문이다/797·813항. 그러므로 성경에서 그것은 결혼 또는 혼인(婚姻)이라고 하였다/812항. 교회에 속한 혼인은 주님의 신령인성과의 결합을 가리킨다/812항. 주님의 신령인성의 측면에서 주님에게 가까이 나아갈 때 거기에 완전한 혼인이 존재한다/812항. 성언은 결합에 속한 수단들을 가리키고, 또한 주님과 교회의 혼인에 속한 방법들이다 /881항. 주님과 교회의 결합(=혼인)은 역시 선과 진리의 혼인이다/359・380항. 주님께서는 사랑에 속한 선들로 말미암아 천사들이나 사람들이 가지고 있는 진리들 안에 입류에 의하여 유입시키고, 들어오신다 ; 따라서 그것들을 그분 자신에게 진리를 결합시키신다/359・380항. 선은 자기 자신에게 진리를 결합시키고, 특히 천적인 선은 자기 자신에게 진리를 결합시킨다 ; 그것에 관한 설명 /121항. 정동과 그것에서 비롯된 선과 진리의 결합에 속한 열망이 비유들에 의하여 기술되었다/122・130항. 선과 진리의 혼인(=결합)은 사랑과 지혜의 혼인이고, 인애와 믿음의 혼인이다/97・875항. 선은 한 사물의 존재(=본질)이고, 진리는 그것에서 비롯된 실재(=외현)이다/97항. 선은, 그것에 의하여 존재하는 진리들에 속한 본성과 일치한다/97항(선과 진리 참조). 진리들이 결여된 선이 기술되었다 /122・130항. 거기에 거짓들이 있다면 거기에는 결코 선은 존재하지 않으며, 다만 선이 있다면 사이비적인 선이나, 공로주의적인 선이나, 위선적인 선이 있을 뿐이다 ; 그것의 예들/97항. 성언의 모든 개별적인 것들 안에는 선과 진리의 혼인이 있고, 그리고 거기에는 선에 관계되는 낱말들이 있고, 진리에 관계되는 낱말들이 있다/373・483・689항(성언 참조).

경배(敬拜・경배한다・adore)

경배한다는 것은 거룩한 것으로, 신성한 것으로 시인하는 것을 뜻한다/579・580 ・588・630항.

계도(=등차・階度・degree)

무한하신 주님 안에는 사랑과 지혜에 속한 세 계도와 선과 진리에 속한 세 계도가 있다 ; 그것들은 천적・영적・자연적 계도라고 불리우고, 그것으로 인하여 천계에도 세 계도가 있고, 또한 사람 안에도 창조 때부터 세 계도가 있다/49항. 그것의 설명/774항. 주님의 교회는 이들 세 계도로 분별된다/774항(교회 참조).

계시(啓示・revelation)

묵시록서 참조.

고가(高價・값진 것・costliness)

교회에 속한 거룩한 것들을 뜻한다/ 789항.

고관들(great men)

고관들(6 : 15)은 선 안에 있는 자들을 뜻하고, 나쁜 뜻으로는 악 안에 있는 자들을 뜻한다/337항.

고백(告白・confession)

개혁교회들 가운데 있는 회개와 고백에 관한 것은 이미 설명한 그들의 교리 요약 V항을 참조.

곡(Gog)

곡과 마곡(20 : 8)은 외적 자연적인 예배 안에 있고, 내적 영적인 예배 안에 있지 않는 자들을 뜻한다/859・860・862・863항.

곧・속히(shortly・quickly)

곧이나 속히(1 : 1 ; 22 : 6)라는 낱말은 확실하다는 것을 뜻한다/4・943・947・949항. 가까웠다나 이르렀다(1 : 3)는 말은 상태의 가까움을 뜻하지, 시간의 가까움을 뜻하지 않는다/9・947항(멀다 참조).

골목길(lane)
도로(=거리·street) 참조.

곰(bear)
곰들은 성경을 읽지만, 그것을 이해하지 못하는 자들을 뜻한다 ; 그것으로 인하여 그들은 오류들 가운데 사로잡혀 있다/573항. 영계에서는 해로운 곰들도 보이고, 해롭지 않은 곰들도 보인다/573항.

공로(功勞·merit)
주님만이 홀로 정의이시고, 그분께서 홀로 공덕(=공로)이시다/86항. 첫째 자리에 믿음을 두는 자들은 선행들에서 공로를 주장하지만, 첫째 자리에 인애를 두는 자들은 그렇지가 않다/86항. 주님에게서 비롯된 선이나 진리는 사람에게 전유(專有)되지 않지만, 그러나 그것들은 변함없이 주님에게 속한 것이다/854항. 주님의 신성은 사람의 고유속성(=자아)과 결합되지 않지만, 그러나 그것은 주님에 의하여 명확하게 분리된다는 것, 그리고 그 신성은 변함없이 주님의 것으로 남고, 그리고 결코 사람의 것이 될 수 없다/758항. 바빌로니아 사람들은 주님의 공로나 의를 자신의 탓으로 돌린다/758항.

공중(空中·air)
공중은 지각이나 사상에 속한 것, 또는 믿음에 속한 것, 또는 인애에서 분리된 믿음 안에 있는 자들의 일반적인 성품을 뜻하고(16 : 17), 호흡이 이해에 대응하므로, 공중은 지각·사상 그리고 믿음에 대응한다/708항.

과부(寡婦·widow)
과부(18 : 7)는 보호 밖에 있는 자들을 뜻하는데, 그 이유는, 진리들이 없지만, 그럼에도 불구하고 그들이 그것들을 열망하기 때문이다/764항.

과학·학문(科學·學問·science)
사람에게는 매우 다종다양한 과학적인 것들이 있다/775항(총명 참조).

광야(廣野·wilderness)
광야(12 : 6)는 위화된 성언에 속한 모든 진리들이 있는 교회를 뜻한다/546항. 거기에는 어떤 진리도 있지 않는 교회를 뜻하는데, 그 이유는, 성언을 가지고 있지 않기 때문이다/546항. 광야는 사람이 진리들 밖에 있는 시험의 상태를 뜻한다/546항.

광영(=영광·榮光·gloria)
광영(=영광)은 신령진리에 관해서 언급하고, 존귀는 신령선에 관해서 언급한다/249·921·923항. 광영(4 : 9)이 신령진리에 관해서 언급하고, 그리고 그것은 신령진리를 뜻한다/629항. 역시 이 낱말은 신령지혜에 관해서, 그리고 신령통치권(神靈統治權)을 뜻한다/22항. 천사들은 신령진리들 안에 있는 것에 비례하여 광영의 찬란함 가운데 있다/629항. 주님의 광영은 성언의 신령한 빛 가운데 있는 성언을 뜻한다/897항. 광영과 존귀를 주님에게 드린다(4 : 9)는 말은 모든 진리와 모든 선을 그분의 것으로 돌린다는 것을 뜻한다/249항. 주님에게 광영을 드린다는 말은, 모든 신령진리가 주님으로 말미암아 존재한다는 것을 시인하고, 고백하는 것을 뜻한다/629항. 자만에서 비롯된 광영은 자기사랑(自我愛)에 빠져 있는 자들 안에 있고, 자만에서 생겨나지 않은 광영은 선용에 속한 사랑 안에 있는 자들 안에 있다 ; 후자적인 광영은 영적인 빛에서 오고, 전자적인 광영은 철저한 자연적인 빛에서 비롯된다/940

항.

교리(敎理 · doctrine)
예배는 교리에 일치한다/777 · 778항.

교역한다(=사고 판다 · to trade)
교역한다 · 장사한다는 말은 성언으로부터 선과 진리의 지식들을 터득하는 것을 뜻한다/606 · 759항(산다는 말 참조). 나쁜 뜻으로 그것은 거짓이나 악에 속한 지식들을 터득하는 것을 뜻하고, 그리고 그것들에 의하여 재물을 취득하는 것을 뜻한다/759 · 771항. 바빌론의 상품은 섞음질되고, 더럽혀진 성언의 거룩한 것들을 뜻한다/772항. 이런 것들에 의하여 그들은 교역하였고, 부(富)를 취득하였다/772 · 783 · 784항. 심지어 성직 품계에서 높은 자리에 있는 자들은 그런 부류의 인물이다/799항.

교활(狡猾 · cunning)
사기 · 속임 참조.

교황(敎皇 · Pope)
교황주의자들 참조.

교황 섹스 퀸토스(Pope Sextus Quintus)
주님 · 성언 · 교황제도 · 로마의 성인들 · 수도원들에 있는 재물들에 관한 그와의 대화/752항.

교황주의자들(敎皇主義者 · papists)
세례(=영세) · 성체(성만찬) · 미사 · 회개 · 칭의 · 연옥 · 일곱 성사 · 거룩한 것들 · 능력에 관한 교황주의자들(=로마 가톨릭 교회)의 교리들은 그들의 교리들에 관한 저자의 서문 참조. 바벨에 관한 이 사야서 · 예레미야서 · 다니엘서에서 발췌한 장절들/717항. 큰 도시 바빌론(14 : 8)은 로마 가톨릭 종교의 종지를 뜻한다/631항. 그들 가운데에는 교회는 존재하지 않고, 다만 종교적인 종지만 존재하는데, 그 이유는, 그들이 주님에게 가까이 나아가지 않고, 그리고 성경말씀을 읽지 않기 때문이고, 그리고 그들은 죽은 사람(死者)에게 간구하기 때문이다/718항. 이와 같은 종교적인 종지는 외적인 것들에게서는 거룩하고 찬란하지만, 내적인 것들에게서는 매우 모독스럽고, 가증하다/731항. 외적인 것들을 통해서 그들은, 보통 사람들이 다른 것을 믿을 수 없을 만큼, 이 종지가 가장 뛰어난 것으로 믿었다 ; 그럼에도 불구하고 그 때 그것의 목적은 통치욕 때문이고, 이 세상에 있는 모든 것들의 소유욕 때문이다/787항. 그 종교적인 종지에 속한 자들은 내적인 정동들이 결여된 외적인 정동들 안에 있고, 그리고 그것으로 인하여 그들은 산 사람이나 죽은 사람의 예배 안에 있다/792항. 주님의 신령한 것들을 뛰어 넘었고, 따라서 교회에 속한 거룩한 것들을 다스리려고 하는 지배욕에 속한 실천적인 욕망(=애욕)은 악마적이다는 것, 그러므로 그들은 성언에 속한 모든 진리들이나 선들을 다종다양한 방법으로 모독하였다/802항. 바벨은 거룩한 것의 모독을 뜻하고, 그리고 전 성언의 섞음질과 위화를 뜻한다/717 · 729 · 802항. 그들은 그런 것들을 모독한다/723 · 728 · 781 · 802항. 바벨은 온갖 더러운 영의 소굴과 더럽고 가증한 온갖 새들의 집(18 : 2)이라고 불리웠다. 그 이유는 거기에 극악무도한 악들이나 거짓들이 있기 때문이다/757항. 그들은 혐오적인 기교들이나, 책동들에 의하여 사람들을 주님의 거룩한 예배에서부터 따돌리고, 결과적으로는 신령예배에서 사람들을 떼어 놓았다/800항. 그들의 교리적인 어떤 것들이 열거되었는데, 그것들은 혐오스러운 것들인데, 다시 말하면 성체(=성만찬), 죽은 자의 신령기원, 미사, 주님의 신령권위의 양도, 성경읽기의 금지 등등에 관한 것이다/753 · 795항. 그들의 예배에 관계되는 것들/777 · 778 · 780항. 그들은 그들의 통치권을 세속적인 것들을 다스리는 것에까지 영역을 넓혔고, 그들은 따라서 판사들을 뛰어넘고, 심지어 최고의 통치자까지 뛰어넘어 계속해서 절대군주에까지 넓혔다/799항. 교황의 대리권은 날조된 것이고, 허구이다/752 · 802항.

그들은, 하나의 수단들로서 사람들의 영혼을 지배하는 통치에 의하여, 끝없는 재물을 축적하였다. 그리고 앞서의 수세기 동안 그들은 그들이 긁어모은 막강한 재물의 축적된 힘을 향유하였다/752 · 759항. 동일한 통치권이 여전히 그들의 마음을 사로잡았지만, 그러나 오늘날에는 그것은 억제되고 있다/759항. 그들은 모독된 성언의 거룩한 것들에 의하여 부자가 되었다/772항. 재물의 취득에 관계되는 다종다양한 수단들이 열거되었다/784항. 성직 품계에서 보다 높은 자리에 있는 자들은 부정한 재물을 취득하였는데, 그런 것들에 관하여/799항. 평신도들도 값진 것들을 긁어모았고, 그리고 그들이 영생에 속한 것들이라고 말하는 그런 것들을 사들였다/786 · 789항. 긁어모으고, 사들인 자들이 선장들(18 : 17), 그리고 배에 고용된 사람(=선객)이나 선원들이 뜻하는 자들이다/786항.

그들은 거룩한 것으로 성언을 시인하고, 그리고 성언을 거룩한 것으로 존경한다. 그 이유는 성경이 주님에 관해서 언급하고 있기 때문이고, 그리고 그것들이 자신들에게 전입될 천계와 교회를 다스리는 주님의 능력에 관해서 다루고 있기 때문이고, 그리고 후계자가 그들이라고 말하는 베드로에게 준 열쇠들을 다루고 있기 때문이다. 그러나 그들은, 이와 같은 거룩한 시인을 속에서가 아니고, 겉으로만 성언을 숭배한다/725 · 733 · 739항. 그들은 천지(天地)에 있는 모든 능력이 주님에게 속한 것이다는 이런 신령진리를 부인하지 않았다. 그러나 그들은, 주님의 권세를 자신들에게 양도하는 짓으로, 그것을 모독하였다/738항. 그들은 주님의 인성이 신령하다는 사실을 보았지만, 닫혀진 그들의 눈으로 보았다. 그러나 그들은 그것을 시인하지 않는데, 그 이유는 주님에게 속한 모든 것들을 자신들에게 귀속시켰기 때문이다/738항. 처음에는 그들은 성경을 거룩하게 여겼지만, 그러나 그들은 계속해서 불순하게 혼합하였고, 종국에는 그것을 모독하였다/737항. 그들은, 성언의 진리들을 통치에 적용하는 짓을 통해서 그 진리들을 불순하게 만들었고, 그리고 신령권위를 자신들에게 적용하고, 그리고 자신의 것으로 여기는 짓을 통해서 성경을 모독하였다/719 · 781항. 그들은 평신도들이 성경을 읽는 것에 대해서 자주 깊이 생각하였지만, 그러나 그것을 거부하였다/733 · 734항. 그들은 다종다양한 방법들이나 핑계들에 의하여 성경 읽는 것을 금하였다/733 · 734항. 그들의 섞음질이나 모독들이 겉으로 드러나지 않게 하기 위하여 평신도나 보통 사람의 손에서 성경을 빼앗았다/739항. 마음 속에서 그들은 성경을 모독하고, 그것을 증오하였다/733 · 735항. 그들은 어떤 진리도 가지고 있지 않았고, 또한 결과적으로는 어떤 선도 가지지 못하였다/765 · 766 · 780항. 그들은 결코 진리의 지각을 가지지 못하였는데, 그 이유는 그들은 주님에게 가까이 나아가지 않았고, 또한 성경을 읽지 않았기 때문이다/796항. 그들은 진리나 선에 속한 영적인 정동을 가지지 않았다/792항. 그들에게는 영적인 진리에 관한 탐구나 연구 또는 확증 따위는 전혀 남아 있지 않는다/794항. 그들은 영적인 진리의 이해 또한 가지고 있지 않는다/793항. 그들은 영적인 선과 진리의 결합을 가지고 있지 않았는데, 그 이유는 그들이 주님과의 결합을 가지고 있지 않았고, 오히려 산 사람이나 죽은 사람과의 결합을 가지고 있었기 때문이다/797·798항. 매고, 푸는 능력이나. 천계를 열고 닫는 능력은 신령능력이며, 사람에게 주어지는 것은 아니다/798항. 성경에서 베드로에게 주님께서 하신 말씀이 무엇인지, 그리고 그 열쇠에 관해서 말씀하신 것이 무엇인지 베드로는 이해하지 못하였지만, 그러나 베드로는 그 때 주님께서 자신의 교회를 세우실 반석이 그 진리를 뜻한다는 것을 고백하였다/768·798항. 만약에 그렇지 않았다면 그들은, 주님께서 제자들에게 하신 말씀에 따라서 그들의 전부가 보좌에 앉는다는 것과 그리고 이스라엘의 열두 지파를 심판할 것이다는 모든 능력을 그들에게 줄 것을 요구하였을 것이다/798항. 그들은 다종다양한 것들에 의하여 자기 자신들을 위해 철저하게 철옹성을 쌓았을 것이다. 그 방법들은, 예를 들면, 종교재판, 연옥에 관한 협박이나 공갈, 수많은 수도원들이나 승려의 무리들, 재물의 축적, 더욱이 성경읽기의 금지, 외적인 거룩함에 의하여 결과적으로는 미사에 의하여, 보통 사람들 가운데 있는 죽은 사람의 예배에 의하여, 그리고 다양하고 찬란한 전시물들이나 쾌락들에 의한 것 등등이 있다/770항. 그럼에도 불구하고 그들은 파멸될 것이다/770항.

불란서 왕국에 있는 자들은 로마 가톨릭 종교의 종지와 결합하지 않았다/740-744항. 그 종교적 종지는 여러 나라에서 꼭 같이 촉진, 장려된 것은 아니다/740·745항. 그 종교적 종지를 촉진, 장려한 사람들은 크게 두 종류가 있는데, 하나는, 그들이 거기에서 태어나고 성장하였지만, 그러나 그럼에도 불구하고 하나님에게 가까이 나아가지 않고, 성언을 거룩하다고 여기기 때문에, 그것을 시인하는 부류이고, 다른 하나는 그 종교적인 종지를 애지중지하고, 입 맞추는 그런 부류이다/786항. 그들이 그것 안에서 태어났고, 성장하였지만, 그럼에도 불구하고 하나님에게 가까이 나아가지 않고, 신성한 것으로 성언을 여기기 때문에 그 것을 시인하는 자들은 사후 천계에 들어가고, 그리고 영계에서 수많은 사회들은 그들에 의하여 형성된다/531·786항. 그것에서부터 개혁교회들에 속한 거짓들이 발산, 두루 퍼져나갔다는 것과 그것에 관해서/751·801항.

로마 가톨릭 종교의 종지에 속한 교리적인 것들은 최후심판에 의하여 분산, 사라지게 되었다/631항. 그들의 온갖 악들이나 거짓들은 천계를 공격, 괴롭혔고, 그리고 천계는 그들이 제거되는 것을 무척 즐거워한다/790항. 바빌로니아 사람들에게 단행된 최후심판에 관하여, 그들이 긁어모았던 그들의 재물들에 관하여, 그리고 그들의 재물들은 먼지나 재로 바뀌어 모두 날아가 버렸다는 것에 관하여/772항. 그 뒤 그들은 귀중한 것들을 모두 잃었지만, 그러나 그것들 대신에 그들의 거짓들과 대응하는 더럽고, 무가치한 것들만 가지고 있었다/772-776항. 자기사랑이나 세상사랑에서 비롯된 지배욕에 빠져 있는 자들은 사후에 동일한 그런 것들에 있게 되지만, 그러나 그것들은 그들에게 허용되지 않고, 비참한 상태로 바뀐다/782항. 그들의 지배욕에서 야기된 쾌락들이나, 그들의 재물욕에서 생긴 만족감들은 사후 그것들과 정반대인 것들로 바뀐다/763항. 사후 그들은 이런 모든 것들을 빼앗긴다/764·770항. 자기사랑과 세상사랑의 충동질에서 비롯된 지배욕에 빠져 있었던 자들의 사후 형벌들에 관하여/765항. 주님과 그분의 천계와 교회를 몹시 증오하던 자들이 사후 주님께서 홀로 천계와 교회를 다스리신다는 것과 그리고 사람은 어느 누구도 자기 자신으로 말미암아서는 전혀 아무 것도 아니다는 것을 알았다/766항. 최후 심판의 날에 자기사랑의 충동질로 인하여 교회에 속한 거룩한 것들을 지배하려고 하는 통치욕에 빠져 있던 자들은 지옥으로 쫓겨났고, 그리고 주님만을 우러르고, 십성언의 계명들에 일치하여 살고, 죄들로 여겨 악들을 단절한 사람들은 구원받았다/755항. 지배욕에서 비롯된 그들의 마음의 기고만장(氣高萬丈)에 관하여 ; 재물에서 비롯된 그들의 마음의 뽐냄의 확신에 관하여/764항. 어느 누구나 멸망하지 않기 위해서 모두는 시인과 상호작용에 의하여 그 종교적인 종지와 결합한다는 것을 주지하여야 한다/760항.

교회(church)

교회에 관한 개혁교회의 교리는 전기한 개혁교회들의 교리를 참조/개혁교회 교리 요약 X항 참조. 모든 교회는 주님 앞에 사람으로 나타난다. 그리고 교회의 교리에 일치하여서, 그리고 동시에 그것에 순응하는 삶에 일치하여 멋진 사람으로, 또는 흉물(=괴물사람)로 나타난다/601항. 교회는, 교회를 구성하는 다종다양한 것들이 자신들의 질서 가운데 적절하게 정리, 배치되어 있기 때문에, 보다 더 완벽하게 된다/ 66·73항. 모든 교회는 삶에 속한 선들이나 인애로부터 시작하고, 오직 믿음만이라는 것에서 종결한다/82항. 모든 교회는, 시간이 경과하는 가운데, 사랑에 속한 선과 믿음에 속한 진리들로부터 계속해서 물러나는 것에 의하여, 심지어 악이 선한 것이라고, 그리고 거짓이 진리라고 생각하는 것에 이르게 되면, 소멸한다/658항. 천계의 천사들은, 지상의 교회가 망하게 되면, 슬퍼하고, 그리고 주님에게 그 교회의 종말을 짓고, 새로운 교회를 세우는 것을 간청한다. 이러한 일은 최후심판에 의하여 이루러진다/645항. 땅 위에 있는 교회는 천계의 기초이기 때문이다/645항. 현대 교회의 종말에는, 더 이상 넘칠 수 없는 정도인 그런 전도(轉倒)나 박해나 고통이 존재한다는 것을 입증/711항. 땅 위의 교회는, 교회가 천계에 있는 것과 같은, 모든 것들 안에 존재할 것인데, 그 이유는 땅의 교회와 천계의 교회는, 사람에게서 내적인 것과 외적인 것이 결합하는 것과 꼭 같이, 결합하기 때문이다/533항. 천계와 같이 땅 위의 교회는 세 계도로 분별된다. 따라서 교회 안에 있는 자들은 외적인 것들·내적인 것들·극내적인 것들 안에 있다/744항. 외적인 것들 안에 있는 자들은 부르심을 받은 자(the called)로 언급되었고, 내적인 것들 안에 있는 자들은 택하심을 받은 자(the chosen)로 언급되었고, 극내적인 것들 안에 있는 자들은 신실한 사람들(the faithful)이라고 언급되었다/744항. 진리에 속한 교리가 교회를 형성하고, 그것에 일치하는 삶은 종교를 형성한다는 설명/923항. 교리에 일치하지 않는 삶이 있는 곳에는 종교도, 교회도 존재하지 않는다/923항. 오늘날 기독교계에도, 로마 가톨릭 교도나, 개혁교회 교도 가운데 교회는 존재하지 않는다/263·675항. 로마 가톨릭 교도들 가운데에 교회는 존재하지 않고, 종교적인 종지(宗旨)만 있는데, 그것은 그들이 주님에게 나아가지 않고, 성경을 읽지 않고, 그리고 그들이 죽은 사람(死者)에게 간청하기 때문이다

/718항. 교리의 측면에서 주님의 교회는 하나의 도시(城)으로 표의되었다. 그리고 때로는 처녀로 표징되었다/881항. 일곱 교회들은, 기독교계에 있는 교회에 속한 자들을 뜻하고, 그리고 그 수용에 따라서 각각을 뜻한다/10·41·69항.

신·구약 성경에는 새로운 교회(a New Church)에 관해서 예언되었는데, 그것은 오직 주님만을 시인할 것이다는 것, 그리고 이 예언은 오늘날까지도 충분하게 채워지지 않았다는 것이다/478항. 주님만을 시인하기 때문에 이 새로운 교회는 주님의 신부, 또는 주님의 아내라고 불리운다는 것/533항. 이 새로운 교회가 새 예루살렘에 의하여 묵시록서에 기술되었고, 뜻한다/880·881항. 새로운 교회에 속한 모든 것들은 사랑에 속한 선으로 말미암아 존재할 것이다/907항. 그것의 설명/908·912·917항. 선에서 비롯된 진리들 안에 있는 자는 모두 새로운 교회에 영접되는데, 그것은 그들이 그것에 속한 빛을 사랑하기 때문이고, 그 밖의 사람들은 그 빛을 참고 견딜 수가 없기 때문이다/922항. 이 새로운 교회는 부단히 형성되고, 성장된다. 그 이유는 옛 교회의 거짓들이 먼저 제거되고, 그리고 새 하늘(=새로운 천계)이 형성되는데, 그와 같은 일은 그것과의 합일에서 행해진다/547항. 이와 같은 새로운 교회는, 용·짐승·거짓 예언자가 뜻하는 것들이 모두 제거되기 전에는, 세워질 수 없다/473항. 이와 같은 새로운 교회는, 오직 주님에게만 나아가고, 악행들로부터의 회개에 속한 일을 성취한 그런 것들로 이루어질 것이다/69-72항. 새로운 교회의 본질적인 둘은, 하나는 주님이 천지(天地)의 하나님으로 그분의 인성이 신령하다는 주님에 속한 시인이고, 다른 하나는 십성언의 계명들에 일치하는 삶이다는 것과 그리고 이들 두 본질적인 것들은, 십성언의 두 돌판과 같이, 그리고 하나님사랑과 이웃사랑과 같이, 결합되었다는 것이다. 그것의 설명/490·903항. 새로운 교회에 속한 이들 두 본질적인 것을 파괴하기를 열망하는 자들은 반드시 멸망할 것이다/494항. 그들은 천계로부터 어떤 진리도 수용할 수 없다/496항. 그들은 성언을 위화한다/497항. 그들은 자신들을 온갖 종류의 악들이나 거짓들 속으로 밀어 넣는다/498항. 오직 믿음만의 교리를 시인하는 자들은 이 두 본질적인 것들을 거부, 배척할 것이다/500·501항. 새로운 교회에 속한 이들 두 본질적인 것들은 옛 교회의 두 본질적인 것들에 정반대이다. 그것의 설명/509·537항.

구름(clouds)
궁극적인 것들 안에 있는 신령진리를 뜻한다. 결과적으로 문자적인 뜻 안에 있는 성언을 뜻한다/24·466·642·820항. 흰 구름은 성언의 영적인 뜻으로 말미암아 문자적인 뜻 안에 있는 성언이 투명하다는 것을 뜻한다/642항. 주님께서 영광 가운데 하늘 구름 가운데 오실 것이다는 주님의 말씀은 성언 안에 오시는 주님의 강림을 뜻하고, 그리고 그분에게서 온 성언의 영적인 뜻의 계시는 그 때 세워질 새로운 교회의 선용 때문이다는 입증/24·642·820항.

구리(銅·brass·놋쇠)
자연적인 선을 뜻한다/775항.

구리(銅·copper)
놋쇠(黃銅) 참조.

구매·구매한다(=산다·to buy)
사고, 판다는 말은 선과 진리에 속한 지

식들을 터득하는 것을, 또는 진리들을 터득하는 것을 뜻하고, 그리고 그것들을 가르치는 것을 뜻한다/606항(장사한다·to trade 참조). 주님에 속한 구매라는 말은 속량받은 자, 다시 말하면 중생한 사람을 뜻한다(619항.

구속·구속주(救贖·救贖主·redemption·Redeemer)

여호와께서 구속주(=속량주)로 불리셨다/281·613항. 여호와께서는 구속주라고 불리셨는데, 그것은 그분께서 인성을 입으셨기 때문이다/962항. 구속(=속량)은 주님에 의한 지옥에서의 구출을 뜻하고, 주님과의 결합에 의한 구원을 뜻한다/619항. 땅으로부터 속량을 받은 사람(14 : 4)은 땅으로부터 산 사람(the bought)을 뜻한다/619항.

구원(救援·salvation)

주님께서 구원이라고 불리신 것은 주님께서 구원주(=구세주)이시다는 것을 뜻하고, 그리고 구원은 그분 안에 있고, 그분에게서 온다는 것을 뜻한다/368·804항.

구토(嘔吐·vomit)

입에서 뱉어 버린다(3 : 16)는 말은 주님으로부터의 떠남이나 분리를 뜻한다/205항.

군대(軍隊·무리·army·host)

군대는 신령선들이나 진리들 안에 있는 자들을 뜻하고, 추상적으로는 선들과 진리들을 뜻한다. 나쁜 뜻으로는 악들이나 거짓들 안에 있는 자들을 뜻하고, 추상적으로는 악들이나 거짓들을 뜻한다/447·833항. 그러므로 해·달·별들이 무리들이나 군대라고 불리웠다/447항. 해·달·별들은 교회에 속한 선들이나 진리들을 뜻하고, 그리고 그것의 악들이나 거짓들을 뜻한다/413항(해·달·별들 참조).

굶주림·기근(hunger·famine)

굶주림 또는 기근은 악한 삶들에게서 생겨나는 진리나 선에 속한 지식들의 박탈이나 상실, 또는 배척을 뜻한다/323항. 이 말은 교회 안에 있는 그것들의 결핍에서 생겨나는 진리나 선에 속한 지식들의 무지를 뜻한다/323항. 이 말은 진리들이나 선들을 알고, 그리고 이해하려는 열망을 뜻한다/323항. 굶주림은 선에 속한 결핍을 뜻하고, 목마름은 진리에 속한 결핍을 뜻한다/381항.

궁극적(窮極的·ultimate)인 것

극외적·외적 참조.

권세가(=세도가·mighty)

권세가나 능력이 있는 자는 박식박학(博識博學) 안에 있는 자들을 뜻한다/337·832항.

귀(耳·ear)

듣는다(to hear)는 말 참조.

귀신·악마(demon·devil)

귀신들이나 악마들은 세상에 속한 사랑에서 비롯된 정욕들을 뜻하고, 그리고 이런 정욕들 안에 있는 부류들은 죽어서 귀신이 된다/458항. 자기사랑(自我愛)으로 말미암아 교회에 속한 거룩한 것들을 지배하는 정욕들 안에 있는 자들은 가장 사악한 귀신들이 된다/756항.

그룹들(cherubim)

보좌 가운데와 그 둘레에 있는 네 생물

이 그룹들이다. 그리고 그룹들은 성언의 문자적인 뜻으로 성언을 뜻한다. 그리고 방어물들, 즉 파수꾼을 뜻한다. 영적인 뜻과 천적인 뜻인 내면적인 뜻이 해를 입지 않기 위해서이다/239·275·296·314항. 그룹에 관한 에스겔서 1장이 설명되었다/239항. 스랍(seraphim)은 성언에서 비롯된 교리를 뜻한다/245항.

그릇(容器·vessel)
그릇(18 : 12)은, 어떤 것들을 담는 그릇들이기 때문에, 교회에 속한 중요한 것이 들어 있는 과학적인 것을 뜻한다/775항. 그리고 나무·구리·쇠·대리석으로 만든 그릇이 뜻하는 내용/775항.

그리스도(Christ)
그리스도가 메시아이다는 것을 입증/520항. 그리스도 또는 메시아가 하나님의 아들이다는 것을 입증/520항(주님 참조). 그리스도는 신령진리를 뜻하고, 거짓 그리스도들은 위화된 신령진리들을 뜻한다/595항.

극단·극외(extreme)
궁극적인 것들이나 극외적인 것 안에는 영속적인 질서에 속한 동시적인 질서이다/678항(질서 참조).

극외적인 것(outmost)
외적인 것 참조.

금(金·gold)
금은 사랑에 속한 선을 뜻한다/211·913·917항.

금속들(金屬·metals)
모든 금속들은 대응들을 가리킨다. 그러므로 그것들은 영계에 있다/775항. 그것들은 선과 진리에 대응한다/913항. 그러므로 성경에서 금속들, 예를 들면 금·은·동·철 따위는 선과 진리에 관한 교회에 속한 것들을 뜻한다/211·775항.

기근(饑饉·famine)
배고픔(hunger) 참조.

기념물(記念物·monument)
장사한다는 말 참조.

기도(祈禱·prayer)
성도들의 기도들(5 : 8)은 믿음이나 인애에 속한 것들을 뜻한다/278항. 주님께서는, 사람이 먼저 원하고, 열망하기를 원하시고, 그 뒤에 주님께서 알려 주시고, 행하신다는 것, 그 이유는 그것이 사람에게 전유되기를 원하시기 때문이다/376항. 주님 안에 있고, 주님께서 그들 안에 있는 자들이 원하고, 구한 것은 무엇이나 그들이 얻는다고 하는데, 그 이유는 그들이 주님으로 말미암아 원하고, 구하였기 때문이다/951항. 주님의 기도문 가운데서, "하늘에 계신 우리의 아버지"와 "주님의 이름이 거룩히 여김을 받으십시오"와 "나라에 임하시고" "주님의 뜻이 하늘에서 이루어진 것과 같이 땅에서도 이루어주실 것이다"는 말씀의 뜻에 관하여/839항. 주님의 기도문 가운데 내포된 모든 것들은 주님에게 직접 가까이 나아갈 때, 다 이루어진다/839항.

기록하여라(to write)
기록한다(1 : 19 ; 14 : 13)는 말은 기억을 위하여 후손들에게 맡기는 것을 뜻한다/36·63·639·816항.

기름(油·oil)
기름(6 : 6)은 사랑에 속한 선을 뜻한다

/316・493・779항. 부유성사(傅油聖事・anointings)는 기름에 의하여 행해지는데, 그 이유는 부유성사가, 기름이 아니고, 사랑에 속한 선으로 행해진 오직 여호와의 기름부음 받은 자를 가리키는 신령인성의 측면에서 주님을 표의하기 때문이다/779항. 그들은 왕들・제사장들・예언자들・제단・성막・아론의 법복에 기름을 발랐는데, 한마디로 교회에 속한 거룩한 것들에 기름을 발랐다. 그리고 고대에서 그들은 성상(=돌들・聖像)에게도 기름을 발랐다/779항. 그들은 거룩한 기름으로 이런 것들에 기름을 뿌렸다. 그리고 그들은 자신들이나 그리고 일반적인 기름으로 다른 것들도 기름을 발랐다. 그것은 그들의 기쁨이나 마음의 선행을 입증하기 위해서이다/779항. 기름은 희생제물과 함께 제단 위에 바쳐졌다/778항.

기름 바르다(부유성사・傅油聖事・anointing)
기름(oil) 참조.

기름진 것・기름기(fat・fatness)
기름진 것들(fat things)은 천적인 선들과 그것의 정동들을 가리키고, 그리고 그런 정동들에 속한 기쁨들을 뜻한다/782항.

기술자(技術者・artificer)
기술자는 총명한 사람을 뜻하고, 그리고 이해로 말미암아 진리들을 생각하는 사람을 뜻한다. 반대의 뜻으로 자기 자만이나 총명으로부터 거짓들을 생각하는 자를 뜻한다/793항. 이 세상에 있는 온갖 종류의 작품(考案物)들은 천사적인 지혜에 속한 것들과 대응한다/793항.

기적(奇蹟・miracle)
증거들이 뜻하는 기적들(13 : 13)은 진리가 거짓이다는 것. 반대의 뜻으로는 거짓이 진리이다는 것을 확증하는 것을 뜻한다/598・704・834항. 하늘에서 내려오는 불의 증거(13 : 13)는, 비록 그것이 거짓이지만, 그것이 진리이다는 입증을 뜻한다/599・600항. 증거가 뜻하는 자세한 내용은 증거 참조.

기쁨(喜悅・gladness)
즐거움 참조.

길(道・way)
영계에는 실제적으로 천계로 인도하는 길들이 있는데, 그것으로 인하여 길들은 인도하는(=안내하는) 진리들을 뜻한다/176항.

길이(長・length)
너비 참조.

깨어나다(=조심・watch・watchfulness)
조심이나 살핌(16 : 15)은 진리에 속한 정동이나 진리의 지각에서 비롯된 영적인 삶을 뜻한다/158・705항. 영적인 생명이 없는 자연적인 삶을 잠(=잔다)이라고 하는데, 그것은 잠에 비유되었다/158항.

끝마침・마무리(終末・consummation)
끝마침이나 시대의 종말은 교회의 종말을 뜻하는데, 그와 같은 일은, 교회 안에 더 이상 삶에 속한 선이나 또는 교리에 속한 진리가 남아 있지 않을 때, 일어난다/658항. 성경에서 마지막(=종말・consummation)은 교회의 황폐의 상태나 그 결정을 뜻한다/658항. 종말이나 황폐는 선들과 진리들의 박탈에 의하여 이루어지는데, 그것이 제거되게 되면 사람은, 그가 내적으로 애지중지하는 악들이 거짓들 안에 들어간다/676항. 마태복음서에서 제자들에게 하신 주님의 마지막 말씀은, 주님께서 세상 끝 날까지 그들과 함께 있겠다는 말씀이 뜻합니다/750항.

꼬리(tail)
꼬리(9 : 10)는 머리에 속한 궁극적인 것을 뜻하는데, 그것은 두뇌를 척추를 거쳐서 꼬리에까지 이어지기 때문이다/438항. 머리가 그것의 으뜸 되는 것을 뜻하는 경우, 꼬리는 교리에 관계되는 모든 것들의 전체를 뜻한다/438항. 꼬리는 또한 위화된 성언에 속한 모든 진리들을 뜻한다/438·541항.

ㄴ

나라(=왕국·다스린다·kingdom·to reign)
나라(=왕국)(17 : 17)는 교회를 뜻한다/740·749항. 주님에 관해서 언급할 때, 다스린다(=통치한다)는 말은 주님께서 그들 안에 계시고, 그들이 그분 안에 있다는 것을 뜻한다/284항. 천계에는 다스리는 자들이 있지만, 그럼에도 불구하고 주님께서 그들 안에서 다스리시고, 따라서 그들에 의하여 다스려진다. 그 이유는 그들은 첫째 자리에서 선용들을 고려하기 때문이다/849항. 아버지의 나라는, 주님의 신령인성으로서 시인되어, 그분에게 직접 나아갈 때, 임하는 것이다/839항.

나무(tree)
생명 나무(2 : 7)는 신령사랑의 측면에서 주님을 뜻한다/89·933·951항. 나무는 정동의 측면에서 그리고 그것에서 비롯된 지각들의 측면에서 사람들을 뜻한다/400항. 나무에 관계되는 모든 것들은 사람 안에 있는 이런 것들에 대응한다 ; 나무 자체·가지들·잎들·꽃들·열매들·씨들이 뜻하는 것이 어떤 것인지는 영계에서 보여진 그런 것들에 의하여 설명되었다/936항.

나무(=숲·목재·木·wood)
나무는 일반적으로는 선을 뜻하고, 개별적으로는 자연적인 선을 뜻한다/774항. 향나무(18 : 12)가 뜻하는 것/774항. 나무는 그 종류에 따라서 선을 뜻한다/775항. 나쁜 뜻으로 나무는 악이나, 저주받은 것을 뜻한다/774항.

나병(=나쁜 종기·leprosy)
나병(=나쁜 종기)(16 : 2)는 성언의 모독을 뜻한다. 성언을 모독한 유대 사람은 나병(=문둥병)으로 고통을 받았다/678항.

나팔(trumpet)
하늘에서 들려오는 나팔 소리(4 : 1)는 다종다양한 것들을 뜻한다/226항. 나팔을 분다는 말은 아주 특별한 경우 불러 모으는 것을 뜻하고, 또한 그들의 성품이 어떠한지 검토하고, 까발리는 것을 뜻한다/391·397항.

낙원(樂園·paradise)
동산(garden) 참조.

날(日·day)
낮과 밤은 모든 상태 안에 있는 언제나

를 뜻한다. 따라서 변함없는 것을 뜻한다/637항. 빛에서 비롯된 낮과 밤은 성언에 속한 영적인 진리나 자연적인 진리를 뜻하고, 그리고 그것의 설명/414항. 하나님의 큰 날은 주님의 강림을 뜻하고, 그리고 그 때의 새로운 교회의 설시를 뜻한다/704·707항 참조. 그 날은 옛 교회의 종말을 뜻한다/707항.

날개(wing)
날개들(4:8)은 방어와 능력을 뜻한다/245·561항(난다·fly 참조). 날개들의 소리(9:9)는 추론들을 뜻한다/437항.

날다(to fly)
난다는 말은 지각하고, 가르치는 것(to instruct)을 뜻하고, 주님에 관해서 언급되었을 경우, 그것은 예견하고, 섭리하는 것을 뜻합니다/244·245·561·831항(날개 참조).

납달리·납달리 지파(Naphtali)
최고의 뜻으로 납달리는 주님의 신령인 성에 속한 본연의 능력을 뜻하고, 영적인 뜻으로는 시험과 승리를 뜻하고, 자연적인 뜻으로는 사람에 의한 저항을 뜻합니다/354항. 그리고 또한 선용에 속한 지각이나 선용이 무엇인지 아는 선용의 정의를 뜻합니다/354항.

낫(sickle)
추수가 교회의 상태를 뜻하기 때문에 낫(14:14)은 교회에 속한 신령진리를 뜻한다; 그리고 낫을 가지고 곡식을 수확하는 것은 교회의 상태에 속한 마지막을 평가하는 것을 뜻하고, 그리고 심판을 단행하는 것을 뜻한다/643·645항(추수 참조).

낮은 땅(lower earth)
영계 참조.

낳는다·산고(産苦)·출생(bring forth·travail in birth·birth)
낳는다 또는 산고(産苦)는 영적인 생명(=삶)에 속한 것을 잉태하고, 출산하는 것을 뜻한다/535항(출생 참조).

내적인 것과 극내적인 것(internal and inmost)
외적인 것 참조.

너비(=폭·廣·breadth)
너비는 교회에 속한 진리를 뜻하고, 길이(長)는 교회에 속한 선을 뜻한다; 그것의 설명/906·907항.

넓적다리(thigh)
허리(loin) 참조.

넷(4·four)
넷(4)은 선들에 관해서 언급하고, 그리고 셋(3)은 진리들에 관해서 언급한다. 그러므로 넷(4)은 선을 뜻하고, 선과 진리에 속한 결합을 뜻한다/322항. 사분의 일(a fourth)은 모든 선을 뜻한다. 네 천사들(7:15)이 뜻하는 것들/342항(천사 참조). 땅의 네 바람(7:1)이 뜻하는 것/343항(바람 참조).

노래부른다·노래(singing·song)
노래 부르는 것(5:9)이 고양시키는 것이기 때문에, 노래는 마음의 즐거움에서 비롯된 시인과 고백을 뜻한다/279항. 새로운 노래(5:9)는, 그분께서 천지(天地)의 하나님이시다는 주님에 대한 시인·고백·영광화를 뜻한다/279·617항. 모세의 노래(15 : 3)는 십성언의 계명들에 일치하는 삶에서 비롯된 고백을 뜻하고, 어린 양의 노래(15 : 3)는 주님의 인성에 속한 신령존재에 관한 믿음에 기초한 고백을 뜻한다/662항.

노랫소리(=음악 · music)
악기들의 소리는 정동들에 대응하고, 현악기들의 소리는 영적인 사람에 속한 정동들, 결과적으로는 진리에 속한 정동들에 대응한다. 그러나 계속적으로 이어지는 관악기의 소리는 천적인 사랑에 속한 정동들에 대응하고, 결과적으로는 선에 속한 정동들에 대응한다/792항. 주님에 속한 고백이나 찬양은, 정동에 대응하는 음성에 속한 대응에 일치한 다양한 악기들로 이루어진 노랫소리가 뜻한다/276항.

노천극장(露天劇場 · amphitheater)
용추종자들이 그들의 유희를 개최한 곳인 노천극장에 관한 내용/655항(믿음 참조).

높이(高 · height)
높이는 모든 계도 안에서 교회에 속한 선과 진리를 뜻한다/907항. 5항.

니골라 당(Nicolaitan)
니골라 당의 한 일(2 : 6)은 공로주의적인 일들을 뜻한다/86 · 115항.

ㄷ

다섯(5 · five)
약간 또는 거의 없는 것을 뜻한다/427항.

다윗(David)
신령진리의 측면에서 주님을 뜻한다/174 · 266항.

달(月 · moon)
달(月)은 인애에 속한 선에서 비롯된 믿음의 진리를 뜻한다/53 · 332항. 교회에 관해서 언급할 때에는 총명과 믿음을 뜻한다/415 · 533항. 반대의 뜻으로 달은 사람의 자아에 속한 총명을 뜻하고, 자아에서 비롯된 믿음을 뜻한다/919항. 어두워진 해 · 달 · 별들(8 : 12)은 교회에서 사랑에 속한 선들이나, 믿음에 속한 진리들이 더 이상 보이지 않는다는 것을 뜻하고, 또한 선과 진리에 속한 지식을 더 이상 알지 못한다는 것을 뜻하고, 이런 설명이 있는 곳에는 성경에서 인용된 장절들이 부연되었다/413항.

담는다 · 담김(containing · contained)
담는 그릇은 담긴 것들과 동일한 것을 뜻한다/406 · 672항(그릇 · 용기 참조).

대기(=공기층 · atmospheres)
영계에는 에텔 · 공기 · 물이 있다. 세 천계의 천사들은 각각 거기에서 살며, 이런 대기들은 다만 영적인 것이다/238 · 878항.

대머리(bald)
성언에서 비롯된 진리들이 없는 자들을 뜻한다/47항.

대문(大門 · gate)
문(door) 참조.

용 어 들

대응(對應・correspondence)
자연적인 것과 영적인 것 사이에는 대응이 있다. 그것에 관해서/1항.

대접(vial)
대접(16 : 1)은 컵 참조.

더러움(=불결함・unclean)
깨끗함은 선들에 관해서, 그리고 진리들의 빛남에 관해서 언급한다/814항. 더러움은 성언의 섞음질이나 위화에 관해서 언급한다/924항. 더러움이나 불결은 악에서 비롯된 거짓들 안에 있는 자들에 관해서 언급한다/702・924・948항.

덕행・권능(德行・權能・virtue・power)
천적인 선을 언급한다/373・674항.

도끼(axe)
자기 자신의 총명에서 비롯된 거짓을 뜻한다/847항.

도덕(道德・moral)
도덕적 영적인 삶과 철저하게 자연적인 도덕적인 삶에 관하여/386・450항.

도둑・도둑질(thief・theft)
주님께서 도둑처럼 올 것이다(3 : 3)는 말은 예배에 속한 진리들이나 선들이 사악한 자에게서 제거될 것이다는 것과 그리고 그들은 이런 일이 언제, 어떻게 일어날지를 알지 못할 것이다는 것을 뜻한다/164항. 지옥이 그것들을 제거하고, 훔쳐가는 것이지만, 이런 일을 주님의 탓으로 돌린다/16항.

도시・성읍(city)
도시(=성)는 교회의 교리를 뜻한다. 그것의 설명/194・712・861・881항. 교회가 도시로서 기술되었다/896항. 도시로서 새 예루살렘은 교리의 측면에서 주님의 새로운 교회를 뜻한다/879・912항. 민족들의 성읍은 이단사설적인 교리들을 뜻한다/712항.

도장(seal)
일곱 인을 찍어 봉한다(5 : 1)는 말은 철저하게, 또는 전적으로 숨겨진 것을 뜻한다/257항. 봉인을 뗀다(5 : 2)는 말은 모두의 상태를 알고, 폭로하는 것을 뜻하고, 그리고 그의 상태에 따라서 모두를 심판하는 것을 뜻한다(두루마리 참조)/259・295・388항.

도장을 찍는다(to seal)
도장을 찍는다(5 : 1)는 말이 뜻하는 내용/257항. 이 예언의 말씀을 봉인하지 말아라(22 : 10)는 말은 묵시록서는 반드시 닫혀 있지 않고, 열릴 것이다는 것을 뜻한다/947항.

독수리(eagle)
날아가는 독수리(4 : 7)는 지식들과 그것에서 비롯된 이해를 뜻한다/244항. 또한 거짓에 속한 지식에서 비롯된 왜곡된 이해를 뜻한다/244항.

돌(石・stone)
돌은 궁극적인 것들 안에 있는 진리를 뜻한다/231항. 보석이나 금강석은 성언의 문자적인 뜻에 속한 신령진리들을, 그리고 또한 성언의 영적인 뜻에 의한 성언에서 비롯된 교리에 속한 모든 투명한 진리들을 뜻한다/2312항. 그것의 설명/540・823・915항. 보석들(4 : 3)은 성언에 속한 진리들이나 선들에 대응하고, 천계에서 그것들은 그 근원들로 말미암아 존재한다/231항. 보석들이나 왕관들이 위화되고, 섞음질된 성언에 속한 진리들을 뜻한다. 그것의 설명/540항. 신령진리에 관해서 주님께서는 모퉁이 돌(=주춧돌)・이스라엘의 돌・반석이라고 불리셨다. 그것의 설명/951항.

동굴(=굴・洞窟・den)
악한 사랑(=애욕) 안에서 산 자들은 지옥에 있는 동굴들 안에 있고, 따라서 동굴은 악한 애욕들을 뜻한다. 그것의 설명/338항.

동료・친구(=참여한 사람・companion)
동료와 형제의 뜻/32항.

동물들(動物・animals)
짐승들 참조. 네 동물에 관해서는 그룹(=게르빔) 참조.

동산(garden)
동산과 낙원은 교회에 속한 사람의 지혜와 총명을 뜻한다/90항. 이러한 내용은, 지혜나 총명 가운데 있는 사람들이 있는, 영계에서 동산들이나 낙원들에 의하여 입증/90・875항.

두려움・두려워하다(恐怖・敬畏・to fear)
하나님에 속한 두려움(敬畏)이나 하나님을 두려워한다는 말은 하나님에 속한 사랑이나 하나님을 사랑하는 것을 뜻한다. 특히 그분에 거슬러 어떤 일을 한다는 두려움(=경외)이나 두려워한다는 것, 다시 말하면 계명들에 거스르는 어떤 일에 대한 두려움이나 두려워한다는 것은 하나님을 사랑한다는 것을 뜻한다는 것,

그리고 모든 사랑 안에는 이 경외심이 있기 때문이다는 것/527・628항. 거룩한 경외의 뜻/56항. 공포로 말미암아 행한 것은 남아 있지 않는다/164항. 두려워하는 자(=비겁한 자)나 두려워한다는 것은 믿음 안에 있지 않다는 것을 뜻한다/891항. 두려움(=공포)은 지옥에 속한 두려움이고, 거기에 있는 고통에 속한 두려움을 뜻하는데, 그것은 사악한 자에게 있다/527항.

두아디라(Thyatira)
두아디라 교회(2:18)는 인애에서 비롯된 믿음 안에, 그리고 그것에서 기인한 선행들 안에 있는 자들을 뜻하고, 그리고 또한 인애에서 분리된 믿음 안에, 그리고 그것에서 기인한 악행들 안에 있는 자들을 뜻한다/124항.

뒤를 쫓아・뒤에서(after)
누구의 뒤를 쫓아 걷는다는 말은 복종한다는 것을 뜻하고, 보여줌/578항.

듣는다(to hear)
지각하고 복종하는 것을 뜻한다/87・104・118항. 그러므로 귀가 있는 사람은 들어라(2:7)라고 말씀하셨다/87항.

등불(=등・촛불・candle)
등불(lamp) 참조.

딸(daughter)
아들 참조.

땅(earth)
땅(5:10)은 교회를 뜻한다/285・902항. 땅(8:7)은 성직자라고 하는 교회의 내적인 것 안에 있는 자들을 뜻하고, 바다(8:8)는 평신도라고 부르는 교회의

외적인 것들 안에 있는 자들 가운데 있는 교회를 뜻한다/398·402·470·567·594·677·680항(바다 참조). 땅은 저주를 뜻하는데, 그와 같은 일은 왜곡되고, 파괴된 교회에 있는 자들에게서 일어난다/285항. 영계에는 이 세상에서와 꼭 같이 땅들이 있는데, 그러나 후자는 자연적인 근원에서 비롯되었지만, 이에 반하여 전자는 영적인 근원으로 말미암아 존재한다/260·331·865항. 천계는 다른 것 위에 겹 놓인 공간들이다. 각각의 공간은 거기에 있는 자들의 발 아래에 있는 땅과 같다/260항. 땅 아래에 있는 자들이 뜻하는 자들은 누구인가/260항. 하급의 땅에 관해서는 영계 참조.

영계에 있는 땅들은, 그것들 위에 살고 있는 자들에 속한 악들이나 거짓들에 따라서, 변화한다. 그리고 지진들이 일어난다/331·515항. 그러므로 지진들은 교회의 상태들의 변화들을 뜻한다/331·396항. 일찍이 없었던 큰 지진(16 : 18)은 교회에 속한 것들의 뒤집힘(顚覆)을 뜻한다/711항.

땅(globe)
세상이 뜻하는 것과 꼭 같이, 교회를 뜻한다/551항.

뜰·마당(court)
성전의 바깥 뜰(11 : 2)은 외적인 천계나 궁극적인 것 안에 있는 천계를 뜻하고, 그리고 땅 위에 있는 교회를 뜻한다. 그것의 설명/487항. 예루살렘에 있는 성전의 두 뜰에 관하여/487항.

뜻한다·원한다(to will)
이 말은 내적으로 사랑하는 것을 뜻하는데, 그 이유는 사람이 내적으로 원하는 것은 그 사람이 사랑하는 것이기 때문이고, 그리고 그가 내적으로 사랑하는 것은 그가 원하는 것이기 때문이다/956항. 원하는 것은 내적인 행위를 가리키는데, 그것은 행동하기 위한 애씀이기 때문이다/875항.

ㄹ

라오디게아(Laodicea)
라오디게아 교회(3 : 14)는 번갈아 가면서 어떤 때는 믿고, 어떤 때는 믿지 않는 교회에 있는 자들을 뜻한다. 따라서 거룩한 것들을 모독하는 자들을 뜻한다/198항.

레위(Levi)
레위와 레위 지파는 최고의 뜻으로는 사랑과 자비를 뜻하고, 영적인 뜻으로는 선한 삶을 가리키는 행위 안에 있는 인애를 뜻하고, 자연적인 뜻으로는 제휴와 결합을 뜻한다/357항. 레위는 선에서 비롯된 진리의 정동을, 그리고 그것에서 비롯된 총명을 뜻한다/357항.

르우벤(Reuben)
르우벤이나 그의 지파는 천적인 사랑에서 비롯된 지혜를 표징한다. 따라서 성경에서 르우벤은 최고의 뜻으로는 전지(全知)를 뜻하고, 영적인 뜻으로는 지혜·총명·학문과 믿음을 뜻하고, 자연적인 뜻으로는 시각을 뜻한다/351항. 반대의 뜻으로 르우벤은 사랑에서 분리된 지혜를 뜻하고, 인애에서 분리된 믿음을 뜻한다/134·351항. 이러한 내용은 그의 아버지의 첩인 빌하와 르우벤의 간음이 뜻한다/134항.

ㅁ

마곡(Magog)
곡(20 : 8) 참조.

마흔두 달(forty two months)
새로운 교회가 시작될 때인, 종말에 이르렀다는 것을 뜻한다/489 · 583항.

만(=일 만 · 萬 · myriad)
수천 수만(5 : 11) 참조.

만나(Manna)
만나(2 : 17)는 지혜에 결합된 천적인 사랑에 속한 선을 뜻하고, 최고의 뜻으로는 주님을 뜻한다/120항.

말(馬 · horse)
말은 성언의 이해를 뜻한다/298항. 성언에 관해서 명상할 때, 사람이 영적으로 생각하면 살아 있는 말처럼 보이고, 물질적으로 생각하면 죽은 말처럼 보인다/611항. 흰말(白馬 · white horse)(6 : 2)은 성언에 속한 진리의 이해를 뜻하고, 또한 성언에 속한 내면적인 뜻이나, 영적인 뜻을 뜻한다/298 · 820 · 826항. 말은 또한 사람의 총명에서 비롯된 추론들에 의한 위화된 성언의 이해를 뜻한다/298항. 붉은 말(6 : 4)은 선의 측면에서 파괴된 성언의 이해를 뜻한다/305항. 검은 말(6 : 4)은 진리의 측면에서 파괴된 성언의 이해를 뜻한다/312항. 청황색 말(=파리한 말)(6 : 8)은, 선의 측면에서, 진리의 측면에서 파괴된 성언의 이해를 뜻한다/320항. 기수들(9 : 16)은 추론들을 뜻한다/447항. 말굴레(14 : 20)는, 그

것에 의하여 인도되는 이해를 뜻한다/653항.

말굴레(bridle of a horse)
말의 굴레(=재갈)는 그것에 의하여 이해가 인도되는 성언에 속한 진리들을 뜻한다/653항.

매춘(賣春 · whoredom)
간음(姦淫) 참조.

맷돌(mill)
맷돌(18 : 21, 22)은 영적인 진리에 관해서, 특히 성언으로부터 계속해서 탐구하고, 연구하고, 확증하는 것을 뜻한다/791 · 794항. 맷돌을 바다에 던진다(18 : 21)는 말의 뜻/791항.

맹서(=서약 · oath)
맹세한다(10 : 6)는 말 참조.

맹세하다 · 맹세(盟誓 · to swear · oath)
맹세한다(10 : 6)는 말은 그것이 진리이다는 것을 입증하는 것을 뜻한다/474항. 맹세들은 주님과 교회의 결합에 속한 표징이기 때문에, 그리고 맹세가 언약의 일부이기 때문에, 그 교회에 속한 표징들이 폐기된 뒤, 언약의 맹세는 역시 주님에 의하여 취소, 폐기되었다/474항. 그리고 그들은 표징적인 민족이기 때문에 이스라엘 자손은 주님에 의하여 맹세하는 것이 허락되었다/474항. 주님 또는 여호와께서는 자신이 맹세를 하였는데, 그것은 그분 자신인 신령진리에 의한 것이다/474항.

머리(head)
머리는 사랑에서 비롯된 지혜를 뜻하고

/823항. 그리고 총명을 뜻한다/538항. 주님에 관해서 언급될 경우 머리는 신령 지혜에 속한 신령사랑을 뜻한다/47항. 나쁜 뜻으로 머리는 광기나 어리석음을 뜻한다/538항. 머리는 형상적인 견해들이나 가시적인 개념들을 뜻한다/451항. 용의 일곱 머리는 위화되고, 모독된 진리들에게서 생긴 광기나 어리석음을 뜻한다/538항. 바다에서 올라온 짐승의 일곱 머리(13 : 1)도 동일한 내용을 뜻한다/568·576항.

머리털·머리카락(hair)
머리털(1 : 14)은 궁극적인 것들 안에 있는 진리를 뜻한다 ; 결과적으로는 성언의 문자적인 뜻 안에 있는 진리를 뜻한다/47항.

먹는다(to eat)
먹는다는 것은 자기 자신에게 전유(專有)하는 것을 뜻한다/89항. 다른 것의 살을 먹는다는 말이 뜻하는 것/748항(살 참조).

먼지(=티끌·dust)
저주 받는 것을 뜻한다/778항. 머리에 먼지를 뒤집어쓴다는 말은 저주나 영벌에서 비롯된 내면적인 슬픔이나 애도를 뜻한다/778항.

멀리 떨어져 있다(afar off)
멀리 떨어져 있다는 말은 상태의 떨어짐을 뜻하고 ; 그것은 곧 선과 진리에 속한 상태를 형성하는 것들로부터의 떨어짐을 뜻한다/769항. 그 반대의 뜻은 가까이 있다(near·손 안에 있다)는 말이 뜻한다/947항. 멀리 서 있다, 또는 저주를 슬퍼한다는 것은 저주나 영벌에서 떨어진 상태나 두려움 안에 있다는 것을 뜻한다/769·783·787항.

메뚜기(蝗蟲·locust)
메뚜기(9 : 23 ; 9 : 7)는 가장 외적인 것에 있는 거짓들을 뜻하고, 감관적인 사람들이라고 불리우는 자들에게 속한 성품을 뜻한다/424·430항. 난장이들을 뜻한다/424항.

면류관(=왕관·crown)
지혜를 뜻한다 ; 그것의 설명/189·252항. 전쟁의 기장과 승리를 뜻한다/300항. 따라서 면류관은 순교자들의 영적인 전쟁의 증표이다. 그 이유는 그들이 시험들에서 승리하였기 때문이다/103항.

면사·목화(cotton)
아마(linen) 참조.

모독(冒瀆·blasphemy)
주님의 신성을 부인하고, 성언의 거룩함을 부인하는 것을 뜻한다/571항. 역시 섞음질(=모독·profanation)을 뜻한다/723항.

모독(=더럽힘·冒瀆·profanation)
거룩한 것의 모독은 수많은 종류가 있다 ; 교황주의자들에 의한 거룩한 것의 모독에 관하여(교황주의자 참조)/717·723·728항. 성언이나 교회의 거룩한 것이 모독되지 않기 위하여 주님께서는 영적인 진리나 영적인 선이 알려지지 않도록 섭리하시는데, 그 이유는 아는 것은 모독하지만, 알지 못하는 것은 모독하지 못하기 때문이다/314·316·686·688항. 어떤 때는 믿고, 어떤 때는 믿지 않는 것이 가장 처참한 모독이다/198항. 그 이유는 생각(思想)의 측면에서 이들은 어떤 때는 천계에 있고, 어떤 때는 지옥에 있기 때문이다 ; 그리고 그들은 어떤 때는 여기에, 어떤 때는 저기에 있을 수 없기 때문에, 그들은 자신들의 내면적인 것들을 멸절시키고, 그리고 그들은 완전히 환상이나 변덕들에 불과하다/202·204항. 그들에게서 악들과 선들, 역시 거짓들과 진리들은 뒤섞인다/202·204항. 그리고 결집되지 않았다는 관점에서 보면 그들 가운데 있는 교회에 속한 것들은 뒤섞여 있지 않다/208항. 이런 작자들이 차지도 않고, 뜨겁지도 않은 자(=미지근하다)(3 : 15)가 뜻한다/202·204항.

모래(sand)
무리(=떼거지)가 바다의 모래에 의하여 기술된(20 : 8) 이유/860항.

모세(Moses)
모세의 율법은 그의 다섯 책들(五經)에 기술된 모든 것들을 뜻한다/417항. 모세 자신도 동일한 것들을 뜻한다/417·662항.

모습(外現·우상·image)
한 교회의 교리는 그 교회의 모습이다 ; 그리고 짐승의 모습은 타락한 교회에 속한 교리를 뜻하고, 그것에 관한 설명/601항.

모시·모시 옷(linen·fine linen)
빛나고 깨끗한 고운 모시 못(19 : 8)은 순수한 진리를 뜻한다/814·826항. 면사는 동일한 것을 뜻한다/814·815항.

모퉁이(corner)
네 모퉁이는 영계의 네 방위(方位)를 뜻한다/342항. 그러므로 땅의 네 방위는 전 천계를 뜻한다/342항. 머리돌(=주춧돌)은 기초를 뜻한다/342항.

목마름·목마르다(渴症·thirst·to thirst)
목마르다는 것(7 : 16)은 진리의 결핍에 관해서 언급하고, 배고프다는 것(饑饉)은 선의 결핍에 관해서 언급한다/381항. 목마르다는 것은 진리들을 열망하는 것을 뜻하고, 또한 진리의 결여의 상태에 있다는 것을 뜻하고, 그리고 진리의 결여의 상태로 인하여 멸망할 것이다는 것을 뜻한다/956항(배고픔 참조).

목자(牧者·pastor)
기른다(to feed)는 말 참조.

목자·기른다(牧者·pastor·to feed)
기르다(to feed)는 말은 가르치는 것을 뜻하고, 목자나, 사육자(飼育者)는 가르치는 자를 뜻한다/383항.

무기들(=병기들·arms)
영적인 전쟁에 속한 것들을 뜻한다/436항(전쟁 참조). 가슴막이(breast-plate)는 논쟁을 뜻한다/436·450항.

무덤(sepulchre)
매장한다(=장례한다)는 말 참조.

무리(=군중·multitude)
큰 무리(7 : 9)는 낮은 천계에 있는 자들을 뜻하고, 교회에 속한 외적인 것들 안에 있는 자들을 뜻한다/363·803항.

무리(host)
군대(軍隊) 참조.

무소부재(無所不在 · 遍在 · omnipresence)

주님께서는 무소부재하신다 ; 그 이유는, 그분은 사랑과 지혜이시고, 또한 선과 진리이시기 때문인데, 그것은 바로 그분 자신이고, 그것은 공간 안에 있지 않지만, 수용에 일치하여 공간 안에 있는 자들에게 존재하시기 때문이다/961항.

무저갱(無底坑 · 아비소스 · bottomless pit)

아비소스 참조.

무지개(rainbow)

영계에서는 여러 종류의 무지개들이 보인다/232 · 566항. 무지개(10 : 1)는, 사람이 자연적인 것에서부터 영적인 것이 되었을 때를 가리키는 중생(重生)을 뜻한다/466 · 566항.

무화과나무(fig tree)

자연적인 선을 뜻한다/334 · 875항.

묵시록(=계시록 · apocalypse)

《묵시록서》는 기독교회의 마지막 상태에 관해서 다루고 있고, 뒤에 가서(後記)는 최후심판에 관해서, 마지막에 가서는 새 예루살렘이 가리키는 새로운 교회(the New Church)에 관해서 다루고 있다 ; 그러나 이 세상의 제국(帝國)들이나 왕국들을 다룬 것이 아니다(저자 서문 참조)/2 · 227 · 387 · 483 · 543항. 《묵시록서》는 연속적으로 그런 거짓들이 밝혀지고, 제거되기 전에는 새로운 교회에 속한 진리들이 수용될 수 없기 때문에, 교회 안에 있는 온갖 거짓들에 관해서 다루고 있다/700항. 《묵시록서》는 주님에 의하여 요한에게 밝혀졌고, 주님께서 지금 공개하시고 있다/저자 서문과 953 · 954 · 957항. 《묵시록서》에는 "무엇을 덧붙일 것도 없고, 무엇을 없애 버릴 것도 없다"(22 : 18)는 말씀은, 이 책이 예언들을 담고 있다는 것과 지금 계시된다는 것을 설명함/957-959항. 《묵시록서》의 마지막 말씀들은 주님과 교회가 영적인 혼인으로 가는 약혼의 말씀들이다/960항.

묶는다(=맨다 · to bind)

감금 · 가둔다는 말 참조.

묶음 · 묶는다(拘束 · bound · to bind)

감옥에 넣는다, 감금된다는 말은 악들이나 거짓들에 의하여 내습(來襲)과 괴롭힘을 겪는 것을 뜻한다/99항(포로 · 감금 참조).

물(水 · water)

물은 진리들을 뜻한다/50항. 살아 있는 물 또는 생명수는 주님에게서 비롯된 신령진리를 뜻한다/932항. 큰물소리(1 : 15)는 천계에서 비롯된 신령진리를 뜻하고, 그리고 주님으로부터 천계를 통해서 온 신령진리를 뜻한다/50 · 614 · 615항. 물을 주관하는 천사(16 : 5)는 성언에 속한 신령진리를 뜻한다/685항. 물은 나쁜 뜻으로 섞음질되고 더럽혀진 성언의 신령진리들을 뜻한다/719 · 745항.

물고기(fish)

자연적인 사람의 가장 낮은 것들인 감각적인 정동들(=궁극적인 정동들)을 뜻한다/290항. 물고기들은 또한 조잡한 진리들 안에 있는 자들을 뜻하는데, 그것은 자연적인 사람에 속한 궁극적인 것들을 가리킨다/405항. 물고기들은 외적인 거짓들 안에 있는 자들을 뜻한다/405항.

므낫세(=므낫세 지파 · Manasses)
므낫세(7 : 6)는 지혜에 결합된 천적인 사랑에 속한 선을 뜻하고, 에브라임은 그것의 총명을 뜻한다 ; 그리고 므낫세는 교회의 임의적인 것을 뜻한다/355항.

미가엘(Michael)
천사 미가엘(12 : 7)이 뜻하는 것/548항 (천사 참조).

미사(masses)
미사에 관한 교황주의자들의 교리적인 것들로 그들의 교리들 참조(서문 III항).

미지근하다(lukewarm)
미지근함(3 : 15, 16)에 관한 내용/202 · 204항(모독 참조).

민족(民族 · nation)
성경에서 민족(10 : 11)은 삶에 속한 선들이나 또는 삶에 속한 악들 안에 있는 자들을 뜻하고, 백성(10 : 11)은 교리에 속한 진리들이나 또는 교리에 속한 거짓들 안에 있는 자들을 뜻한다/483항. 추상적인 뜻으로 민족은 삶에 속한 선들이나 또는 악들을 뜻한다/147항. 민족은 주님에게서 비롯된 사랑에 속한 선이나 인애 안에 있는 자들을 뜻한다/667 · 920 · 923항. 왕들은 만국과 민족들과 백성이 뜻하는 것과 동일한 것을 뜻한다 /921항.

믿음(faith)
믿음은 진리이다/111 · 129항. 믿음과 인애의 결합에 관한 다종다양한 것들의 설명/417항. 믿음은 인애로 말미암아 존재하고, 믿음은 인애의 형체인데, 그것은 마치 말과 소리(speech and sound)의 관계와 같다/655 · 875항. 별과 빛으로 설명된 인애와 믿음의 비교 설명에서 인애에서 분리된 믿음이 무엇을 뜻하는지, 그리고 인애와 결합된 믿음이 무엇을 뜻하는지 알 수 있다/875항. 인애에서 비롯된 믿음의 성질(=본성)이 기술되었다 /451항. 인애와 믿음은, 그것들이 일들 안에 존재하지 않고, 그리고 그것들이 그 일들 안에 존재하지 않고, 유지되지 않는다면, 아무것도 아니다는 것/875항. 사람 안에 있는 인애와 믿음은 내적으로 행위 안에 있고, 그리고 결과적으로 일들 안에 있고, 그 때 그것들은 의지 안에 있는데, 그 이유는 그것들은 그 때 노력(=애씀) 안에 있다는 설명/875항.

주님에 관한, 그리고 그분으로 말미암은 구원에 관한 믿음에 속한 일반적이고, 보편적인 개념/67항. 주님을 믿는 자들은 영생(永生)을 얻고, 구원받는다는 설명/60 · 553항. 주님과 믿음의 시인은 주님의 현존(=임재 · 알현)을 이룬다 ; 그러나 정동과 사랑은 결합을 이룬다/937항. 바울과 야고보도 율법을 실천하는 자가 하나님에 의하여 의롭게 된다는 것에 동의하였다는 것의 설명/828 · 417항.

믿음에 의한 칭의(依唯信得義)에 관한, 그리고 선행들에 관한 개혁교회의 교리에 대해서는 앞에서 설명한 개혁교회의 교리들을 참조/ 개혁교회 교리 III. 개혁교회 교리는 잘못 이해된 바울의 단 한 마디 말씀 위에 세워졌다(로마 3 : 28)/417 · 750항. 기독교계에 있는 교회에 속한 모든 자가 동의하는 내용은, 사람은 율법에 속한 선행들 없이 의롭게 된다는 것이다/391항. 오늘날 오직 믿음만의 교리(依唯信得義)는, 인애가 구원의 수단이 아니고, 인간구원에 관한 전체 교리는 믿음이다는 신학을 구축하였다 /133항. 마찬가지로 그들은 다양한 종류의 설교 · 강론 · 추론 등에 의하여 그들의 교리를 옹호, 정당화 하였다/838항.

기독교계에 두루 퍼져 있는 모두는, 비록 그들이 동의하지 않은, 다른 많은 것들 안에서 믿음만의 교리를 구원의 유일한 수단으로 시인한다/484항. 믿음만의 교리는 다양한 방법들 가운데 주로 성직자의 믿음에 의하여 확증되었지만, 그러나 평신도의 믿음은 아니다/426·461·677항. 믿음만의 교리는 쉽게 수용되는데, 그것의 이유들/539항. 의유신득의에 속한 종교적인 원칙의 수용에는 세 계도가 있는데, 첫째는 그것을 시인하는 것이고, 둘째는 본질적으로 그것을 확증하는 것이고, 셋째는 그것에 일치하여 사는 것이다 ; 첫째와 둘째 계도에는 있지만 셋째 계도에는 있지 않는 자 몇몇이 있는데, 그런 부류의 자들은 정죄 받는다는 것과 그들의 성품이 기술되었다/634항. 의유신득의의 믿음은 인애에서 분리된 믿음이다/388항. 종교적인 사안에 관해서, 오직 믿음의 교리가 전부이다는 것을 제외하면, 아무것도 알지 못하는 자들에 관한 경험에서 알게 된 그들의 주거와 처지/456항. 유식한 사람은 구원을 믿음의 공으로 돌리지만, 인애의 공으로 돌리지 않는다 ; 그 이유는, 그들이 모든 것을 지식의 공으로 돌리지만, 정동에 돌리지 않는다는 것인데, 그 이유는 전자는 시각에 보이지만, 이에 반하여 후자는 보이지 않는다는 것 ; 그러나 믿음은 생각(사상)에서 발출하지만, 인애는 정동에서 나온다는 것 때문이다/908항. 믿음은 생각에서 발출하고, 인애는 정동에서 발출한다/655항. 반드시 단절하여야 할 교리나 신조는, 율법에 속한 선행 없이, 오직 믿음에 의하여 의롭게 된다는 것(依唯信得義), 다시 말하면 구원받는다는 것이다/838항.

그들은, 다종다양한 추론에 의하여, 오직 믿음만이 구원의 유일 수단이다는 것을 구축하였다/449항. 남쪽 영역에는 구원의 유일 수단으로서 오직 믿음만을 시인하고, 관습적인 예배를 드리고, 그들이 좋아하는 대로 그렇게 사는 자들이 있고, 경험에서 얻은 교리로 자신들을 확증한 자들의 수많은 환상적인 개념이나 생각이 열거되었다/451항. 인애에서 분리된 믿음의 내면적인 것들이 사탄의 깊은 흉계(사탄의 깊음 : 2 : 24)이다/ 143항. 그들은 유령들이다/675항(영국사람 참조). 그들은 유혹하고, 결과적으로 그들은 위험한 존재이다/144항. 믿음에 의하여 하나님은 내적으로 역사하고, 심지어 사람의 고유의지에까지 역사하신다는 거짓 주장을 일삼는, 인애에서 전적으로 믿음을 분리시키는 자들에 관하여 ; 그들은 왼쪽을 향해 있었고, 그리고 사람의 마음의 내면적인 것들은 하나님을 위한 것이고, 외적인 것들은 사람을 위한 것이다는 것 ; 그러므로 하나님은 사람에게 관계되는 것에는 전혀 관심을 두지 않는다는 자들이다는 것, 그리고 머리 둘을 가진 거북이들로 보였다는 것/463항. 믿음만의 교리에 빠져 있는 자들의 내면적인 추론은 제일 먼저 밝혀져야 하고, 제거되어야 한다 ; 그렇지 않으면, 새 예루살렘이 가리키는, 새로운 교회에 속한 믿음에 속한 진리들은 영접, 수용될 수 없기 때문이다. 그런 이유 때문에 그들이 묵시록에서 다루어졌다/483·700항. 자기 자신을 오직 믿음의 교리로 확증한 자들은 새로운 교회에 속한 본질적인 것 둘을 영접, 수용할 수 없는데, 그 둘은, 하나는 주님께서 천지(天地)의 하나님이시다는 것의 시인이고, 둘째는 십성언의 계명들에 일치하는 삶의 시인이다 ; 그리고 그들은 세 가지 이유 때문에 그것들을 거부한다는 것의 설명/500항.

자신들을 그 믿음에 속한 거짓들로 확증한 자들은 그것들에게서 큰 어려움을 가지고 물러난다는 것 ; 그 이유는 그들이 영들의 세계(the world of spirits)에 있는 용추종자들에 의하여 결속되어 있고, 그리고 그 사회에 있는 그들과 함께 결합되어 있기 때문이다/563항. 오직 믿음만의 교리에 빠져 있고, 그들의 믿음의 형태로 말미암아 기도하는 자들은 하나님을 세 분으로 주님을 두 분(三神二主)으로 만드는 것. 이외에 다른 것을 할 수 없다 ; 그 이유는 그들은, 그분은 아들(聖子)을 위해서 자비를 가지고 계시고, 성령을 보내신다는 하나님 아버지께 기도하기 때문이다/537-611항.

자신들을 오직 믿음의 교리에서 확증한 자들은 자신들이 이해를 닫는 것만큼, 더 이상 성언 안에 있는 진리들을 어느 것도 보지 못한다/421항. 오직 믿음만이라는 교리로 스스로를 다짐한 자들은 성언으로부터 아무런 진리도 가지지 못하고, 오히려 위화된 진리들을 가지고, 그리고 그것으로 인하여 그들 가운데는 교회가 존재하지 않고, 또한 어떤 종교도 존재하지 않는다/541항. 그것에 대한 설명/675항. 오늘날 믿음에 속한 교리는 성언에 정반대이고, 그리고 그것은 전 성언을 위화한다/136·404·570항. 확증으로 말미암아 오직 믿음만이라는 교리에 있는 자들은, 열거된 것과 같이, 성언에서 비롯된 진리들을 알지만, 그러나 그들은 그것들을 모두 위화하고, 그 종이에 의하여 입증되었는데, 그 종이에는 그 진리들이 기술되었다 ; 책상 위에 놓여진 그것은 천계에서 비롯된 직접적인 입류에 의하여 빛을 발하였고, 그리고 다른 책상에 있는 성언을 만지는 것에 의하여 빛이 밝게 발하였다 ; 그리고 그것에 관한 설명/566항. 오직 믿음만의 교리에 있는 관리인이 책상 위에 놓인 성언을 만졌을 때, 그 방의 구석으로 나가 떨어졌다는 관리인에 관하여/566항.

모자(母子)간의 간음은 오직 믿음만에 의하여 성언의 진리들의 위화에 대응하고, 그의 아버지의 여자인 빌하와 저지른 르우벤의 간음은 이것을 표의한다/134항.

확증으로 말미암아 오직 믿음만의 교리에 빠져 있는 자들은 허깨비에 속한 빛 가운데 있는데, 그 빛은, 본질적으로 어둠으로, 올빼미나 박쥐가 그 빛에 의하여 보는 그 빛에 대응한다/566항. 삶에 속한 악은 그 믿음에 속한 거짓들로부터 뒤이어진다/698항. 오직 믿음만의 교리로 자신들을 확증한 자들이 성언에 속한 거룩한 것들을 모독하고 위화하는 것을 막기 위해서, 그들이 진리들을 위화하는 것이 주님의 신령섭리이다/686·688항. 오직 믿음만의 교리로 자신들을 확증하고, 그리고 천계에 올리워지고, 그리고 거기에서 떨어질 때, 죽은 말(馬)들처럼 보이는 300여명에 관해서, 그리고 그 이유는 살아 있는 말은 성언에 속한 이해를 뜻하고, 죽은 말은 파괴된 성언에 속한 몰이해(沒理解)를 뜻하기 때문이다/611항. 용과 같은 영들은, 이 신조(信條), 즉 율법에 속한 선행은 구원에 대하여 필수적이 아니고, 뿐만 아니라 그것은 성경과 일치하지 않는다는 신조나 교의(敎義)에 의하여 생긴 상처들을 치유한다/576-578항. 율법에 속한 선행들은 곧 십성언의 율법에 속한 선행들을 뜻한다고 주장하는 자들에 관하여, 그리고 천계로부터 그들에게 주어진 대답에 관해서/578항. 아비소스의 구덩이가 기술되었는데, 거기에는 오직 믿음만의 교리로 확증한 자들이 있다/421·422항.

하나님 아버지께서 인류로부터 그분의 은혜와 호의를 거두셨다는 것 ; 그리고 그러므로 조정과 속죄가 필수적이다는 그들의 믿음에 속한 이런 신조에 관하여 ; 그러나 이런 신조는 성경과 이성(理性)에 정반대이다는 것의 설명/484항. 소금

신상이나 롯의 아내의 소금 기둥과 같은 그 행위의 측면에서 그들이 자신들을 그렇게 만드는 오직 믿음만의 교리에 의한 칭의(稱義)의 행위에 관하여/484항. 사람이 행한 인애에 속한 선행들은 구원에 전혀 보탬이 되지 않고, 그것으로 인하여 뒤이어지는 거기에 전혀 종교가 존재하지 않는다고 가르치는 믿음에 의한 칭의의 상태에 관한, 그리고 그것의 신비들에 관한 설명/484항. 오직 믿음이 구원의 유일한 수단이라고 주장하는 자들에 관하여 ; 그리고 인애가 구원의 유일수단이라고 주장하는 자들에 관하여, 그리고 제설혼합론자(諸說混合論者・syncretist)에 관하여/386항. 믿음은 영적이지만 인애는 아니다는, 또는 인애는 영적이고, 믿음은 그것에서 비롯된다는 것에 대한 어떤 영들 사이에 있었던 토론에 관하여/386항. 믿음과 인애, 그리고 인애의 성질에 관한 토의 ; 만약에 으뜸의 자리에 믿음을 두는 경우, 그 믿음의 성질에 관해서 ; 그리고 으뜸의 자리에 인애를 두는 경우, 인애의 성질에 관하여 ; 그리고 후자의 상태에서 믿음은 인애로 말미암아 영적이라는 것, 이에 반하여 전자의 상태에서 믿음은 자연적이고, 인애 또한 자연적이라는 것 등등에 관한 토의 ; 그리고 그의 손바닥을 발로 해서 걸어 다니는 야바위꾼에 비유/655항. 영적으로 소돔과 이집트(11 : 8)라고 하는 큰 도시는, 구원의 유일한 수단으로 믿음만의 교리를 시인하는 자들이 있는 곳이다 ; 거기에는 인애에 대한 조롱이나 무시에 관한, 그리고 그 믿음에 의하여 죄로부터 사람의 전적인 칭의에 관한, 다양한 것들이 있다/531항. 노천극장에서의 용이 즐기는 유희에 관하여 ; 그것은 환상들에 의하여 그들은 양들이나 어린 양들로 소개되었고, 그 뒤에는 사자들이나 호랑이로 소개되었고, 그들은 그것들을

갈기갈기 찢었다/655항. 그 뒤 용추종자들은 그 도시를 포위하였지만, 그들은 하늘에서 내려온 불에 의하여 전소(全燒) 되었다/655항. 율법에 속한 선행들 없이 믿음만으로 의롭게 된다는 것에 관해서 종교회의에서 토의가 있었는데, 그것에서 얻은 결론은, 나무가 열매를 생산하는 것과 같이, 믿음은 선행들을 생산한다는 것이고, 또한 오직 믿음만의 교리로 자신들을 확증한 자들이 오늘날 그렇게 믿는지 여부가 조사되었는데, 그것은 전적으로 정반대이다는 것이 지각되었다/417항. 이와 같은 결론으로 말미암아 인애와 함께 하는 믿음의 결합은 발견되지 않았다/417항. 인애에서 분리된 믿음의 대표적인 성상(聖像)들이 있는 성전, 즉 예배장소가 그것의 성질의 측면에서 기술되었고, 그리고 그 뒤 그것은 소멸되었고, 그리고 그곳에는 성막・성전・주님만 보였다/926항. 믿음만의 교리로 다짐한 자들의 처지에 관하여, 그리고 영계에서 그들은 건축하는 일에 종사되었는데, 그러나 그들이 낮에 지은 건물은 밤에 모두 파괴되었다 ; 그런 일이 있은 뒤, 그들은 모두 지옥으로 보내졌다/153항. 그들의 처지와 파멸에 관한 설명/531항.

오직 믿음만으로 스스로 확증한 자들은 자신들이 현명하다고 스스로 믿지만, 그럼에도 불구하고 그 때 그들은 어리석은 처녀들이다/433항. 그 확증으로 말미암아 오직 믿음만의 교리에 빠져 있는 자들은, 그 교리가, 비난이나 반박될 수 없을 정도로 아주 교묘하게, 그리고 교활하게 확증되었다고 믿는다/581항. 오직 믿음만의 교리로 자신들을 확증한 자들은 그 믿음에 반대되는 자들을 원수로 여긴다 ; 그러나 특히 그들은 주님의 신령영기 가운데 있는 자들을 그와 같이 느낀다/603항. 오직 믿음의 교리에 빠져

있는 자들은 회개에 관해서 생각하지 않는다/450·531항. 그들에게 십성언은 하나의 빈 서판(a blank table)에 불과하다/461항. 자신들은 그 믿음 아래에서 자유스럽다고, 그리고 율법 아래에서는 구속된 사람들(bond men)이라고 생각하는 자들이 진정한 구속된 자들이다/578항. 오직 믿음만의 교리에 빠져 있는 자들은 자신들 안에 있는 삶에 속한 악들에 대하여 반성하지 않으며, 그리고 반성하려고도 하지 않는다/531·710항. 오직 믿음만의 교리에 관한 신조는 가히 저주스러운 것이다는 설명/838항. 그들은 염소들이다는 설명/417·838항. 교회는 인애로 말미암아 시작되고, 그리고 오직 믿음만이라는 가르침에서 죽어버린다/82항.

오직 믿음만의 교리에 빠져 있는 자들은, 이해는 그들의 믿음에 속한 모든 것들에 예속(隷屬)되어야 한다는 것을 원하고, 가르치는데, 그러나 이런 신조나 주장은 매우 위험하다는 설명/224·564·575항. 이해는 믿음에 예속되어야 한다는 것, 또는 그 교회가 가르치는 것은 맹목적으로 믿는 것이다는 것 등은 이런 신조나 주장을 선포한 로마 가톨릭 종교에서부터 계속되고 있다/914항. 그것에 의하여 주님에게서 비롯된 생명의 길은 막혀졌고, 그렇기 때문에 사람은 더 이상 빛을 받지 못한다/914항.

밀(小麥·wheat)

밀과 보리(大麥)는 성언에서 비롯된 교회에 속한 선과 진리를 뜻한다/315항.

ㅂ

바다(sea)

바다(21∶1)는 천계의 가장 외적인 것 안에 있는 천계를 뜻한다/878항. 이런 이유 때문에 가장 외적인 것 안에 있거나, 먼 거리에 있는 천계는 바다와 같이 보인다 ; 그리고 성언의 문자적인 뜻에서 비롯된 일반적인 진리들 안에서 사는 자들이 있는 천계는 대기권 같이 보인다 ; 따라서 천계에는 바다에서 비롯된 외현들이 있다/238·404·878항(대기 참조). 바다는 일반적인 종류의 진리들 안에 있는 자들 가운데 있는 교회를 뜻하고, 또한 외적인 자연적인 예배 안에 있는 자들의 교회를 뜻한다 ; 그러나 영계에서는 거의 없다/238·869항. 바다는 교회에 속한 외적인 것들을 뜻하고, 결과적으로는 교회의 외적인 것들 안에 있는 자들로 이루어진 교회를 뜻하고, 땅은 교회에 속한 내적인 것들, 결과적으로는 교회의 내적인 것들 안에 있는 자들로 구성된 교회를 뜻한다 ; 그러므로 바다는 평신도에게 있는 교회를 뜻하는데, 그것은 평신도는 교회의 외적인 것들 안에 있기 때문이다 ; 그리고 성직자는 교회의 내적인 것들 안에 있기 때문에, 땅은 성직자에게 있는 교회를 뜻한다/398·402·470·567·594·677·680항. 불이 섞인 유리바다(15∶2)는 외적인 예배에는 있지만, 그러나 동시에 내적인 예배에는 있지 않는 자들의 모임을 뜻한다/659·661항. 없어져 버린 바다(21∶1)는, 최후심판이 있기 전 여러 종류의 기독교인들로 구성된 천계를 뜻한다 ; 최후심판 때부터 그들은 추방되고, 생명책에 기록된 자들은 구원을 받았다/878항. 바다는 또한 지옥을 뜻한다/791항.

바람(風·wind)

바람(7 : 1)은 천계에서 비롯된 입류를 뜻하고, 나쁜 뜻으로는 지옥에서 온 접신을 뜻한다/343항. 천계에서 비롯된 이 입류가 하나님의 생기(=바람)·호흡·숨결이라고 불리웠다/343항. 공기에 속한 호흡은 이해나 믿음에 대응한다/708항. 특히 동풍을 가리키는 바람은 입류에 의한 거짓들의 소산(消散)이나 소멸을 뜻한다/343항.

바벨·바빌론(Babel·Babylon)
교황주의자들 참조.

바울(Paul)
바울이 로마서(3 : 28)에서 로마 사람들에게 한 구절인 "사람은, 율법의 행위와는 상관없이, 믿음으로 의롭게 하여 주심을 받는다"는 말씀을 잘못되게 이해되고 있다/417·750항.

반석(盤石·rock)
주님에 관해서 언급될 경우 반석은 신령진리를 뜻한다/768·915항. 반대의 뜻으로 반석(=바위)은 거짓에 속한 믿음을 뜻한다 ; 그리고 산(山)은 악에 속한 애욕을 뜻한다/339항. 믿음에 속한 거짓들 안에 있는 자들은 구멍이나 틈을 통해서 바위들 사이에 기어들어간다/338항. 산과 바위가 자신들을 숨긴다(6 : 16)는 말이 뜻하는 내용/339항.

발(foot)
자연적인 것을 뜻한다. 주님에 관해서 언급한 경우 발은 신령자연적인 것을 뜻한다/468항. 오른발로는 바다를, 왼발로는 땅을 디디고 선다(10 : 2)는 말은 그것의 내적인 것 안에 있는 자들과 꼭 같이, 교회의 외적인 것 안에 있는 자들도, 주님의 보호와 통치 하에서 주님께서 전 교회를 장악하고 있다는 것을 뜻한다/470항. 주님의 발판(footstool)은 땅 위의 교회를 뜻한다/49항. 발로 선다(11 : 11)는 말은 겉사람 또는 자연적인 사람의 측면에서 개혁되었다는 것을 뜻한다/510항.

발람(Balaam)
발람은 위선자였고, 점쟁이, 또는 점치는 자(soothsayer)였다 ; 발락에게 준 그의 조언을 통하여 그는, 우상들에게 바쳤던 제물들을 먹게 하여, 이스라엘의 자손들의 멸망을 노렸다/114항.

밤(night)
밤(21 : 25)은 믿음에 속한 거짓을 뜻한다/922·940항. 낮과 밤이 뜻하는 내용, 그리고 밤이나 낮이나(14 : 11)라는 말이 뜻하는 내용/414·637항(날·태양 참조).

밧모 섬(Patmos)
밧모 섬(1 : 9)은 거기에서 요한이 조요될 수 있는 장소와 상태를 뜻한다/34항.

배(ship)
배(8 : 9)는 선과 진리에 속한 지식들을 뜻한다/406항.

배고픔(hunger)
굶주림 참조.

백사십사(144·one hundred and forty-four)
열둘(12) 참조.

백성(百姓·people)
여러 백성(10 : 11)은 교리에 속한 진리들이나 또는 교리에 속한 거짓들 안에 있는 자들을 뜻하고, 추상적으로는 진리들이나 거짓들을 뜻한다 ; 민족(10 : 11)은 삶에 속한 선들이나 또는 삶에 속한 악들 안에 있는 자들을 뜻하고, 추상적으로는 선들이나, 악들을 뜻한다/483항.

뱀(serpent)
뱀(9 : 19)은 사람의 생명에 속한 궁극적인 것들을 가리키는 감관적인 것들을 뜻한다 ; 따라서 교활함이나 다종다양한 악들을 뜻한다/455·841항. 뱀(12 : 14)은 유혹자들을 뜻한다/562항.

버가모(Pergamos)
버가모 교회(2 : 12)는 교회에 속한 모든 것들을 선행들 안에 두지만, 교리에 속한 진리들 안에는 아무것도 두지 않는 자들을 뜻한다/107항.

번개(lightning)
번개·천둥·음성(4 : 5)은 조요·지각·교육(=가르침)을 뜻한다/236항. 그것들은 오직 믿음만이라는 가르침에 관한 추론들을 뜻하고, 그것을 선호하는 다툼과 확증들을 뜻한다/396항.

벌거벗음·벌거벗다(=알몸·naked·nakedness)
벌거벗음(3 : 18)은 순진무구를 뜻하고, 또한 선과 진리의 무지(無知)를 뜻한다 ; 벌거벗고 돌아다닌다는 말은 진리들 밖에서 산다는 것을 뜻한다/706항. 벌거벗음(=알몸)이나 벌거벗은 수치는 그것 안에서 사람이 태어난 악하고, 추하고, 더럽혀진 사랑을 뜻한다/213·706항. 비참하게 만들고, 벌거벗은 꼴로 만든다(17 : 16)는 말이 뜻하는 내용/747항.

법궤(ark)
십성언(Decalogue) 참조.

베냐민(Benjamin)
베냐민은 선에서 비롯된 진리에 속한 삶을 뜻한다는 것의 설명/361항.

베드로(Peter)
사도들 중에서 베드로는 진리와 믿음을 표징한다/790항. 베드로에 관해서, 그리고 그에게 주어진 열쇠들에 관해서 언급된 곳에서의 베드로는 베드로를 뜻하지 않고, 오히려 그 때 베드로가 고백한 신령진리를 뜻하고, 주님께서 그것 위에 주님의 교회를 세우실 반석이 뜻하는 진리를 뜻한다/768·798항. 천계에 있는 성경에서 베드로 대신에 주님으로 말미암아 존재하는 선에서 비롯된 진리로 읽혀진다/768항.

벽옥(碧玉·jasper)
벽옥(21 : 11)은 영적인 뜻 안에 있는 신령진리로 말미암아 투명한 문자적인 뜻 안에 있는 성언의 신령진리를 뜻한다 ; 결과적으로 일반적으로는 보석들이 뜻하는 것과 꼭 같다/897·911항. 벽옥은 궁극적인 것들 안에 있는 성언에 속한 진리들을 뜻한다/231항.

별(星·star)
별들(1 : 16)은 선과 진리의 지식들을 뜻한다/51·74·333항. 별들은 인애의 선에서 비롯된 믿음에 속한 진리를 가리키는 신령 영적인 진리를 뜻한다/420항. 별들은 총명을 뜻한다/408항. 일곱 별들(1 : 20)은 천계에 있는 교회를 뜻한다/65항. 주님께서는 그분의 신령지혜에 속한 빛으로 말미암아 별이라고 불리셨다/954항. 주님께서는 새 예루살렘을 가리키는 새로운 교회를 위하여 일어나게 될 빛으로 말미암아 샛별(=새벽별)(2 : 28)이라고 불리셨다/151・954항. 하늘에서 떨어지는 별들은(6 : 13)은 성언에서 비롯된 선과 진리의 지식들이 소멸될 것이다는 것을 뜻한다/333항. 어두워지게 될 해・달・별들이 뜻하는 내용/413항 (해 참조).

병(bottle)
병이나 주전자(pitcher)는 그것에 담긴 내용물과 동일한 것을 뜻한다/672항.

병거(兵車・戰車・chariot)
교회에 속한 교리를 뜻한다/437항. 대형 마차(coach)도 거의 같은 뜻을 뜻한다/781항.

병기들(兵器・arms)
병기들은 영적인 전쟁에 속한 것들을 뜻한다/436항(전쟁 참조). 가슴막이(breast-plate)는 논쟁을 뜻한다/436・450항.

병역임무(兵役任務・military service)
전쟁(war) 참조.

별(熱・heat)
영적인 별은 의지를 뜨겁게 지피고, 거기에 있는 사랑을 생성한다/867항. 사후 별은 모두의 정동들을 적나라하게 밝힌다/867항. 영적인 별과 더불어, 영적인 빛은 의도들이나 애씀들을 밝히 드러낸다/867항. 별과 빛으로 인애와 믿음에 속한 비유/875항.

보리(barley)
밀 참조.

보복(=앙갚음・報復・revenge)
복수 참조.

보좌(寶座・throne)
보좌에 앉으신 분(19 : 4)은 주님이시다/808항. 보좌는 천계를 뜻한다/14・221・932항. 보좌(4 : 2)는 표징적인 모양으로 심판을 뜻한다/229・865・932항. 보좌(22 : 1)는 정부를 뜻한다/932항. 사도들이 그 위에 앉을 보좌들(4 : 4)은 성언에 속한 신령진리들로부터 그리고 성언에서 비롯된 교회에 속한 신령진리들로부터 온 심판을 뜻한다/233항. 왕좌(16 : 10)는 악과 거짓에 속한 정부(=다스림)을 뜻한다/694항. 사탄의 왕좌(2 : 13)가 뜻하는 것/110항. 짐승의 왕좌(16 : 10)가 뜻하는 것/694항.

복받은 사람・행복한 사람(the blessed)
복받은 사람, 또는 행복한 사람은 지복(至福)과 영생을 얻은 사람들을 뜻한다/639・816・944・951항.

복수・앙갚음(復讐・vengeance・revenge)
복수나 앙갚음을 주님의 탓으로 돌리는데, 그 때 사악한 자는 주님에게 복수의 불길을 토해내며, 그 때 그 사람은 멸망한다/806항.

복술・복술을 한다(卜術・enchantments・incantation・to enchant)
복술(=마음을 흐리게 한다)은 거짓된 것을 설득하고, 따라서 진리를 파괴하는 것을 뜻한다/462・655・892항. 마술・마법・주문(incantation)은 거짓을 설득하는 것, 결과적으로는 진리의 파괴를 뜻할 뿐만 아니라, 참된 것에 대하여 설득하는 것, 결과적으로 거짓의 파괴를 뜻한다/462항. 옛날 사람들에게는 세 가지 방법으로 행하여졌는데, 그것들에 관한 설명/462항.

복음(福音 · gospel)

율법과 복음에 관해서는 개혁교회들의 교리에 관해서 이미 설명한 것을 참조하시고 ; 복음은 주님 강림과 주님나라의 도래(到來)를 뜻하고, 그리고 새로운 교회가 주님에 의하여 세워질 것이라는 것과 그리고 복음을 선포한다는 것은 이런 사실들을 널리 알리는 것을 뜻한다/478 · 553 · 626항.

본다 · 환상(幻像 · to see · vision)

본다(to see)는 것(1 : 7)은 이해하는 것을 뜻한다/7항. 환상 가운데 있다는 말이 뜻하는 내용/36항. 예언자들이 환상 가운데 있을 때 그들의 상태에 관하여/945항.

부(富 · riches)

부(富)는 영적인 부를 뜻하는데, 그것은 선과 진리의 지식들을 가리킨다/206항.

부끄럼(羞恥 · shame)

벌거벗음의 수치가 뜻하는 것이 무엇인지는 벌거벗음 참조.

부름 받은 자(=초청된 자 · the called)

부름 받은 자는, 일반적인 뜻으로, 두루 세상에 있는 모두를 뜻한다 ; 그 이유는 모두가 부름을 받았기 때문이다/744항. 개별적인 뜻으로 부름 받은 자는 주님과 함께 있는 자들을 뜻한다/744항. 어린 양의 혼인잔치에 초청된 자는 새로운 교회에 속한 것들을 영접, 수용한 자들을 뜻한다/816항. 부르심 받고, 택하심을 받고, 신실한 사람은 교회에 속한 외적인 것들이나, 내적인 것들, 그리고 극내적인 것들 안에 있는 자들을 뜻한다/744항.

부유성사 · 기름을 바름(傅油聖事 · 塗油 · unction · anointing · to anoint)

기름 참조.

부활(復活 · resurrection)

첫째 부활(20 : 5)은 구원과 영생을 뜻한다/851 · 852항. 묵시록서에는 둘째 부활이 언급되지 않았다/851 · 853항. 주님에 의하여 낮은 땅에서 보호되었던 자들의 최후심판 뒤 그들의 부활에 관하여/325 · 326 · 329 · 843 · 845 · 846 · 850 · 884 · 885항(영계 참조). 사후 그들은 가르침을 받는다는 모두의 처지에 관하여 ; 그리고 그 뒤에는 다양한 사회들에게 보내지고, 종국에는 그들의 사랑이나 믿음이 존재하는 곳에 그들은 머문다/549항. 사후 사람들의 상태에 관계되는 다양한 개별적인 것들에 관해서 ; 예를 들면, 그들은 이 세상에 있었던 것과 같은 몸으로 있지만, 그러나 영적인 몸으로 있다는 것 ; 그리고 그들은, 자연적인 정동들을 벗고, 영적인 정동들을 입을 때까지 영들의 세계에 머문다는 것 ; 그밖의 수많은 다른 내용들에 관해서/153항.

분노(忿怒 · wrath)

분노나 복수 따위를 주님의 탓으로 돌리는데, 그럼에도 불구하고 악한 사람은 분노하고, 복수의 불을 내뿜는다/525 · 635 · 658 · 806항. 하나님의 진노(15 :

7)는 교회 안에 있는 온갖 악들이나 거짓들을 뜻한다/673항. 어린 양의 큰 진노의 날(6 : 17)은 최후심판을 뜻한다/340·525·806항. 어린 양의 진노(6 : 16)는 악한 자 안에 있는 천계에서 비롯된 주님의 유입을 뜻한다/339항. 악한 사람에 관해서 언급될 경우 분노나 진노는 증오를 뜻한다/558·565·655-658항. 분노는 악에 관해서 언급하고, 성냄은 거짓에 관해서 언급한다/635항.

불(火·fire)
불은 신령사랑을 뜻한다/468항. 영계에서 사랑은 멀리에서는 불로 보인다/422항. 그러므로 번제단 위의 불은 신령 천적인 사랑을 뜻하고, 그런 이유 때문에, 거기에 계속적으로 꺼지지 않는 불이 있어야 한다는 것이 명령되었다 ; 그리고 번제단에서 취한 불을 향로에 담는데, 그것들은 향내를 이룬다는 것/395항. 반대의 뜻으로 불은 지옥적인 사랑(=애욕)을 뜻한다/422·494항. 불과 유황은 지옥적인 사랑(=애욕)이나 그것에서 비롯된 정욕들을 뜻한다/452·453항. 불이 증오나 미움을 뜻한다/655·766항. 불과 뒤섞인 우박이 뜻하는 것/399항(우박 참조). 여호와께서 불로 사른다는 것은 여호와의 탓으로 돌린다는 것/494항. 진리는 천계에서 온 불에 의하여 입증된다/599항. 천계에서 온 사르는 불은, 그들이 온갖 악들이나 거짓들 안에 빠져 있다는 입증이다는 것을 뜻한다/599항. 그리고 그들이 지옥적인 애욕에 속한 정욕들 안에 있다는 입증/863항. 불로 태운다는 것은 거룩한 것에 속한 모독의 형벌을 뜻한다/748·766항.

불결(不潔·filthy)
깨끗하지 못한 것(unclean) 참조.

붉은 색(赤色·red)
그것이 태양의 불꽃에서 발출하기 때문에, 붉은 색(red)은 사랑에 속한 선을 뜻한다/167·231·305항. 지옥적인 붉음은 악에 속한 애욕(=사랑)을 뜻한다/305항.

비(雨·rain)
비(11 : 6)는 천계에서 비롯되는 신령진리를 뜻한다/496항. "폭우"(=억수 같은 소나기)는 진리의 파멸을 뜻하고, 그리고 시험들을 뜻한다/496항.

비단(silk)
비단(18 : 12)은 중간적인 천적인 선과 진리를 뜻한다/773항.

비었다(empty)
사람 안에 거짓들이나 악들 이외에 아무 것도 없을 때 그 사람은 비었다고 일러진다/160항.

비유(比喩·comparison)
성경에서 비유는 대응에서 비롯된다/334항.

비참하다(miserable)
비참하고 가난하다는 말의 뜻은 가난하다(poor)는 말 참조.

빌라델비아(Philadelphia)
빌라델비아 교회(3 : 7)는 주님에게서 온 신령진리들 안에 있는 자들을 뜻한다/172항.

빛(光·light)
주님은, 천사들이나 사람들을 조요하는 빛이시다 ; 그 빛은 영계의 태양으로부터 발출하는데, 주님은 그 태양 안에 사신다/796항. 천계의 빛은 신령진리를 가리키고, 그 빛에 의하여 거짓들은 까발려진다 ; 그리고 모두의 생각들이 폭로되는데, 이 빛은 영적인 빛이다/754·867·922항. 해의 빛이나, 낮의 빛(8 : 12)은 성언에 속한 영적인 빛을 가리키고, 달의 빛이나 밤의 빛(8 : 12)은 성언에 속한 자연적인 진리를 뜻한다/414항. 인애와 믿음 사이에서 그리고 별과 빛의 비교/875항. 영적인 빛에서 일어나는 영광과 자연적인 빛에서 일어나는 영광에 관하여/940항. 허깨비의 빛은 거짓의 확증에 속한 빛을 가리키는데, 그 빛은 올빼미나 박쥐들이 있는 그 빛에 유사하다/566·695항.

빨리(quickly)
곧(shorty) 참조.

빵(=떡·bread)
성만찬에는 빵과 포도즙이 있는데, 거기의 빵은 사랑에 속한 거룩한 것을 뜻하고, 포도즙은 믿음에 속한 거룩한 것을 뜻한다 ; 그리고 물질적인 빵과 천계적인 빵은 거기에서는 상호간에 대응하기 때문이고, 그리고 물질적인 포도즙과 천계적인 포도즙도 상호 대응하기 때문이다/224항. 밀가루로 만들어진 빵은 제물들과 함께 제단 위에 바쳐졌는데, 그것은 과자(cake)나 또는 곡식제물(meal-offering)이라고 불리웠다/778항. 성막의 식탁 위에 놓인 진설병(陳設餠·the bread of faces)은 밀가루로 만드러졌다/778항. 그 이유는 밀이 성언에서 비롯된 교회에 속한 선을 뜻하고, 그리고 고운 밀가루는 거기에서 파생된 그것의 진리를 뜻하기 때문이다/315항.

뿔(角·horn)

주님에 관해서 언급할 경우, 뿔(5 : 6)은 주님의 전능(全能)을 뜻한다/270항. 열 뿔(17 : 12)은 신령진리들에게서 비롯된 성언의 능력을 뜻한다/740·746항.

ㅅ

사기(詐欺·속임·deceit)
거짓말(a lie)은 거짓을 뜻하고, 거짓말을 하는 것을 뜻하고, 사기(=속임)는 날조(捏造)에서 비롯된 양자를 뜻한다 ; 그 이유는 사기나 교활은 그 자체에 대한 어떤 것을 제안하기 때문이다/624항.

사데(Sardis)
사데 교회(3 : 1)는 죽은 예배 안에 있는 자들을 뜻한다/154항. 죽은 예배에 관한 것들/154·157·161항.

사도들(使徒·apostles)
주님의 사도들은 교회에 속한 선들이나 진리들을 배우고, 가르치는 자들을 뜻함/79항. 사도들이 교회에 속한 선들이나 진리들을 가르치는 자들을 뜻한다는 것, 그리고 결과적으로 주님의 열두(12) 사도들은 교회에 속한 선들이나 진리들을 표징하고, 그리고 그것에 속한 선들이나 진리들의 측면에서 교회를 뜻한다/5·233·790·903·915항. 베드로·야고보·요한이 뜻하는 내용/5항. 열두 보좌에 앉아서, 이스라엘 열두 지파들을 심판한다(마태 19 : 28 ; 누가 22 : 30)는 사도(=제자)들도 동일한 내용을 뜻한다/233·798항. 그들이 거룩한 것들을 표징하기 때문에, 사도들은 거룩하다고 불리웠다/790항.

사람(=인간 · man)

사람은 총명과 지혜를 뜻한다/243항. 집합체로서의 사람은 교회를 뜻한다/910항. 사람의 아들(Son of man)은 교회의 진리에 속한 교리를 뜻하고, 주님에 관해서 언급되었을 때 사람의 아들(人子)은 성언을 뜻한다/910항. 사람은 사후에도 사람이다 ; 그 때 그는 그의 사랑에 속한 성품(=정동)이다/558항. 영들이나 천사들과 사람의 제휴에 관하여/943항. 사람은 영들의 세계에 있는 자들과 직접적으로 교류하고, 간접적으로는 천계나 지옥에 있는 자들과 교류한다/552 · 558항. 사람은 자기 자신과 함께 있는 영들에 속한 것을 전혀 알지 못하고, 그리고 사람에 속한 영들에 관해서도 전혀 알지 못한다 ; 그 이유/943항.

사랑(love)

주님의 천적 왕국에 있는 천사들이 있는 천적인 사랑이 있고, 주님의 영적 왕국에 있는 천사들이 있는 영적인 사랑이 있다 ; 두 왕국에 관하여, 그리고 거기에 있는 사랑들에 관하여/120 · 121 · 123 · 387 · 647 · 725 · 854 · 920항. 천적 왕국에 있는 사랑은 주님을 사랑하는 사랑이고, 그리고 주님으로 말미암아 선용들을 실행하는 것에 속한 사랑인데, 그 사랑은 거기에서는 상호애(相互愛)라고 불리운다/353항. 영적인 사랑은, 인애라고 부르는 이웃에 대한 사랑을 가리킨다/128항. 영적인 사랑은 그것의 본질을 천적인 사랑에서 취한다/395항. 이 사랑은 지혜가 그것에서 파생된 근원되는 사랑이다/875항. 천계는 신령지혜를 통하여 신령사랑으로 말미암아 존재한다/875항. 사랑과 지혜는, 만약에 그것들이 선용 안에 있지 않다면 아무것도 아니다는 것/875항. 사랑과 지혜는, 그것들이 선용에 대한 의지에 속한 애씀(=노력) 안에 있을 때, 그럼에도 불구하고 행위나 존재 안에 있다/875항. 사후 모두는 자신들의 지배애(支配愛)에 속한 성품이 된다/756항. 그들은 천계에 오르면 천적 사랑이나, 영적 사랑에 속한 성품들이 되고, 결과적으로는 선과 진리에 속한 사랑의 성품들(=정동들)이 된다/756항. 천계에서 지복(至福)은 선과 진리에 속한 정동의 본성과 일치한다/782항. 주님 앞에서 천계나 교회는 사랑에 속한 정동들에 일치하여 다스려진다는 것/908항. 새로운 교회에 속한 모든 것들은 사랑에 속한 선으로 말미암아 존재한다는 것/907 · 908 · 912 · 917항. 영계에 있는 사상에 속한 지식은 임재를 이루고, 사랑에 속한 정동은 결합을 이룬다/937항. 결합에 일치하여 사랑은 상호적인 것이 된다/937항. 신령사랑과 신령지혜는 공간(place) 안에 있지 않지만, 수용에 일치하여 사람에게 있다/796항. 따라서 인애와 믿음도 공간 안에 있지 않지만, 수용에 일치하여, 공간 안에 있는 사람들에게 존재한다/947 · 961항. 사랑에 속한 선은 지혜에 속한 진리들에 의하여 형성된다/912항. 인애를 가리키는 영적인 사랑에서 비롯된 것이 아니면, 살아 있는 진리의 알곡이나 영적인 믿음은 존재하지 않는다/908항. 이 세상에서 사람들은 정동들에는 주시하지 않고, 사상들에는 주의하는데, 그 이유에 관하여/756항. 자기사랑, 특히 자기사랑에서 비롯된 지배에 속한 사랑은 지옥적이다는 것/691 · 729항. 자기사랑에서 비롯된 지배에 속한 사랑은 악마이고, 거기에서 파생된 총명에 속한 자만은 사탄이다/453항. 자기사랑에서 비롯된 지배에 속한 애욕(=사랑)이나, 자기총명에서 파생된 자만은 지옥적인 애욕들(=사랑들)의 우두머리들이다 ; 이것은 이 세상에 알려져 있지 않는데, 그 이유/502항. 그러나 선용에 속한 사랑에서 비롯된 지배에 속한 사랑은 천적이고, 그리고 그들은 천계에서 지배하는 이 사랑 안에 있다/502· 849항. 자기사랑에서 비롯된 지배의 애욕이나, 자신의 총명에서 비롯된 자만이 우두머리가 될 때, 천적인 사랑을 가리키는 선용에 속한 사람은 발이나 발바닥을 이룬다 ; 그리고 그것의 반대에 관하여/502항. 천적인 사랑이나 영적인 사랑은 자기사랑에 빠져 있는 자들에게, 그리고 자기총명의 자만에 빠져 있는 자들에게, 그것들이 유입할 때, 고통과 괴로움을 준다는 것/691항. 자기사랑이 그의 쾌락의 측면에서 기술되었는데, 이 사랑은 그의 마음을 철저하게 악한 그의 육신에 속한 자아 속에 매몰하고, 결과적으로는 그것은 그것을 하나님에게서 떼어 놓고, 그리고 그것으로 인하여 사람은 자연 숭배자가 된다/692항. 그리고 그 사람은 감관적이고 관능적인 사람이 된다/692항. 이 세상에서 최고의 계도의 쾌락적인 것으로 느껴지는 자기사랑이나 세상사랑에 속한 쾌락들은 지옥에서는 정반대되는 불행 따위로 바뀐다/763항. 온갖 정욕들에 속한 정동들인, 악에 속한 사랑의 애욕들 안에 있는 자들은 사후 지옥에 간다/756항. 모든 사랑은 어떤 종류의 기쁨이나 쾌락 하에 느껴지는데, 따라서 악한 것이 무엇인지를 사람이 모른다면, 그는 선처럼 악을 느낄 것이고, 그리고 그것으로 인하여 온갖 거짓들로 그것을 확증하고, 그리고 그것으로 말미암아 사람은 멸망한다/531·908항.

사막(desert)
광야 참조.

사슬(=고리·chain)
손에 사슬을 들었다는 말은 매고, 푸는 일에 속한 능력에서 비롯된 애씀을 뜻한다/840항.

사자(lion)
사자(4 : 7)는 신령진리의 능력을 뜻한다/241항. 주님에 관해서 언급할 경우, 사자는 능력의 측면에서 성언에 속한 신령진리를 뜻한다/241항. 마찬가지로 사자처럼 보이는 그룹 중의 하나이다/241항. 사자가 승리하였다(5 : 5)는 말씀은 주님께서 지옥을 정복하셨다는 것을 뜻한다/265항. 사자처럼 울부짖는다(10 : 3)는 말은, 주님에 관해서 언급되었을 때, 지옥들(=악마들)에 의하여 그분의 교회가 그분에게서 빼앗기는 것에 대한 심한 비애나 애통을 뜻한다/471항.

사탄(satan)
악마 참조.

산(山·mountain)
산(6 : 14)은, 주님사랑인 천적인 사랑을 뜻하고, 언덕은 이웃사랑인 영적인 사랑을 뜻한다 ; 그 이유는, 영계에서 천적인 사랑 안에 있는 자들은 산들에서 살고, 영적인 사랑 안에 있는 자들은 언덕들에서 살고 있기 때문이다/336항. 크고 높은 산(21 : 10)은 삼층천을 뜻한다/896항. 예루살렘 가까이에 있었던 "감람산"(=올리브 산)은 주님에 속한 신령사랑을 뜻하고, 그리고 주님께서는 자주 거기에 계셨다/336·493항. 나쁜 뜻으로 산들이나 언덕들은 자기사랑이나 세상사랑을 뜻한다/336항. 산은 악에 속한 애욕(=사랑)을 뜻하고, 바위는 거짓에 속한 믿음(=고집)을 뜻한다/339항. 일곱 산(17 : 9)은 더럽혀진 성언에 속한 신령사랑을 뜻하고, 그리고 더럽혀진 교회의 선들을 뜻한다 ; 그리고 일곱 산은 또한 로마 가톨릭의 종교적인 종지를 뜻한다 /737항.

산고(産苦 · travail in birth)
출산 참조.

산다(to live)
생명(life) 참조.

살 · 고기(肉 · flesh)
성언에 속한, 그리고 교회에 속한 선을 뜻한다/832항. 사람의 고유속성을 뜻한 다/748항. 어떤 것의 고기를 먹는다는 말은 다른 자의 진리들이나 선들을 파괴 하는 것을 뜻한다/748항.

삼(=셋 · three)
성경에서 셋(=삼)은 진리들에 관해서 언급한다/322항. 그러므로 성경에서 셋은 진리에 관한 모든 것을 뜻하고, 삼분의 일도 꼭 같은 뜻을 뜻한다/400항. 그리고 셋은 충분한 것이나, 완전한 것을 뜻한다 ; 왜냐하면 모든 것이나 개별적인 것 안에는 그것이 어떤 것이 되기 위해서는 하나의 삼겹(三重 · a trine)이 있어야 하기 때문이다/505 · 875항. 주님께서 세 번 말씀하셨다는 말은, 그것이 신령 진리이다는 것과 그리고 그것은 반드시 믿어야 한다는 것을 뜻한다/505 · 887항. 일곱(7)은 거룩한 것들에 관해서 언급하고, 셋은 거룩하지 않은 것들에 관해서 언급한다 ; 그렇지 않다면 꼭 같은 것을 뜻한다/505항. 사흘 반(11 : 9)은 종말과 시작을 뜻한다/505 · 562항. 세 조각 난다(=셋으로 나뉘인다)(16 : 19)는 말은 깡그리 파괴되는 것을 뜻한다/712항.

상(賞 · reward)
상(11 : 18)은 내적인 지복(至福)을 뜻하고, 그것으로 인하여 외적인 지복을 뜻하는데, 그것들은 모두가 주님에게서 비롯된다/949항. 따라서 상은, 사랑에 속한 기쁨과 즐거움에서, 그리고 선과 진리의 정동에 속한 기쁨과 즐거움에서 생겨나는 영생에 속한 행복을 뜻한다/526항.

상복(喪服 · sackcloth)
상복을 입는다(11 : 3)는 말은 교회 안에 있는 진리의 황폐에서 생긴 슬픔을 뜻한다/492항.

상아(象牙 · ivory)
상아(18 : 12)는 자연적인 진리를 뜻한다/774항.

새(bird)
가금류(fowl) 참조.

색깔(色 · color)
흰색과 붉은 색은 천계의 기초적인 색이다 ; 그것은 흰색은 천계의 태양에 속한 빛에서 비롯되었고, 붉은 색은 천계의 태양에 속한 불에서 왔기 때문이다 ; 그것에 관한 설명/231 · 915항(흰색 · 붉은 색 참조). 이 두 색은 무지(無知)를 가리키는 천계에 있는 그늘(shade)에 의하여 다른 색깔들로 바뀐다/915항. 거기에는 흰색에 반대되는 사탄적인 검은색이 있고, 붉은 색에 반대되는 악마적인 검은색이 있다/231 · 232항.

샘 · 샘물(fountain · fountains)
주님이나 성언을 뜻한다/484 · 683항.

생각(思想 · thought)

이해(理解) 참조.

생명 · 산다(=삶 · life · to live)
여호와 홀로 생명이시다 ; 그러므로 그분은 살아 있고, 살아 있는 존재라고 하였다/58항. 그분의 신령인간의 측면에서 주님은 역시 그분 안에 계신 생명이시다는 것의 입증/58 · 961항. 주님께서는 영원한 생명이신데, 그것은 영원한 생명(永生)은 그분 안에 존재하고, 그리고 그분에게서 비롯되기 때문이다/60항. 사람은 그 자신 안에 생명이 존재하지 않지만, 그러나 생명의 수용그릇이다/875 · 961항. 사람은 사후에도, 사랑과 믿음을 통하여 주님에게 결합하는 능력으로 말미암아 죽지 않고 산다/224항.

서머나(Smyrna)
서머나 교회(2 : 8)는 삶의 측면에서는 선들 안에 있지만, 교리의 측면에서는 거짓들 안에 있는 자들을 뜻한다/91항.

서 있다(to stand)
하나님 앞에 서 있다(7 : 9)는 말은 경청하는 것을 뜻하고, 그리고 깨달은 것을 행하는 것을 뜻한다/366 · 369항. 제 발로 선다(11 : 11)는 말은 겉사람이나 또는 자연적인 사람의 측면에서 개혁되는 것을 뜻한다/510항.

섞는다(to mix)
섞은 포도주(14 : 10)는 위화된 진리를 뜻한다/635항.

선(善 · good)
인애에 속한 선들을 가리키는 삶에 속한 선들에 관해서는 "인애나 선행들"을 참조하고, 그리고 선과 진리의 결합이나, 악과 거짓의 결합에 관해서는 "혼인"을 참조 ; 사랑에 속한 선은 지혜에 속한 진리들에 의하여 형성된다/912항. 선은 진리들에 의하여, 그리고 진리들에 일치하여 사는 삶에 의하여 형성된다/832항. 사람에게 있는 영적인 선은 진리들에 일치하는데, 그것이 의지에 속한 사랑의 선이 된다/935항. 진리는 선에 속한 형체이다 ; 그 이유는 진리가 선에서 발출하기 때문이다/907 · 908항. 자신의 생각 안에서 선이 보이지 않고, 느끼는 것이기 때문에 그것에 대하여 별로 주의를 하지 않지만, 그러나 진리는 생각 안에서 보이기 때문에 진리에 대해서는 주의를 한다/908항. 선은 다종다양한 여러 종류의 기쁨 하에서 느끼는 것이다 ; 따라서 그것이 악일 수도 있다/908항. 사람은 자기 스스로는 본질적인 선을 행할 수 없지만, 주님으로 말미암아서 선을 행할 수 있다/178항. 주님에게서 온 선들이나 진리들은 사람에게 전유(專有)되지 않지만, 그러나 그것들은 주님의 것으로 그 사람과 함께 계속해서 남아 있다/854항. 사후 선들이나 진리들은 악한 자에게서 제거되고, 그리고 악들이나 거짓들은 선한 자에게서 제거된다 ; 그것의 설명/948항. 천적인 선과 진리에 관하여, 영적인 선과 진리에 관하여/726항 (사랑과 진리 참조).

선물(膳物 · gift)
선물을 보낸다(11 : 10)는 말은 사랑이나 우정을 통한 제휴(提携)를 뜻한다/508항.

선용(善用 · use)
선행이나 일(work) 참조.

섬(island)
섬(1 : 9)은, 하나님 예배에서 멀리 떨어

져 있으나, 그럼에도 불구하고 그 예배에 가까이 다가가려고 하는 이방 사람을 뜻한다/34・336항.

섬기는 자(minister)
진리들 안에 있는 자, 결과적으로 봉사하는 자는 종이라고 불리우고, 그리고 선들 안에 있는 자, 결과적으로 섬기는 자는 섬기는 자라고 불리운다/128・937항. 그러므로 섬김은 영적인 정동이나 그것의 활동을 뜻한다/128항.

섭리(攝理・providence)
주님의 섭리는, 만약에 그들이 거룩한 진리들을 안다면, 그 진리들을 모독하지 않게 하기 위하여, 삶에 속한 악들이나, 그것으로 인한 교리에 속한 거짓들 안에 빠져 있는 자들이 거룩한 진리들을 알지 못하게 하는 것이다/314・316・686・688항.

성막(聖幕・tabernacle)
성막(13 : 6)은 주님의 신령인성을 뜻하고, 표징적인 뜻으로는 천계와 교회를 뜻한다/585・882항. 성막은 주님에게서 비롯된 사랑 안에, 그리고 그것에서 기인한 지혜 안에 있는 자들에게 있는 천적인 교회를 뜻하고, 성전은 주님에게서 비롯된 인애나, 그것에서 기인한 믿음 안에 있는 자들에게 있는 영적인 교회를 뜻한다/585・882항. 증거의 장소인 장막 성전(15 : 5)은 천계의 극내적인 것을 뜻하는데, 주님께서는 성언이나, 십성언을 가리키는 율법 안에 있는 그분의 거룩함 안에 계신다/669・895항. 성전과 성막은, 인애에서 분리된 믿음에 속한 우상이 있는 예배의 장소에 파멸이 있은 뒤에, 보여졌다/926항. 광야에 있었던 성막에 관하여, 그리고 성막 안에 절기

(=잔치)에 관하여/585항.

성만찬(聖晩餐・the Holy Supper)
성만찬, 또는 교황주의자들 가운데 있는 성체성사에 관해서는 서문인 그들의 교리요약 Ⅱ항에서 이미 설명된 것에서 볼 수 있다 ; 교황주의자들의 극악무도한 거짓은 그들이 성체성사에서 떡(=빵)과 포도주를 갈라놓았다/795항. 개혁교회에서의 성만찬에 관해서는 이미 설명한 그들의 교리에서 볼 수 있다/ Ⅷ항. 주님께서 성만찬을 제정하셨는데, 그 이유는, 성만찬이 행해지는 저녁이 그 교회의 마지막 상태와 마지막 미사를 뜻하기 때문이다/219・816항. 만약에 사람이 회개의 대업을 수행하고, 그리고 직접 주님에게 가까이 나아간다면, 성만찬에 의하여 사람과 주님과의 결합은 이루어진다/224・816항. 그러므로 성만찬은 어린 양의 혼인잔치라고 하였다/816항. 성만찬은 회개의 예전이고, 천계의 입문(入門)이다/224・531항. 성만찬의 피는 성언에 속한 신령진리를, 그리고 결과적으로는 그 진리의 측면에서 주님을 뜻한다/379항. 포도주도 마찬가지이다/316항(피나 포도주 참조).

성벽・벽(城壁・wall)
벽은 방어하는 것을 뜻하고, 교회에 관해서 언급할 경우, 그것은 문자적인 뜻 안에 있는 성언을 뜻한다/898항. 예루살렘의 성벽은 문자적인 뜻 안에 있는 성언을 뜻한다/898・902항. 그 성의 기초는 성언에서 비롯된 교리적인 것들을 뜻한다/902항.

성사(聖事・sacraments)
일곱 종류의 성사들에 관한 교황주의자들의 교리적인 것들은 서문인 로마 가톨

릭 교리의 교리 요약 Ⅶ항 참조. 세례는 회개의 예전이고, 교회에의 입문이고, 성만찬은 회개의 예전이고, 천계에의 입문이다/531항.

성서(聖書・sacred scripture)
성언 참조.

성언・성서(聖言・聖書・the Word・the Sacred Scripture)
주님은 성언이시고, 성언에 속한 전부이시다/200・819항. 성언은 거룩하고, 신령하다/752항. 주님에게서 비롯되는 것을 제외하면, 어느 누구도 교리적인 믿음을 볼 수 없다 ; 그 이유는 주님께서 성언이시기 때문이다/42・566・958항. 성언은, 주님께서 그것을 개방하지 않는 자에게는 감추어져 있다/257항. 성언은 주님과의 결합의 수단이다/881항. 성언은 천계의 천사들 가운데 존재한다 ; 그것에 관하여/669항.

성언은 하나님의 일(=창조)의 시작이다/200항. 성언은 생기를 주고, 밝게 비춘다/200항. 사람의 영적인 생명은 성언으로 말미암아 존재한다/411항. 교회의 교리에 속한 영과 생명은 성언으로 말미암아 존재한다/602항. 성언은 교리가 없이는 이해되지 않고, 그리고 교리는 교리에 일치하여 사는 삶 없이는 이해되지 않는다/320항. 문자적인 뜻에 의하여 성언은 전 천계와 교류한다/200항. 그것의 근원에서 성언은 순수하게 신령하다 ; 그것이 삼층천을 통과할 때 그것은 신령 천적인 것이 되고, 그것이 이층천을 통과할 때 신령 영적인 것이 되고, 그것이 이 세상에 이르게 되면, 그것은 신령 자연적인 것이 된다 ; 성언에는 세 뜻들, 즉 천적・영적・자연적인 뜻이 있다/959항. 성언에 속한 영적인 진리는 태양에서 비롯되는 빛과 같고, 성언에 속한 자연적인 뜻은 달이나 별들에게서 비롯되는 빛과 같다/414항. 자기사랑이나 세상 사랑으로부터 성언을 읽는 자들은, 결과적으로 철저한 자연적인 선용에서 성경을 읽는 사람은 그것 안에서 진리를 전혀 보지 못하지만, 그러나 영적인 선용 안에서 진리의 정동으로부터 성경을 읽는 사람은 경우가 다르다/255・889항. 주님의 신령섭리는 삶에 속한 악들 안에, 그리고 교리의 거짓들 안에 있는 사람은 성언 안에 있는 진리나 선을 보지 못한다 ; 그 이유는 그들이 만약에 그것들을 보고, 알게 되면 그들은 그것들을 더럽히기 때문이다/314・316・686・688항.

성언에는 진리의 겉모양(外現)들이 있고, 그리고 순수한 진리들이 알려지지 않는다면 그것들에 의하여 거기에 있는 진리들은 위화된다/439항. 경험으로부터 알게 된 성언을 위화하는 자들에 관하여 ; 그리고 성언의 위화의 뜻에 관하여/566항. 영적인 죽음(死亡)은 성언의 위화와 섞음질에서 발출한다/411항. 개혁 교회는 사실은 교회가 성언 위에 세워진다는 것을 시인하지만, 그럼에도 불구하고 그들은 잘못 이해된 바울의 단 하나의 주장 위에 교회를 세운다/750・417항(믿음 참조). 위화된 성언에서 비롯된 진리들이 놓여 있는 책상에 천계로부터 직접 빛이 유입되었을 때 어떤 일이 일어난 책상에 관하여 ; 그리고 또 다른 책상이 있었는데, 거기에는 위화된 진리를 가지고 있는 사람은 어느 누구도 만지는 것이 허락되지 않은 성언이 놓여 있는 그 책상에 관하여 ; 그리고 오직 믿음만이라는 교리 안에 있는 어떤 관리인이 그것을 만졌을 때 어떤 일이 일어난 관리인에 관하여/566항. 용추종자들에 의하여 성언에 속한 모든 진리들은 위화되었고, 그리고 파괴되었다/541항.
  교황주의자들은 성언이 거룩하다고 선언하지만, 실제적으로는 거룩한 것으로 시인되지 않았는데, 그 이유와 또한 내용에 관해서/725·733항. 그들은 처음에는 성언이 거룩하다고 시인하였지만, 그러나 뒤에 가서는 그들은 그것을 섞음질하였고, 더럽혔다/737항. 그것의 섞음질이나 더럽힘이 평신도들에게 지각되는 것을 막기 위하여, 성언은 그들에게서 제거되었다/739항. 평신도가 성경을 읽는 것에 대해서 그들 가운데서 여러 번 심의 되었는데, 그럼에도 불구하고 그것은 종국에는 부결되었다/734항. 교황주의자들은 심중에서 성언을 증오하고, 경멸하였다/735항. 불란서 국가에 의한 성언의 시인에 관하여/740-774항(불란서 참조).
  성언에는, 그것의 자연적인 뜻 안에 내포된 두 뜻이 있는데 하나는 영적인 뜻이고, 다른 하나는 천적인 뜻이다 ; 천적인 뜻은 천계에 있는 주님의 천적 왕국에 있는 자들에게 지정되었고, 영적인 뜻은 천계에 있는 주님의 영적인 왕국에 있는 자들에게 지정되었다/725항. 성언의 문자적인 뜻 안에 있는 성언은, 그것의 영적인 뜻이 해를 입지 않게 하기 위한 기초요, 창공이요, 또한 파수꾼이요, 성벽이다/898항. 영적인 뜻은 성언의 모든 개별적인 것 안에 존재하고, 그리고 따라서 성언은 내적으로 영적이다/1항. 그것의 영적인 뜻이 해를 입지 않게 하기 위하여, 주님에 의하여 보호되는 성언은 금과 은으로 가득 찬 지갑을 여는 것에 의하여 표징되었다/255항. 어느 누구도 주님으로 말미암지 않고서는 영적인 뜻을 볼 수 없다/824항. 성언의 문자적인 뜻 안에 있는 성언은 순수한 진리들 안에 있는 자들에게는 투명하다/897항. 따라서 주님의 새로운 교회에 속할

자들에게도 투명하다/897항. 거룩한 것으로 성언을 읽는 자들은 성언의 문자적인 뜻에 유입하는 영적인 뜻에서 비롯된 빛으로 조요된다/911항. 하늘 구름 타고 오시는 주님의 강림은 거기에서 주님만 다루어지는 성언의 영적인 뜻의 측면에서 성언의 개봉을 뜻하다/642항. 성언의 영적인 뜻은 최후심판이 있기 전에는 계시될 수 없다/804·825항. 성언에 가해진 폭행은 로마 가톨릭 교도들에 의하여, 그리고 인애에서 분리된 믿음 안에 있는 개혁교도들에 의하여, 그리고 유대사람에 의하여 행해졌다 ; 그러나 그들에 의한 폭행은 성언의 문자적인 뜻에 행한 것이고, 성언의 영적인 뜻에 행한 것은 아니다 ; 그 이유는 이 뜻이 지금까지 알려지지 않았고, 닫혀 있기 때문이다/825·829항. 주님께서는 성언에 가해진, 결과적으로는 주님에게 가해진 모든 폭행을 감수하셨다 ; 그 이유는 주님께서 성언이시기 때문이다/829항.
  성언의 영적인 뜻은 인격에서 분리되었다/78·79·96항(인격 참조). 성언에는 선과 진리의 혼인이 있고, 따라서 거기에는 선에 관계되어 언급된 개별적인 낱말들과 진리에 관계되어 언급된 개별적인 낱말들이 있다/373·483·689항(혼인 참조). 성언 안에 있는 주님에게서 주어진 해석들은 자연적인 뜻 안에 주어지지만, 영적인 뜻에는 주어지지 않는다 ; 그 이유/736항. 이스라엘의 성언이 있기 전, 태고 때부터 아시아에는 성언이 있었는데, 이 성언은 대 탈타르 지역에 있는 사람에게 보존, 남아 있었다/11항. 예언자들의 참된 두 상태에 관해서 ; 하나는 그들이 성언을 기록하는 상태이고, 다른 하나는 그들이 성령에 감동된 상태나 환상 가운데 있는 상태이다/945항(성령 참조).

성전(聖殿·temple)
성전(3：12)은 주님의 신령인성을 뜻하고, 또한 천계와 지상에 있는 교회를 뜻한다 ; 그리고 그것은 세 가지, 즉 주님·천계에 있는 교회·지상의 교회를 뜻하는데, 이것들은 분리될 수 없는 하나를 이루기 때문이다/191·529항. 성막은 주님의 신령인성을 뜻하고, 그리고 신령선 안에 계시는 주님께서 거기에 계시는 천적인 교회를 뜻하고, 성전은 주님의 신령인성을 뜻하고, 신령진리 안에 계시는 주님께서 거기에 계시는 영적인 교회를 뜻한다/585·882항. 성전은 영적인 천계와 그리고 영적인 사랑에서 비롯된 예배를 뜻한다/649항. 새로운 교회 안에는 성전들이 있게 될 것인데, 그럼에도 불구하고, 주님께서는 성전에 계실 것이다는 것/926항. 눈에 드러난 인애에서 분리된 믿음의 형상이 있는 예배장소에 관하여 ; 그리고 천계에서 온 빛을 통한 그것의 파괴에 관하여 ; 그리고 그 성전에 속한 장소에는 그 때 성막·성전, 종국에는 주님만 홀로 보이셨다/926항.

세례(洗禮·baptism)
세례에 관해서 교황주의자들이 가르치는 것이 무엇인지는 그들의 교리해설에 관한 설명에서 볼 수 있다/교리요약 Ⅰ항. 세례는 회개의 예전이고, 교회에의 입문이다/224·531·776항. 개혁교회가 세례에 관해서 가르치고 있는 것은 개혁교회의 교리요약 Ⅵ항에 설명된 것 참조 ; 세례는 천사들 앞에서는 하나의 증표이다 ; 그리고 사람들을 위해서는 하나의 기억의 증표이다/776항. 요한의 세례에 관한 설명/776항. 세례는 온갖 악들이나 거짓들로부터 정화를 표징하고, 따라서 그것들을 뜻하고, 결과적으로는 개혁(=바로잡음)과 중생(=거듭남)을 표징하고,

뜻한다 ; 예전에는 씻는다는 말이 동일한 내용을 뜻하였다/378항.

세상(世上·world)
세상은 이 세상에 있는 자들 모두, 즉 선한 자나 악한 자를 뜻한다 ; 역시 교회를 뜻한다/589항. 창세(=세상의 설시)는 교회의 설시를 뜻한다/589항.

소돔(Sodom)
소돔(11：8)은 자기사랑에서 비롯된 지배욕을 뜻한다/502항.

소리(音·sound)
소리들은 정동들에 대응한다 ; 따라서 악기들의 소리는 두 종류의 정동을 뜻한다/792항(음악 참조). 생각(思想)은 정동으로 말미암아 존재하고, 그리고 생각은 정동에 속한 형체(=틀)이다 ; 그것은 말이 음성에 속한 것과 같고, 마찬가지로 믿음과 인애의 관계와 같다/655·875항.

손(hand)
사람의 손에 속한 일들(9：20)은, 악들이나 거짓들을 가리키는, 사람 본연의 것들을 뜻한다/457항. 손을 대는 것(觸手)은 교류를 생성한다 ; 그러므로 주님께서 그분의 손으로 많은 자들에게 손을 얹었는데, 주님은 그것으로 많은 자들의 병을 고치셨다/55항.

송아지(calf)
송아지는 진리들을 알고자 하는 정동을 뜻한다 ; 반대의 뜻으로는 거짓들을 알고자 하는 욕망들을 뜻한다/242항. 희생제물의 송아지들은 진리들을 알고자 하는 정동을 뜻하고, 그리고 이집트의 송아지들이나, 사마리아의 송아지들은 거짓들을 알고자 하는 욕망들을 뜻한다

/242항. 그룹들을 가리키는 네 생물들 중에 하나인 송아지는 정동의 측면에서 성언에 속한 신령진리를 뜻한다/242항.

수·수를 셴다(number·to number)
성경에서 모든 숫자는 어떤 특정한 뜻을 갖는다/348항. 성경에서 숫자들은 사물들을 뜻하고, 그리고 그것들은, 성경이 그것에 관해서 다루고 있는 그것들에게 어떤 성질을 부가하는 실제적인 것들에 대한 확실한 한정적인 것들을 가리킨다/10·287·348·738·842항. 숫자는 진리의 측면에서 사물의 성질이나 특성을 뜻한다/608-610항. 수를 헤아린다는 말은 성질(=성품·특성)을 아는 것을 뜻하고, 결과적으로는 성질들이나 특성들이 무엇인지 아는 것을 뜻한다/364항.

수고(=애씀·노력·labor)
수고(14:13)는 주님을 목적하고, 영생을 위한, 영혼에 속한 괴로움이나 내습을 뜻하고, 그리고 육신을 십자가에 못박는 것을 뜻한다/640항. 애씀·노력은 온갖 시험들을 뜻한다/884항.

수천
이것이 무엇을 뜻하나/287항(수만 참조).

수태·임신(受胎·conception)
출생·탄생 참조.

수확한다·거두어들인다(gather the vintage)
포도원 참조.

순교자(=증인·殉敎者·martyr)
순교자(2:13)는 진리의 고백을 뜻하고, 마찬가지로 증인도 꼭 같은 것을 뜻한다

/112항. 천계에 있는 순교자들에게는 면류관들이 주어진다/103항(왕관 참조).

술잔(chalice)
컵·그릇 참조.

스랍(Seraphim)
그룹 참조.

스불론(Zebulon)
스불론이나 그 지파(7:8)는, 성언에서 최고의 뜻으로는 주님 안에서의 신령존재와 신령인간의 합일을, 그리고 영적인 뜻으로는 주님과 교회의 혼인을, 그리고 선과 진리의 결합을, 그리고 자연적인 뜻으로는 혼인애를 표징하고, 따라서 그것들을 뜻한다/359항.

스타디온(stadia)
스타디온(14:20)은 길(ways)과 동일한 뜻을 뜻한다/654항. 측량과 동일한 내용을 뜻한다/907항.

슬프다(alas)
"화 입었다"(woe)는 말 참조/416·518·769·785·788항 참조.

승리·정복하다(勝利·征服·victory·to overcome)
정복한다는 것(=이기는 것)(2:7)은 악들과 거짓들에 대항하여 싸우는 것을 뜻하고, 그리고 개혁되는 것(=바로잡음)을 뜻한다/88·105·890항.

시간(時間·hour)
한 시간은 충분한 상태를 뜻하고, 반 시간(8:1)은 매우 큰 것을 뜻한다/389항.

시간(=때 · 時間 · time)
신령 개념 안에는 시간의 개념이 존재하지 않는다/4항. 영계에서 시간과 공간은 생명의 상태에 일치하는 외현들이다/947항. 따라서 시간이나, 시간에 속한 그런 것들은 생명의 상태들이다/427 · 476 · 785 · 935 · 947항. 때가 얼마 남지 않았다(10 : 6)는 말은 교회의 어떤 상태도, 결과적으로는 교회도 존재하지 않는다는 것을 뜻한다/476항. 한 때와 두 때와 반 때(12 : 14)는 종말과 시작을 뜻한다/562항.

시력 · 시각(視力 · 視覺 · vision)
본다는 말 참조.

시므온(Simeon)
성경에서 시므온과 그의 지파는, 최고의 뜻으로는 섭리를, 그리고 영적인 뜻으로는 인애라고 부르는 이웃을 향한 사랑을, 그리고 자연적인 뜻으로는 복종과 경청을 표의하고, 뜻한다/356항.

시온(Zion)
시온 산은, 주님 홀로 예배 받으시는, 그리고 주님의 계명들에 일치하는 삶이 있는 천계와 교회를 뜻한다/612항. 시온의 처녀나 딸은 선과 진리에 속한 정동의 측면에서 교회를 뜻한다/612항.

시험(試驗 · temptation)
이 세상에서 온갖 시험들을 이긴 사람들은 영원히 승리한다/301항. 시험들에 관한 여러 가지 것들/215 · 639항.

신랑 · 신부(bridegroom · bride)
교회와 주님의 혼인에서 볼 때, 주님은 신랑이라고, 교회는 신부라고 불리웠다/797 · 881항. 예루살렘이 가리키는 새로운 교회는 신부라고, 그리고 어린 양의 아내라고 불리웠다/813 · 955항. 교회가 신부라고 불리운 것은 교회가 설시 중에 있기 때문이고, 아내라고 불리운 것은 교회가 완전히 세워졌기 때문이다/895항. 묵시록서 말미에 신부와 신랑이 말하였다 ; 다시 말하면 교회와 주님이 말하였다는 것인데, 그것은 영적인 혼인으로 가는 약혼의 상태에 있기 때문이다/960항.

신실한 사람(faithful)
시실한 자(17 : 14)는 주님을 믿는 믿음 안에 있는 자들을 뜻하고, 그리고 그 말은 교회에 속한 가장 극내적인 원칙들 안에 있는 자들을 뜻한다 ; 교회 참조/744 · 821항.

신장들(腎臟 · reins)
신장(=생각 · 2 : 23)은 총명에 속한 진리들이나 믿음에 속한 진리들을 뜻하고, 심장(=마음)은 사랑의 선이나, 인애의 선을 뜻한다/140항.

심판(審判 · judgment)
그분의 신령인성 안에 계시는 주님께서 심판을 단행하실 것이다/273항. 뿐만 아니라, 주님께서는 어느 누구도 지옥으로 보내는 심판을 단행하시지 않고, 다만 성언 자체가 모두를 심판한다/821항. 최후심판은 영들의 세계에 있는 자들에게 단행되었고, 지옥에 있는 자들에게 단행되지 않았다/342 · 866항. 교회에 속한 거룩한 것들을 발로 차고, 그리고 하나님과 성언과 사후의 삶을 부인하는 사람은 모두 죽으면 즉시 심판받고, 그리고 지옥에 있는 자들과 결합하고, 그 뒤에는 모두 지옥으로 떨어진다/869항. 주님의 계명들에 따라서 살지 않았고, 그리고 그것으로 인하여 주님을 믿는 믿음을 가질 수 없는 자들은 유죄판결을 받는다/874항. 땅에 있는 사람들에게 보다 높은 천계로부터 내려오는 영적인 빛과 영적인 별이 차단될 정도에까지 사악한 자들이 증대하게 되었을 때, 그 때 최후심판은 단행되었다/343·865항. 땅 위의 교회가 멸망하게 되면, 천사들은 슬퍼하고, 그들은, 주님께서 그 교회의 종말을 짓고, 그리고 새로운 교회를 세우실 것을 간청한다 ; 이러한 일은 최후심판을 통해서 이루어진다/645·761항. 최후심판이 단행되지 않는다면, 천계는 고통을 겪어야 할 것이고, 교회는 멸망할 것이다/263항. 최후심판에 의하여 영계에 있는 모든 것들이 질서에 맞게 회복되었고, 그것으로 인하여 자연계 안에, 또는 땅들 위에 있는 모든 것들이 질서에 맞게 회복되었다/274항. 최후심판 이전에 선들이나 진리들은 악한 사람에게서 제거될 것이고, 선한 사람에게서 모든 악들이나 거짓들은 제거될 것이다/948항. 최후심판에 의하여 영계에 있는 바빌론의 멸망에 관하여/772항.

보편적인 최후심판은, 영적인 사람들과 같이 도덕적인 삶이나 시민법적인 삶을 영위하는 겉모양으로는 기독교인들처럼 보이지만, 그러나 속모양으로는 거짓 그리스도인들이고, 지옥적인 자들에게 단행된다/330·865·870·877항. 영들의 세계에서 가상적인 천계가 환상들에 의하여 그들에게 형성되는 것이 허락되었다/865항. 바빌론주의자들이나, 개혁교도들에 의하여 형성된 가상적인 천계들(imaginary heavens)은, 주님 또는 천계와 교회에 속한 사람들 사이에 낀 짙은 구름과 같았다 ; 그 이유는, 새 예루살렘이 가리키는 새로운 교회를 위한 성언에 속한 거룩한 진리들이 심판 전에는 계시될 수 없기 때문이다/804항. 묵시록서 20장 1절에서 언급된 사라진 이전의 하늘은 이런 천계들을 뜻한다/330·877항. 주님께서 심판을 단행하셨을 때, 주님께서는 천사적인 천계를 그들에게 가까이 가도록 하셨고, 그것으로 인하여 그들에게는 여러 변화들이 일어났다/342·343항. 지옥적인 그들의 마음의 내면적인 것들은 깡그리 공개되었다/865항. 그 때 영들이 온갖 거짓들이나 악들 가운데서 자기 자신을 확증하면 할수록, 그들은 더욱 더 깊이 지옥으로 던져지는데, 이것은 산들이나 바위들에게 우리 위에 무너져 내려서, 보좌에 앉으신 분의 얼굴과 어린 양의 진노에서 우리를 숨겨다오 (6 : 16)라는 말이 뜻한다/339·340항. 공의(公義·judgment)는 신령진리에 관해서 언급하고, 정의(正義·justice)는 신령선에 관해서 언급한다 ; 그러므로 이 두 낱말은, 주로 주님에 관해서 언급될 때, 성경에 자주 등장한다/668항.

십 성 언 (= 십 계 명 · 十 聖 言 · Decalogue)

십성언의 계명들은 주님(=여호와)께서 선포하셨고, 그것들은 사회에 속한 계율들뿐만 아니라 종교에 속한 계율들이다/529항. 십성언에 속한 계명들은 모든 종교 안에 존재하고, 사람은 종교에서 비롯된 그것들에 일치하는 삶을 살아야 한다/272항. 그것으로 인하여 십성언이 가장 거룩한 것이다는 것을 보여 주기 위하여 십성언과 성언에서 비롯된 법궤에 관한 놀라운 것들에 대한 설명과 입증/529항. 바로잡음(=改革·reformation)의 첫 단계는 십성언의 계명들에 일치하여 사는 것을 가리킨다/628항. 십성언의 계명들에 일치하는 삶을 통해서 주님과의 결합은 이루어진다/490항. 십성언의 둘째 돌판은 회개에 속한 전체 교리이다

/531・461항. 십성언이 증거라고 불리운다는 것의 설명/490・669항. 십성언의 둘째 돌판은 오직 믿음만의 교리에 빠져 있는 자들에게는 빈 돌판(a blank table)이다/461항. 오직 믿음만의 교리를 믿고, 주장하는 자들에게 천계로부터 대답이 있었는데, 그 대답은, 믿음을 통해서 자신들의 영벌이나 저주로부터 면죄된다는 율법에 속한 일들이 십성언에 속한 율법의 일들로 이해되었다/578항. 증거의 성막에 속한 성전은, 주님께서 성언 안에, 그리고 십성언을 가리키는 율법 안에 있는 그분의 거룩함 안에 계시는 곳을 뜻한다/669항.

십자가(十字架・cross)

십자가는 시험들을 뜻한다/639항. 십자가에 매단다는 말은 많은 내용을 뜻하는데, 주된 내용은 하나님의 아들이신 주님을 부인하는 것을 뜻한다/504항.

십자가에 못박다(crucify)

십자가 참조.

쑥(wormwood)

쑥(8 : 11)은, 쓸개즙이 뜻하는 것과 같이, 지옥적인 거짓을 뜻한다/410・411항.

쓴 것(=쓴맛・괴로움・bitter)

위화된 진리를 뜻함/411항(쑥 참조).

쓸개즙(gall)

쑥(8 : 11) 참조.

씻는다(洗滌・빤다・to wash)

씻는다는 말은 악이나 거짓들로부터 깨끗하게 되고, 정화하는 것을 뜻하고, 따라서 개혁하고, 중생하는 것을 뜻한다/378항. 세척이나 세탁은 먼저 것을 표의하고, 그리고 그런 것을 뜻하는데, 세례가 뜻하는 내용을 뜻한다/378항.

ㅇ

아들과 딸(son and daughter)

아들은 진리를 뜻한다/139항. 아들(12 : 5)은 교리에 속한 진리나 이해를 뜻한다 ; 결과적으로는 참된 것이나 선한 것에 속한 지각이나 생각을 뜻한다/543항. 사내 아이(a son or male)는 영적인 사람 안에 잉태된 진리를 뜻하고, 그리고 자연적인 사람 안에 태어난 진리를 뜻한다/543항. 용추종자들이 박해한 사내 아이(12 : 5)는 새 예루살렘에 속한 교리를 뜻한다/543항. 딸이나 처녀는 참된 것이나 선한 것에 속한 정동을 뜻하고, 그리고 그들은 그 정동의 측면에서 교회를 뜻한다/543항. 성경에서 시온・예루살렘・이스라엘・유다의 딸이나 처녀는 선과 진리에 속한 정동에 대한 교회를 뜻한다/612・620항. 처녀들이나 젊은 사람들이 함께 언급되었을 때 거기의 처녀들은 진리의 정동을 뜻하고, 젊은이들은 진리의 이해를 뜻한다/620항. 사랑과 믿음에 의하여 주님에게 결합된 자들은 주님의 자녀들이나 상속자들이라고 불리웠는데, 그 이유는 그들이 주님으로 말미암아 다시 태어났기 때문이다/890항. 주님께서 신령인성의 측면에서 하나님의 아들이라고 불리셨고, 성언의 측면에서는 사람의 아들(人子)라고 불리셨다/44항.

아마(亞麻・linen・fine linen)

아마나 고운 모시옷은 순수한 진리를 뜻

한다/814·816항. 면직물은 동일한 뜻을 뜻한다/814·815항.

아마겟돈(Armageddon)
명예에 속한 사랑·지배에 속한 사랑·뽐냄(=우월감)을 뜻한다는 것을 설명/707항. 전쟁을 하기 위하여 그 곳으로 모은다(16 : 16)는 말씀은 거짓들로 말미암은 진리들에 대항하는 전쟁의 상태를 뜻하고, 그리고 지배욕과 권력과 우월감에서 용솟는 새로운 교회를 멸망시키려는 열망을 뜻한다/707항. 그것에 관한 설명/839항. 아마겟돈에서의 싸움은 주님의 기도문의 시작에 관한 이해와 관계된다/839항(기도 참조).

아멘(Amen)
진리에서 비롯된 신령확증을 뜻한다 ; 주님께서 진리 자체이시기 때문에 아멘은 주님으로 말미암은 확증을 뜻한다/23·61·199·292항. 모두의 동의(同意)를 뜻한다/375항.

아바돈(Abaddon)
파괴자(destroyer) 참조.

아버지(父·father)
아버지는 선을 뜻하고, 주님에 관해서 언급되었을 때에는, 그분 안에 있는 신령선을 뜻한다/170·613항. 아버지에 의한 주님은 그분 안에 있는 신령존재를 뜻한다/150·170항. 하나님과 아버지, 하나님과 여호와는 신령진리의 측면에서, 그리고 신령선의 측면에서 주님을 뜻한다/21항. 신령인성의 측면에서와 꼭 같이, 삼라만상의 근원이신 신령존재의 측면에서 주님은 아버지라고 불리셨다/21·613·839항. 주님에게 직접 가까이 나아갈 때 아버지의 나라는 임재하고,

그리고 아버지의 뜻은 천계에서와 같이 땅 위에서도 이루어진다는 것의 설명/839항(주님 참조).

아비스(=아비소스·Abyssus)
아비소스(=무저갱)의 구명이 기술되었는데, 거기에는 인애에서 분리된 오직 믿음만으로 자신을 다짐한 자들이 있다/421·422항.

아셀(=아셀 지파·Ascher)
최고의 뜻으로 아셀은 영원을 뜻하고, 영적인 뜻으로는 영원한 행복을 뜻하고, 자연적인 뜻으로는 선과 진리의 정동을 뜻하고, 또한 상호애(相互愛)라고 부르는 선용을 실천하는 사랑을 뜻한다/353항.

아시아(Asia)
성언에서 비롯된 진리에 속한 빛 안에 있는 자들을 뜻한다/11항. 아시아에 있는 대 탈타르(Great Tartary) 민족에 관하여/11항.

아침(朝·morning)
아침은 주님께서 이 세상에 강림하시고, 새로운 교회를 설시하셨을 때인, 주님의 강림을 뜻한다/151항. 그것으로 인하여 주님은 새벽별(=샛별)이라고 불리셨다/151·954항(별 참조). 아침은 새로운 교회의 시작을 뜻하고, 저녁은 옛 교회의 종말을 뜻한다/151항.

악(惡·evil)
악은 곧 악마를 가리킨다/890항. 거짓에 속한 악이 있고, 악에 속한 거짓이 있다 ; 그것에 관한 설명/379·382항. 스스로 악으로 굳힌 자들은 멸망한다/872항. 사람에게 보이는 악은 동시적인 질서 안에 있는 수많은 정욕들을 담고 있다/678항

(회개 참조). 악이 여호와의 탓으로, 다시 말하면 주님의 탓으로 돌려지는데, 이것은 외현에서 비롯된 것이다/494·498·714항. 사후, 선들이나 진리들은 악한 자에게서 옮겨지고, 악들이나 거짓들은 선한 자에게서 옮겨진다/948항.

악마(惡魔 · devil)

삶의 측면에서 악들 안에 있는 자들, 정확하게는 자기사랑 안에 있는 자들이 있는 곳인 지옥을 한마디로 악마라고 한다 ; 그 이유는 거기에 있는 자들 모두가 악마들이라고 불리우기 때문이다 ; 교리의 측면에서 온갖 거짓들 안에, 정확하게는 자기 자신의 총명의 자만에 빠져 있는 자들이 있는 곳인 지옥을 한마디로 사탄이라고 부르는데, 그 이유는 거기에 있는 자들 모두를 사탄들이라고 부르기 때문이다/97·550·841·856항. 그리고 그 설명/153항. 사탄의 깊은 곳(2 : 24)은 인애에서 분리된 믿음에 속한 내면적인 것들을 뜻한다/143항. 사탄의 왕좌(2 : 13)는 거짓들이 있고, 그리고 그것으로부터 영적인 어둠이 있는 곳을 뜻한다/110항. 모든 종교에서 잘 알고 있는 사실은, 선이 발출한 근원인 한 분 하나님이 존재한다는 것과 그리고 악이 발출한 근원인 악마가 있다는 것과 그렇기 때문에 선은 행하여야 하고, 악은 단절하여야 한다는 것이다/272항. 그리고 그것의 설명/675항.

안디바(Antipas)

순교자 안디바는 진리의 고백자를 뜻하고, 추상적으로는 진리 자체를 뜻한다/112항.

안약(眼藥 · eye-salve)

안약(3 : 18)은 이해를 치유하는 약을 뜻한다/214항.

압착기(=확·술틀·press)

기름 짜는 압착기는 사랑에 속한 선을 뜻하고, 포도주 짜는 술틀은 믿음에 속한 진리를 뜻한다(기름과 포도주 참조)/651항. 따라서 압착기(=확)는 선과 진리의 조사와 밝힘을 뜻하고, 나쁜 뜻으로는 악과 거짓의 조사와 밝힘을 뜻한다 ; 그리고 후자의 뜻은 하나님의 진노의 큰 술틀(14 : 19)이 뜻한다/651항. 주님에 관해서 언급될 경우, 하나님의 진노의 술틀을 밟는다(19 : 15)는 말은 주님께서 교회에 속한 악들과 거짓들을 참고 견디신다는 것을 뜻하고, 그리고 성언을 공격한 폭행이나 괴롭힘을 뜻한다/829항. 포도주 틀을 밟는다는 말의 더 자세한 뜻/652항.

앗시리아·앗수르(Assyria · Ashur)

교회에 속한 합리적인 기능(the rational faculty)을 뜻한다/444항(유프라테스 강 참조).

앙 갚 음 (= 복 수 · 인 과 응 보 · retaliation)

앙갚음의 원칙(=인과응보)은, 모두에게 그 자신의 행위들에 속한 양과 질에 일치하여 행해진다는 것과 그리고 악은, 그 사람이 저지른 것과 같이, 모두에게 되돌아온다는 것을 뜻한다/762항. 이 법칙은, "너희는 그들의 소행대로 보복하여 주어라. 그들이 하였던 것과 꼭 같이 너희도 그들에게 갚아 주어라"(예레미야 50 : 29)는 구절에서 그것의 근원을 취하였다/762항. 이 법칙으로부터 형벌은, 이른바 그것 자체의 악 안에 있는 본래적인 것이다/762항. 자기사랑이나 세상 사랑에 속한 쾌락은 지옥에 있는 그들의 정반대적인 불행들로 바뀐다는 것/763항.

야곱(Jacob)
야곱은 교회의 교리를 뜻한다/137항. 영계에서 그의 자리에는 침대에 누워 있는 한 사람으로 나타난다 ; 그 이유/137항.

어둠(黑暗 · darkness)
어둠이나 짙은 흑암은 거짓들을 뜻한다/110 · 695항. 그것들은 또한 무지(無知)를 뜻한다/110항. 어둠은, 무지에서 비롯된, 또는 종교에 속한 거짓들에서 비롯된, 또는 삶에 속한 악들에게서 비롯된, 거짓들을 뜻한다/413항.

어린 것들(幼兒 · infant)
모든 어린 것들은 천계에 있다/876항.

어린 양(lamb)
어린 양은 신령인성의 측면에서 주님을 뜻한다/269 · 291항. 그리고 성언의 측면에서 주님을 뜻한다/273항. 양자의 측면에서 주님을 뜻한다/595항. 하나님과 어린 양은 모든 것들의 근원인 그분의 신성의 측면에서, 그리고 그분의 신령인성의 측면에서 주님을 뜻한다/808 · 918 · 932항.

언덕(hill)
336항 (산들 참조).

언약(言約 · covenant)
결합을 뜻한다/529항.

언어(=말 · 言語 · speech)
영들이나 천사들의 언어에 관하여 ; 그리고 사람과 함께 하는 천사들의 언어에 관하여/ 천사 · 천계 참조.

언어(言語 · 혀 · tongue)
언어(5 : 9)는 교회의 교리를, 또는 어떤 종교의 교리를 뜻한다/282항. 혀를 깨문다(16 : 10)는 말은 진리들의 경청에서 생각을 감금하는 것을, 결과적으로는 진리들을 듣는 것을 참고 견딜 수가 없다는 것을 뜻한다/696항. 모든 천사들이나 영들이 가지고 있는 보편적인 언어는 이 세상에 있는 사람들의 언어와 공통적인 것은 아무것도 가지고 있지 않다 ; 그리고 모든 낱말의 모든 글자는 그것 자체에 고유한 뜻과 내용을 가지고 있고, 그리고 한구와 철자의 글자들까지도 영계에서는 한 사물을 뜻한다는 것이고, 따라서 결합된 글자들은 그 사물의 어떤 내용을 뜻한다는 것, 그리고 그것들이 소리이기 때문에 모음들은 한 사물에 속한 정동들을 뜻하고, 그리고 그것의 내용을 뜻한다 ; 그리고 그것으로부터 주님께서 알파와 오메가로 불리셨다는 이유가 잘 드러난다/29 · 38항.

얼굴(顔面 · face)
주님의 얼굴을 본다(22 : 4)는 말의 뜻/938항. 여호와의 얼굴, 즉 주님의 얼굴을 본다는 말은 그분의 신령속성의 측면에서 그분이 어떤 분이신지를 알고, 시인하는 것을 뜻하고, 그 밖의 다른 것들을 입증/939항. 어느 누구도 주님 자신 안에 계시는 주님을 볼 수 없다 ; 그분을 본 사람들도 죽지 않고, 살았다/939항. 나쁜 뜻으로 여호와의 얼굴, 즉 주님의 얼굴은 분노와 혐오 따위를 뜻하는데, 그 이유는 나쁜 사람은 분노하고, 자기 자신이 주님에게서 돌아서기 때문이다/939항. 악마에 관해서 언급될 경우, 얼굴은 간교한 술책을 뜻한다/562항.

얼룩들(汚點 · spot)

얼룩(=오점)은 거짓을 뜻하고, 따라서 오점이 없다(=흠 잡을 데가 없다)(14 : 5)는 말은 진리들 안에 있는 자를, 그리고 거짓들 밖에 있는 자를 뜻한다/625항.

에베소(Ephesus)
에베소 교회(2 : 1)는 교리에 속한 진리들은 소중하게 여기지만, 삶에 속한 선을 중하게 여기지 않는 자들을 뜻한다/73항.

에브라임(Ephraim)
므낫세 참조.

엘리야와 엘리사(Elijah · Elisha)
엘리야와 엘리사는 성언의 측면에서 주님을 표징한다/298 · 437항.

여섯(six)
여섯은 완전히 종말에 이른 것을 뜻한다/489항. 육분의 일은 완전한 것이나 전체적인 것을 뜻한다/610항. 여섯(13 : 18)은 선에 속한 진리 전부를 뜻한다/610항. 육백육십육(666)(13 : 18)은 위화된 성언의 진리를 뜻한다/610항.

여자 · 여인(女子 · 女人 · woman)
여자(9 : 8)는 교회를 뜻한다/434항.

연기(煙氣 · smoke)
향의 연기(芳香)는 수용된 것이나 상쾌한 것을 뜻한다/394항. 연기(15 : 8)는 궁극적인 것들 안에 있는 신령진리를 뜻한다/674항. 연기는 구름이 뜻하는 것을 뜻한다/674항. 연기는 나쁜 뜻으로 모독이나 거짓을 뜻한다/807항. 연기는 사람 자신의 총명에 속한 자만(=뽐냄)을 뜻한다/452 · 453항. 용광로의 연기(9 : 2)는 악한 애욕들에게서 비롯된 정욕들에 속

한 거짓들을 뜻한다/422항.

연옥(煉獄 · purgatory)
연옥에 관한 교황주의자들의 교리적인 것들은 서문 VI항의 로마 가톨릭교회 교리들 참조. 연옥은 재물을 얻기 위한 바빌로니아적인 조작물이다는 것/784항.

열(10 · ten)
열(10)은 충분한 것이나 다수 · 다량을 뜻하고, 그리고 모든 것과 전부를 뜻한다/101항. 10분의 1(11 : 13)도 동일한 것을 뜻한다/515항.

열둘(12 · twelve)
숫자 열둘은 교회의 진리들과 선들의 측면에서 교회에 속한 모든 것들을 뜻한다/348 · 907항. 곱셈에 의하여 숫자 열둘에서 생겨난 숫자들, 예를 들면 144 · 144,000은 열둘과 동일한 뜻을 뜻한다/348 · 909항. 이스라엘의 각 지파에서 도장을 받은 십사만사천은, 오직 주님에게만 가까이 나아가고, 그분의 계명들에 일치하여 사는, 천계와 교회 안에 있는 자들을 뜻한다/348 · 612항.

열매(果實 · fruit)
열매들은, 선행(善行)들을 가리키는 사랑에 속한 선들이나, 인애에 속한 선들을 뜻한다/934항.

열쇠(key)
열쇠(1 : 18)는 열고, 닫는 능력을 뜻한다/62 · 174 · 840항. 지옥과 사망의 열쇠를 가지고 있다(1 : 18)는 말은 구원할 수 있다는 것, 다시 말하면 지옥에서 구출하는 능력을 뜻하고, 그리고 사람이 다시 지옥에 들어가는 것을 막기 위하여 그것을 닫는 것을 뜻한다/62 · 172항. 베

드로의 열쇠에 관해서는 베드로 참조.

열여섯(sixteen)
숫자 열여섯(16)이나 천육백(1600)은 선과 진리의 혼인(=결합)을 뜻하고, 그리고 악과 거짓의 혼인을 뜻한다 ; 그리고 숫자 사(4)와 둘(2)도 같은 뜻을 뜻한다/654항.

열정(熱情 · zeal)
열정은 사랑에 속한 결과나 중요성을 가리키고, 주님에 관해서 언급된 경우, 그것은 신령사랑의 결과나 중요성을 가리킨다/831항. 외면적인 열정은 성냄 같이 보이지만, 그러나 내면적인 열정은 사랑에 속한 결과를 가리키는 정동을 뜻한다 ; 그 이유는 그것이 영적인 별에서 오기 때문이다/216항.

염소(goat)
염소는 오직 믿음만의 교리(依唯信得義)에 있는 자들을 뜻한다/838항. 염소의 무리나 양의 무리에 관해서 ; 종교회의에 관하여 ; 그리고 바울이 말한, 율법의 행위와는 상관없이 믿음으로 의롭게 된다(로마 3 : 28)는 이 장절이 거기에서 토의되었다/417항.

영(靈 · spirit)
성령이 자체에 의하여 한 인격이 아니다는 것 ; 그 이유는 주님이 무소부재하기 때문이다/666항. 성령은 자체에 의하여 하나님이 아니고, 오히려 영화 되신 그분의 인성을 통하여 주님 안에 계시는 신령존재에게서 비롯된 신령발출(神靈發出)이다는 것에 관한 큰 종교회의에서의 토의에 관하여/962항. 하나님에 관하여 언급된 경우, 하나님의 영은 성언에 속한 신령진리를 뜻한다/87항. 교리에 속한 영이나 삶은, 그것이 주님에게서 온 것이기 때문에, 성언으로 말미암아 존재한다/502항. 일곱 영들(1 : 14)은 신령진리들 안에 있는 모든 자들을 뜻하고, 결과적으로 인격에서 분리된 추상적인 뜻으로는 신령진리를 뜻한다/14 · 237항. 성경에서 신령발출은 여호와의 코의 기운 · 하나님의 돌풍 · 숨결이라고 하였다/343항(바람 참조). 성령(=영) 안에 있다(1 : 10)는 말은 영적인 상태에 있다는 것을 뜻하는데, 그 상태는 영계에 있는 모든 것들이 명확하게 드러나는 상태이고, 환상 가운데 있다는 말과 동일한 것을 뜻한다/36 · 225 · 722항. 예언자들에게는 두 상태가 있는데, 하나는 그들이 성언을 기술할 때로, 그들은 주님께서 말씀하시는 것을 듣는 때이고, 다른 하나는 그들이 천계에 있는 것들을 보는 때인데, 그 상태에 있을 때 그들은 영 안에 있다고 언급되었고, 또한 환상 가운데 있다고 언급되었다/945항. 영들의 세계에 있는 영들은 사람들과 함께, 그리고 사람들은 영들과 함께 있다 ; 그럼에도 불구하고 영들은 사람에 관해서 아무것도 모르고, 사람은 영들에 관해서 아무도 모른다 ; 그 이유는 사람은 자연적인 상태에 있고, 영들은 영적인 상태에 있기 때문이다/943항.

영국 · 영국사람
어떤 영국 사람들은 영적인 것들 안에 있는 사람의 이해에 관해서, 그리고 하나님 · 영혼의 불멸(靈魂不滅) · 중생 · 세례 · 성만찬에 관해서 두 천사들과 함께 토의하였다/224항. 보다 높은 천계에 올라온 영국의 성직자와 그들의 왕과의 주님과 인애에 관한 대화에 관해서, 그들이 거기에서 내려온 뒤, 합의와 찬성에 관한 다른 성직자들과의 대화에 관하여

/341항. 천계로부터 영국 사람의 사회에 종이 한 장이 보내졌고, 그리고 두 감독에 의하여 그 곳으로 되돌려 보내진 종이에 관해서 ; 그리고 그 뒤 그들 감독들과 오늘날의 교회와 종교에 관한 대화들에 관하여/675항. 영국의 감독들이 거부한 런던에서 출간된 작은 책자에 관하여, 그리고 그들이 좋아하는 통치나 지배에 관하여/716항.

영계와 영들의 세계(spiritual world and the world of spirits)

영계는 천계와 지옥 양자를 뜻하고, 영들의 세계는 천계와 지옥 중간에 있다/552항. 사후 모든 사람은 제일 먼저 영들의 세계에 들어가는데, 이 세계는 마치 모두가 함께 모이는 공공광장(公共廣場)과 같고, 그리고 모든 음식물들이 제일 먼저 집합되는 위(胃)와도 같다/791항. 영들의 세계에는 수많은 사회들이 있고, 그리고 천계나 또는 지옥을 위해서 준비한 영들이 거기에 있다/784·866·884항. 그들의 성품이 검색되고, 검증되기 위하여, 거기에서 처음에는 선한 자들과 교제를 갖는다/843·850·886항. 영들의 세계에 있는 자들은 땅 위에 있는 사람들과 제휴한다/552·784항. 그들이 천계에 오르거나, 지옥에 떨어지기 전에, 예전에는 거기에 얼마간 머물렀고, 그리고 오늘에는 그들이 거기에 얼마간 머무른다/866항. 용과 그의 사자들은 영들의 세계에 떨어지고, 따라서 그들은 용추종자에 속한 믿음 안에 있는 땅 위의 사람들과 교류한다/552·558항. 주님만을 예배하고, 그분의 계명들에 일치하여 사는 자들은, 그들이 용추종자들에 의하여 유혹받는 것을 막기 위하여, 주님에 의하여 낮은 땅에서 보호받는다 ; 그리고 최후심판 뒤 용추종자들이 제거되었을 때 그들은 주님에 의하여 천계에 들려 올라갔다/325·326·329·843·845·846·850·884·886항. 영계에는 자연계에 존재하는 모든 대상물들이 있는데, 그리고 그 세계에서 나타나 보이는 모든 것들은 대응들이다/772항.

영들의 세계(the world of spirits)

영계 참조.

영혼(靈魂·soul)

영혼(=생물)은 이해나 믿음에 속한 생명을 뜻하고, 마음은 의지나 사랑에 속한 생명을 뜻한다/681·781·812항. 그들의 영혼을 사랑한다는 말은 자기와 세상을 사랑한다는 것을, 결과적으로는 사람에게 속한 본연의 것들을 사랑한다는 것을 뜻한다 ; 따라서 주님 이상으로 자신들의 영혼을 사랑한다는 말이 뜻하는 것이 무엇인지 잘 알 수 있겠다/556항. 영혼의 불멸성에 관해서/224항.

영혼(=생명·기력·soul)

영혼은 이해나 믿음에 속한 생명을 뜻하고, 심장(=마음)은 의지나 사랑에 속한 생명을 뜻한다/681·781·812항. 심장은 사랑에 속한 선이나, 인애를 뜻하고, 신장은 지혜에 속한 진리들이나 믿음을 뜻한다/140항.

영혼불멸·불멸(靈魂不滅·immortality)

사람은 사후에도 영원히 사는데, 그 이유는 사랑과 믿음에 의하여 주님과 결합할 수 있는 능력에서 비롯된다/224항.

예루살렘(Jerusalem)

예루살렘(21 : 2)은 교회를 뜻한다/880

・881항. 유대사람의 예루살렘은, 소돔이라고 불리운 멸망한(=깨어진) 교회를 뜻한다/880항. 묵시록서에서 다루어진 예루살렘은 주님의 새로운 교회를 뜻한다 ; 그 교회가 새롭다, 거룩하다, 하늘에서 내려온다 라고 한 이유/879항. 도시로서의 예루살렘은 교리의 측면에서 교회를 뜻한다/879항. 도시로서의 예루살렘에 관계되는 모든 것들은 교회와 그 교회의 교리에 관계되는 모든 것들을 뜻한다/904항.

예배(禮拜 · worship)
예배는 교리와 일치한다/777 · 778항. 사람에게 있는 예배는 삶에 따라서 완전하게 되는데, 그러므로 처음에는 자연적인 예배가 되고, 그 뒤에는 도덕적인 예배가 되고, 종국에는 영적인 예배가 된다/161항. 내적인 것에서 분리된 외적인 예배에 관하여/859항. 믿음에 속한 진리들이나, 인애에 속한 선들이 결여된 예배는 죽은 예배이다/154 · 157 · 161항.

예배한다(to worship)
경배한다는 말 참조.

예복(禮服 · robe)
옷 참조.

예언자(預言者 · prophet)
예언(預言)한다는 말이 뜻하는 것과 꼭 같이, 예언자는 성언에서 비롯된 교리를 뜻하고, 그리고 주님에 관해서 언급되는 경우, 예언자는 성언을 뜻한다/8 · 943항. 예언자들의 두 상태에 관하여, 하나는 그들이 성언을 기술할 때이고, 다른 하나는 그들이 천계에 있는 것들을 볼 때이다/945항. 거짓 예언자(16 : 13 ; 19 : 20 ; 20 : 10)는 땅에서 올라온 짐승을 뜻하고, 그리고 그 짐승은 오직 믿음만이라는 교리에 빠져 있는 성직자들을 뜻한다/594 · 701 · 834항.

예정(豫定 · predestination)
뽑힌 사람 참조.

오른쪽(右 · right)
영계에서 남쪽은 오른손 쪽에 있고, 북쪽은 왼손 쪽에 있다/933항.

올리브나무 · 올리브(=감람나무 · olive tree · olive)
올리브(11 : 4)는 사랑과 인애를 뜻한다/493항. 올리브 산(=감람 산)은 동일한 것을 뜻한다/493항(산 참조).

올빼미(owl)
거짓의 확증에서 야기된 빛은 올빼미나 박쥐가 그것에 의하여 보는 그 빛에 대응한다/566 · 695항. 자기 스스로 거짓들을 확증하는 자들은 그들의 영적인 시각에서 그런 부류인데, 그들은 올빼미나 박쥐들이라고 불리운다/566항.

옷 · 의상 · 덮개(garment · vesture)
진리들이 선을 감싸고 있기 때문에, 옷은 진리들을 뜻한다/45 · 166 · 212항. 주님에 관해서 언급된 경우, 옷은 성언에 속한 진리들을 뜻한다/166항. 주님의 옷은 신령진리의 측면에서 성언을 뜻한다/825 · 830항. 옷입힌다, 곱게 성장(盛裝)한다는 말(15 : 6)은 진리들 안에 있다는 것이나 진리들 안에 현존한다는 것을 뜻한다/671 · 814항. 진리들 안에 있는 천계의 사회들과의 결합을 뜻한다/328 · 367항. 두루마기 · 외투 · 겉옷 등은 일반적으로 진리들을 뜻한다/328 · 367 · 378항. 주님에 관해서 언급될 경우, 발에 끌리는 긴 옷(1 : 13)이 뜻하는 내용/45항. 주님에 관해서 언급된 경우, 피에 물든 옷(19 : 13)은 성언에 가한 폭행을 뜻한다/825항.

완전하다(=완전한 사람)
그 사람 안에 진리들이나 선들이 내재해 있는 사람을, 그리고 그 사람 안에 거짓들이나 악들이 전혀 없는 사람을 뜻한다/160항.

왕·임금(王·king)
왕으로서의 주님은 신령진리를 뜻하고, 그리고 신령진리로 말미암아 성경에서 주님께서는 왕으로 불리셨다/664항. 주님의 인성에 관해서 주님께서는 만왕의 왕, 만주의 주라고 불리셨고, 주님께서는 신령진리로 말미암아 왕이라고, 그리고 신령선으로 말미암아 주라고 불리셨다 ; 그리고 그분을 다루는 곳에서 왕국이나 통치가 이런 내용을 뜻한다/743항. 지혜에 속한 진리들 안에 있는 자들이 있는 곳인 영적인 왕국은 주님의 제왕적인 왕국이라고 불리우고, 사랑에 속한 선들 안에 있는 자들이 있는 곳인 주님의 천적인 왕국을 통치라고 하였고, 그리고 주님의 사제적 왕국이라고 불리웠다/854항. 주님의 신령인성(His Divine Human)의 측면에서 주님께서는 왕·메시아·그리스도·여호와의 기름부음 받은 자·하나님의 아들이라고 불리셨다/664항. 왕들이 주님에게서 비롯된 지혜에 속한 진리들 안에 있는 자들을 뜻하고, 제사장들은 주님에게서 비롯된 사랑에 속한 선들 안에 있는 자들을 뜻한다/20·854·921항. 왕들은 선에서 비롯된 진리들 안에 있는 자들을 뜻하고, 추상적인 뜻으로는 선에서 비롯된 진리들을 뜻하고, 나쁜 뜻으로는 악에서 비롯된 거짓들 안에 있는 자들을 뜻하고, 추상적인 뜻으로는 악에서 비롯된 거짓들을 뜻한다/20·664·704·720·830·921항. 왕들이, 이런 이유 때문에, 주님에게서 온 선들에게서 비롯된 진리들 안에 있는 자들을 뜻하는데, 그 이유는 왕으로서의 주님은 신령진리를 뜻하고, 그리고 그들이 자손들이나 상속자들이라고 불리웠다/720항.

왕관(diadem)
돌·보석 참조.

외적인 것(external)
궁극적인 것은 선재(先在)하는 모든 것들을 담는 그릇이고, 복합체이다/438항. 진리에 속한 모든 영적인 능력은 궁극적인 것 안에 존재한다/148항. 극내적인 것 안에 있는 것은 주위의 모든 것들 안에 존재한다/933항. 천계에 있는 교회들이나 지상의 교회들은, 사람 안에 있는 내적인 것과 외적인 것 같이, 하나를 이룬다/486항.

외투(cloak)
옷·의상 참조.

왼손(left hand)
(오른손 참조).

요셉(Joseph)
성경에서 요셉과 요셉 지파(7 : 8)는, 최고의 뜻으로는 영적 신령한 것의 측면에서는 주님을 뜻하고, 영적인 뜻(=속뜻)으로는 영적인 왕국을, 그리고 겉뜻(자연적인 뜻)으로는 진리와 선의 다산(多産)과 번영을 뜻하고, 또한 영적인 교회의 진리와 선에 속한 교리를 뜻하고, 표징한다/360항.

요한(John)
사도 요한은 인애에서 비롯된 삶에 속한 선 안에 있고, 그것의 믿음 안에 있는 사람들을 뜻한다/5·6·790·879항.

용(龍·dragon)
용(12 : 3)은 하나님을 세 분으로 주님을 두 분으로(三神二主) 만드는 자들을 뜻하고, 그리고 인애와 믿음을 분리하는 자들을 뜻하고, 후자, 믿음은 구원하지만, 전자, 인애는 구원하지 못한다는 것을 날조하는 자들을 뜻한다 ; 그리고 그것의 설명/537항. 용은 교회의 황폐를 뜻한다/537항. 용이 뜻하는 자들은 주님의 새로운 교회를 박해할 것이고, 그리고 가능한한 그들을 유혹하고, 타락시킬 것이다/884항. 용이 옛 뱀·악마·사탄이라고 불리운 이유/841·856항. 용을 천 년 동안 가두어둔다(20 : 2)는 말이 뜻하는 것/842항. 용의 유희에 관해서, 그리고 그들에 의한 도시의 포위에 관하여/655항.

용광로·화덕(鎔鑛爐·furnace)
그것의 불에서 의미를 갖는다/422항. 용광로의 연기는 악한 애욕들에게서 나오는 정욕들에 속한 거짓들을 뜻한다/422항.

우박(hail)
우박은 선이나 진리를 파괴하는 지옥적인 거짓을 뜻한다/399·714항. 불과 뒤섞인 우박(16 : 21)은 지옥적인 사랑(=애욕)에서 비롯된 거짓을 뜻한다/399항. 한 달란트 되는 큰 우박(16 : 21)은 무시무시하고, 극악한 거짓들을 뜻한다/714항.

우상(偶像·graven image)
우상(idol) 참조.

우상(偶像·idol)
우상들이나, 조각된 주조의 우상들은 예배에 속한 거짓들이나 종교의 거짓들을 뜻한다/459항. 개별적으로 금으로 된 우상·은으로 된 우상·동으로 된 우상·돌로 된 우상·나무로 된 우상이 뜻하는 것/459항. 고대 사람들의 우상들은 교회에 속한 교리의 거짓들이나 악들을 표징하였다/601항. 보지도 못하고, 걷지도 못하는 우상들은 거기에 생명에 속한 것이 아무것도 없는 예배의 거짓들 안에 있다는 것을 뜻한다/460항.

울부짖다(to roar)
사자 참조.

울부짖음·울음(crying·cry)
이 낱말들은 슬픔과 지옥에서 비롯된 거짓들에 속한 두려움이나, 그것에서 비롯된 영벌(=저주)에 관해서 언급한다/885항. 이것은 마음에서 솟아나는 모든 정동과 관계되어 있다/885항.

원숭이들(apes)
붉은 말들과 검정말들 위에 있는 원숭이들에 관하여, 그들의 얼굴들이나 가슴팍들은 말의 등짝과 꼬리를 향하였다 ; 그들이 누구이고, 본성과 성질에 관해서 설명되었다/839항.

월(月·month)
월(22 : 2)은 충분하고 완전한 상태를 뜻한다/489항. 진리의 측면에서 사람의 생명의 상태를 뜻한다/935항.

위선자(僞善者·hypocrite)
사후 위선자들의 처지에 관하여/294항.

위에 있다(over · upon)

위에 있다(21 : 12)는 말은 안에 있다 (within)는 것을 뜻한다 ; 그 이유는 연속적인 질서 안에 있는 보다 높은 것이나 가장 높은 것은 동시적인 질서 안에 있는 내면적인 것이나 극내적인 것이기 때문이다/900항(질서 참조).

유다 · 유대사람(Judah · Jew)

성경에서 유다와 유다지파는, 최고의 뜻으로는 천적인 사랑의 측면에서 주님을 표징하고, 영적인 뜻으로는 주님의 천적인 왕국과 성언을 표징하고, 자연적인 뜻으로는 성언에서 비롯된 천적인 교회의 교리를 뜻한다/350항. 유다와 유다지파는 교회를 뜻한다/182항. 유다는 천적인 교회를 뜻하고, 결과적으로는 주님에게서 비롯된 사랑에 속한 선 안에 있는 자들을 뜻하고, 이스라엘은 영적인 교회를 뜻하고, 결과적으로는 주님에게서 비롯된 교리에 속한 진리들 안에 있는 자들을 뜻한다/96 · 266항. 반대의 뜻으로 유다는 자기사랑을 가리키는 지옥적인 사랑(=애욕)을 뜻한다/350항. 열두 지파가 유대 나라와 이스라엘 나라인 두 왕국으로 분열되었는데, 후자는 영적 교회를, 전자는 천적 교회를 뜻한다/350항.

유대사람(Jew)

유다(Judah) 참조.

유산(遺産 · inheritance)

유전(遺傳) 참조.

유전적인 것 · 상속(hereditary · inheritance)

어느 누구도 아담으로부터 유전적인 것을 받지 않았다 ; 그러나 그의 부모로부터 그것을 받았다/776항. 주님에게 결합된 자들이 상속자들이라고 불리웠다/890항.

유프라테스 강(Euphrates)

유프라테스 강(9 : 4)은 교회에 속한 영적인 것들에 경계를 이루는 합리적인 것들이나, 그것들을 결속하는 합리적인 것들을 뜻한다/444항. 그것은 내면적인 추론들을 뜻한다/699항. 그것은 거짓들로 가득 찬 합리적인 것들을 뜻하고, 그것에서 비롯된 광기나 어리석음들을 뜻한다/444항.

유향 · 향로(乳香 · frankincense · censer)

향(香 · incense) 참조.

유황(硫黃 · sulphur or brimstone)

유황(9 : 17)은 지옥적인 사랑(=애욕)에서 솟아나는 온갖 정욕들이나 탐욕들을 뜻한다/452 · 453항.

율법(律法 · the Law)

율법과 복음에 관해서는 개혁교회의 교리 요약 Ⅳ항 참조. 로마서 3장 28절에 바울이 언급한 율법에 속한 행위들은 유대 사람에게 알맞은 모세적인 율법을 뜻한다/417항. 모세의 율법이 뜻하는 내용/662항(모세 참조).

은(銀 · silver)

금(金)은 사랑에 속한 선을 뜻하고, 은은 지혜에 속한 진리를 뜻한다/913항.

은혜(恩惠 · grace)

하나님 아버지께서 그분의 은혜를 거두셨고, 따라서 그분은 화해와 중재를 하신다는 것은 거짓이다/484항.

음료제물 · 헌주(獻酒 · drink offering · libation)
포도주 참조.

음성(=소리 · 音聲 · voice)
하늘에서 울리는 큰 음성(1 : 10)은 신령진리를 뜻한다/37 · 50 · 226항. 악기들을 언급할 때의 음성은 소리를 뜻한다/792항.

이긴다(overcome)
승리 참조.

이단사설(異端邪說 · heresy)
다종다양한 이단사설에 관해서는 저자의 서문인 개혁교회의 교리 X항 참조.

이름(姓名 · name)
성경에서 지명이나 인명들은 모든 사물들을 뜻한다 ; 이름은 어떤 것의 성질(=성품)을 뜻한다/165 · 824항. 하나님의 이름은, 하나님께서 그것에 의하여 예배 받으시는 모든 것들, 즉 교리에 속한 모든 것들을, 그리고 보편적으로는 종교에 속한 모든 것들을 뜻한다/81 · 180항. 어느 누구 위에 하나님의 이름을 쓴다는 말은 그 사람 안에 있게 하기 위하여 신령진리를 각인하는 것을 뜻한다/193항. 하나님의 이름은 예배의 본성(=성질)을 뜻한다/81 · 111항. 여호와의 이름이나 아버지의 이름은 주님의 신령인성을 뜻하고, 성언을 뜻하고, 그리고 그분께서 그것들에 의하여 예배 받으시는 모든 것들을 뜻한다/81 · 584 · 839항. 주님의 이름은 그분의 신령인성의 측면에서 주님을 뜻한다/839항. 주님의 이름이 뜻하는 상세한 내용들/618항. 주님의 이름으로 아버지에게 구한다는 말은 아버지에게 직접적으로 가까이 가는 것을 가리키지 않고, 그리고 아들의 목적을 위해서 그분에게 구하는 것을 가리키지 않고, 오히려 주님에게 가까이 나아가는 것을 가리키는데, 그것은 그것에 의하여 그분 안에 계신 아버지에게, 그리고 그분을 통해서 아버지에게 가까이 나아가는 것을 가리킨다/341 · 618 · 962항. 아버지의 이름은 주님에게 속한 신령인간을 가리킨다/839항.

이마(forehead)
선과 악 양쪽에 속한 사랑을 뜻한다/347항. 주님께서는 이마를 통해서 천사들을 살피시고, 천사들은 눈을 통해서 주님을 우러른다 ; 그 이유는 그들은 진리에 속한 이해로 말미암아 보기 때문이고, 그리고 거기에서 비롯된 결합으로 보기 때문이다/380항. 이마에 도장을 찍는다(7 : 3)는 말은, 사랑에 따라서 서로를 분리시키고, 구분하는 것을 뜻한다/347항. 이마에 적힌 것(7 : 5)은 사랑 안에 있는 고유속성을 뜻한다/729항. 이마에 적힌 이름(14 : 1)은 사랑과 믿음에서 비롯된 시인을 뜻한다/613항.

이빨 · 이를 가는 소리(teeth · gnashing of teeth)
이빨(9 : 8)은 자연적인 마음의 궁극적인 것들을 가리키는 감관적인 것들을 뜻한다/435항. 이를 가는 소리는 믿음에 속한 거짓들에게서 생긴 논쟁을 가리킨다/386 · 435항.

이웃(neighbor)
인애 참조.

이집트(=애굽 · Egypt)
이집트(11 : 8)는 영적인 것과의 결합 안에 있는 자연적인 사람을 뜻하고, 그리고 그런 경우, 진리의 정동을 뜻한다/503항. 반대의 뜻으로 이집트는 영적인 것에서 분리된 자연적인 사람을 뜻하고, 그리고 그 경우에는 영적인 것들 안에 있는 광기(狂氣)나 어리석음을 뜻한다/503항. 그 이유는, 이집트 사람들은 대응의 학문을 촉진시켰고, 그리고 그것에서부터 그들의 상형문자가 비롯되었고, 그 학문을 그 뒤에 그들은 마술로 바꾸었고, 그리고 그것을 우상적인 것으로 바꾸었기 때문이다/503항. 이집트에서의 기적들이 자세하게 언급되었다/503항. 이런 모든 것들은 교회에 속한 온갖 거짓들이나 악들을 뜻한다/339항.

이 해 · 총 명 (理 解 · 聰 明 · understanding · intelligence)

본연의 지혜나 총명은 성언에서 비롯된 진리와 선의 지식들에 의하여 터득된다 ; 결과적으로는 주님에게서 온 영적인 진리들에 의하여 터득된다/189항. 지혜는 하나님이 계시다는 것, 하나님이 어떤 존재인지, 그리고 하나님에 관한 것 등등을 아는 것에 존재한다/243항. 모든 지혜는 사랑으로 말미암아 존재한다/875항(사랑 참조). 주님의 천적인 왕국에 속한 자들은, 눈이 대상물들을 보는 것과 같이, 자신들 안에 있는 신령진리들을 본다/920항. 지혜의 전당이 기술되었다/875항. 사람이 알고, 이해하는 것들은, 비교하면 한 방울의 물방울을 대양(大洋)에 비교하는 것과 같이, 무가치한 것이다는 것으로 지각하는 것이 아니면, 지혜의 전당을 어느 누구도 볼 수 없고, 더욱이 그 안에 들어갈 수 없다/875항. 사랑과 지혜는 선용 안에 있는 것을 제외하면, 존재할 수도, 보존될 수도 없다/875항. 모든 사람은 선을 원하는 기능과 진리를 이해하는 기능을 가지고 있다 ; 결과적으로 자유와 합리성을 가지고 있다 ; 이 기능은 결코 어느 누구에게서도 제거되지 않는다/427·429항. 모든 사람의 이해는 천계의 빛에 오를 수 있고, 그리고 그것들을 들을 때 그는 영적인 진리들을 지각한다 ; 이러한 일은 그것들을 알고, 이해하는 정동들에 일치하여 행해진다/914항. 심지어 악마들도 지혜에 속한 비의(秘義)를 이해할 수 있다/940항. 거짓들 안에서 자신들을 확증한 자들은 진리들을 이해하려고 하지 않고, 그리고 마치 그들이 할 수 없는 것처럼 보인다/765항. 수많은 자들이 선과 진리의 지식들에 속한 이해 안에 있을 수 있지만, 그러나 사실은 그들이 만약에 지식들에 일치하는 삶 안에 있지 않다면, 그들은 그 지식들 안에 있지 않다/337항. 이해 안에는 있지만, 동시에 삶 안에 있지 않는 것은 무엇이나 사람 안에 존재하지 않고, 오히려 그것은 바깥 뜰에 있다/337항. 이해는 천계의 빛에 오를 수 있지만, 그러나 의지가 동시에 천계의 별에 고양되지 않는다면 이해에 속한 것들은 소멸할 것이고, 의지에 속한 사랑도 동일한 일이 일어날 것이다/335항. 악한 자에게서 천계의 빛은 의지에 속한 사랑에서 옮겨진 이해 안에서 수용될 수 있지만, 그러나 만약에 천계의 빛이 의지에 속한 악 안에 들어오게 되면, 거기에서 그것은 어둠을 야기시킨다/386항. 사람은 영적인 것들 안에 있는 이해를 가지고 있듯이, 꼭 같이 시민법적인 속성에 속한 모든 것들 안에서도 이해를 가지고 있다/224항.

지각이라고 부르는 내면적인 생각이 있고, 본래는 생각이라고 부르는 외면적인 생각이 있다 ; 그리고 후자는 자연적인 빛 안에 있고, 이에 반하여 전자는 영적인 빛 안에 있다/914·947항. 물질적인 생각에 관하여, 그리고 하나님·천계·이웃에 관계되는 영적인 생각에 관하여/611항. 합리적인 기능은 영적인 진리들의 첫 번째 수용그릇이다/936항.

영적인 것들 안에서 이해를 폐쇄한다는 것은 매우 위험하다/224항. 이해가 종교로 말미암아 믿음에 속한 것들 안에서 닫혀질 때 악한 것들이 존재한다/564·575항. 가시적인 수많은 것들은 믿음으로 말미암아 이해의 제거에 의하여 주제 넘을 수 있다/451·575항. 이해가 믿음에 복종하는 상태 하에 포로로 잡혀 있는 이해에 관한 로마 가톨릭 종교의 종지에서 파생되었는데, 주님에게서 비롯된 천계에 속한 빛의 통로를 가로 막는다 ; 그렇기 때문에 사람은 그 뒤에 계몽될 수도 없고, 조요될 수도 없다/914항. 유식한 사람이 모든 것을 자신의 사상의 공으로 돌리고, 그리고 그것으로 인하여 믿음의 공으로 돌리는 이유는, 생각이나 사상, 결과적으로는 믿음이 이해의 시각 안에서 주의하지 않기 때문이다 ; 그러나 정동, 결과적으로는 인애는, 이해의 시각 안에서 주의하지 않지만, 오히려 의지에 속한 사랑에 주의하기 때문이고, 그리고 의지에 속한 사랑은, 감관들에 의하여 불영명하게 지각하는 기쁨에서 오직 지각하기 때문이다/908항.

인내(=참음·忍耐·patience)
인내는 시험에 관해서 언급한다/593·638항.

인애(仁愛·charity)
인애에 속한 선이나, 삶에 속한 선을 위해서는 일들(=선행들·works)을 참조. 상호애의 본성을 위해서는 사랑을 참조. 믿음은 인애로부터 존재하고, 그리고 그것은 인애의 형체이다. 이 둘은 언어와 소리의 관계와 전적으로 같다/655·875항. 만약에 으뜸적인 것으로 인애를 목적으로 삼는다면 그의 성품이 무엇인지 ; 그리고 으뜸적인 것으로 믿음을 목적으로 삼는다면 그의 성품이 무엇인지 설명되었다/655항. 인애와 믿음은, 만약에 그것들이 선행들 안에 있지 않다면, 그리고 그것들 안에 존재하지 않고, 보존되지 않는다면, 아무것도 아니다/875항. 인애와 믿음은, 그것들이 내적인 뜻이나 애씀 안에 있을 때에는 선행들(=일들) 안에 존재하고, 보존된다/875항. 인애는 십성언의 계명들을 실행하는데 존재한다 ; 그리고 바울의 글로 입증/356항. 인애와 믿음의 관계와 그리고 볕과 빛 사이의 관계를 비교 ; 그것으로부터 인애와 결합된 믿음의 본성과, 인애에서 분리된 믿음의 본성을 실증/875항. 믿음이 으뜸이라고 주장하는, 결과적으로 믿음이 영적이고, 천계적이라고 주장하는 자들 사이에서 일어난 논쟁/386·655항. 이웃은 그의 인격으로만 생각하는 것이 아니고, 그의 성품으로 생각하는 것이다는 입증/611항. 오직 믿음만이다는 것에 관한 논쟁은 먼 거리에서는 이빨을 가는 소리로 들린다 ; 그리고 인애에 관한 논쟁은 막대기로 두드리는 잡음처럼 들린다/386항.

인품(人品·인물·person)
영적인 뜻은 인품들에서 분리하여 생각한다 ; 그러므로 성경에 명명된 한 사람은 교회에 속한 어떤 것들을 뜻한다/78·79·96항.

일·선행들(work·works)
선행들에 관한 개혁교회의 교리는 개혁교회의 교리 서문에서 볼 수 있다/3항. 사람은 자기 자신으로 말미암아서는 선을 행할 수 없지만, 다만 주님으로 말미암아 선을 행할 수 있다/178·224항. 일들은 외적인 것들과 내적인 것들이 있다 ; 그리고 그 외적인 것은 그것의 내적인 것과 같은 그런 것들이다 ; 결과적으로 사랑에 속한 내적인 것이나, 또는 속사람은 의지 안에 없으면, 이해 안에 존재하지 않고, 의지 안에 있으면 그것으로 인하여 이해 안에 있다 ; 결과적으로 사랑하는 일이 없으면 믿는 일이 존재하지 않지만, 사랑하는 일 안에 있으면 그것으로 인하여 믿는 일 안에 있다/76·641항. 선한 일들은 내적인 것들 안에 있는 인애와 믿음이다 ; 그것들의 결과는 외적인 것들 안에 있다/949항. 일들은 인애와 믿음에 속한 수용그릇들이다/141항. 사랑과 지혜는, 그것이 선용 안에 있지 않다면, 무가치한 것이다 ; 마찬가지로 인애와 믿음은, 그것들이 선행들 안에 있지 않다면 무가치한 것이다 ; 그것들은 이런 것들 안에 존재한다/875항. 내적인 행위들이 있는데, 거기에는 그것들이 존재하기 위해서는 노력들(=애씀들)이라고 부르는, 의지에 속한 것들이 반드시 있어야 한다/875항. 이런 내적인 행위들은, 그것들이 거기에 머무르기 위해서는 외적인 것들 안에서 결집되어야 한다 ; 행위들 안에 결집되지 않는 것은 사람의 생명 안에 있지 않는다/868·875항. 사람은, 그것들의 외적인 형태 안에 있는 일들을 중요시 하는데, 그것은 선한 사람이나 악한 사람 안에 동일하게 보인다 ; 그러나 주님께서는 그것들의 내적인 것과 외적인 것을 동시에 중요시 여긴다/76항. 일곱 교회들에게 하신 주님의 말씀에서 "나는 네가 한 일을 알고 있다"는 말씀은 주님께서는 사람의 내면적인 것들이나 외면적인 것들을 동시에 보신다는 것을 뜻한다/76·94·109항. 사랑·지혜·선은 한 몸처럼 결합되어 있으며, 마찬가지로 인애·믿음·일들도 하나로 결합되어 있다/352항. 주님에게서 비롯된 내적인 작용은 수도 없이 많지만, 그러나 그것들은, 사람이 그것들 안에서 주님과 결합하기 위한, 외적인 작용을 위한 것이다/463항. 사람은, 마치 자기 자신이 하는 것과 같이, 인애에 속한 선을 반드시 행하여야 하고, 그리고 믿음에 속한 진리를 반드시 믿어야 한다/218·222·224·875항. 그 이유는, 사람은 그 자신 안에 생명이 존재하지 않기 때문이고, 그리고 또한 그의 행위는 마음의 행위이기 때문이다 ; 그리고 주님께서는 선을 행할 것을 명령하셨기 때문이다/875항. 종교에 속한 모든 것은 이웃에게 선을 행하는 것에 존재한다/484·571항. 주님의 계명들을 행한다는 것은 주님을 사랑한다는 것이다/556항. 주님에게 직접 가까이 나아가는 사람들은 신령율법에 일치하여 사는 것이다 ; 이런 일은 마치 자연적인 사람이 시민법들에 일치하여 사는 것과 꼭 같지만, 그러나 이들 사이에는 차이가 있다/920항. 영적인 선용은 주님·이웃·구원을 목적한 것이고, 자연적인 선용은 자기 자신과 이 세상을 목적한 것이다/889항. 영적 도덕적인 삶과 자연적 도덕적인 삶이 있는데, 외적인 겉모양에서 그것들은 동일한 것으로 보인다/386항. 주님의 일들은, 주님에 의하여 창조되고, 완성된, 천계에 있는, 이 세상에 있는, 그리고 교회에 있는 모든 것들을 뜻한다/663항. 주님께서 손수 행하신 일들은 선들과 진리들을 뜻한다/457항(손 참조).

선행들을 가리키는 인애에 속한 선들을 으뜸으로 여기고, 첫째 자리에 두는 자들은 실제적으로 교리에 속한 진리들 안에 있지만, 그 반대는 아니다는 것/82항. 모든 사람은 첫째 자리에서 교리에 속한 진리들을 중요시하지만, 그러나 그 때 그 사람은 설익은 과일과 같다 ; 그러나 중생된 사람에게서 그 상태는 뒤집힌 상태이지만, 그러나 그들이 첫째 자리에서 인애에 속한 선들을 중요시 한다면 다산(多産)의 종자들을 품고 있는 완숙한 열매와 같이 된다/83·84항(개혁·바로잡음 참조). 오직 일들 안에 있지만, 진리들 안에는 있지 않는 사람들은 어둠이나 흑암의 상태에 있는데, 그들은 마치 예전에 이방 사람들이 하는 것과 같이 행동한다 ; 영들의 세계에서 그들은, 그들을 통해서 악행들을 범하는, 사악한 자들을 돕는다/110항. 선행 안에는 있지만, 진리들 안에 있지 않는 자들이 어떤 상태인지 천계에서 잘 드러나고 있다/107항.

오직 믿음만의 교리에 있고, 그리고 거기에서 자신 스스로 확증한 개혁교회의 사람들은, 사람이 행한 모든 선한 일은 공로주의적인 것이다라고 믿는다/484·875항. 개혁교회 교도들 가운데 다양한 토론들이 있었는데, 그것은 사람은 어떤 종교적인 선도 행할 수 없다는 것, 다시 말하면 구원에 이바지 하는 선을 행할 수 없다는 것이다/484·675항. 그들의 논쟁들은, 칭의의 행위에 대하여 사람은 아무것도 공헌할 수 없다는 것, 다시 말하면 바보, 멍청이 이외의 아무 것도 아니다는 것/484·675항. 사람이 행한 모든 일들은 선이 아니고, 다만 공로적인 선이라고 믿고, 그리고 따라서 그것은 구원하는 선이 아니고, 오직 믿음만이 구원하는 것이라고 믿는 사람들은 성언에 속한 모든 것들을 위화하고, 그리고 교회에 속한 모든 것들을 파괴한다/541·566항. 바울의 글에 있는 율법에 속한 행위들은, 유대 사람들에게 적합했던, 모세의 율법에 속한 일들을 뜻한다/417항. 사람은, 바울에게서 알 수 있듯이, 사람 자신의 행위에 따라서 심판받는다/417·868항. 야고보가 말하고 있는 것과 같이, 바울은 율법을 행하는 자들은 그것을 듣는 자들이 아니고, 하나님 안전에서 행하는 것으로 의롭게 된다고 선언하고 있다/417·828항. 용이나 거짓 예언자는 오직 믿음만 구원한다는 것을 가르치는 자들을 뜻하고, 그리고 마치 종교에서 비롯된 것처럼 평신도가 시민법이나 도덕률에 복종하는 속박들 안에 보다 더 꼼짝 못하고 매어 있도록 하는 것을 가르치는 자들이다/926항.

일곱(seven)
일곱(1 : 4 ; 17 : 9)은 모든 것들이나 전부를 뜻하고, 따라서 충분한 것이나 완전한 것을 뜻한다 ; 따라서 거룩한 것이나, 더러운 것을 서술한다/10·737항. 숫자 일곱(7)은 거룩한 것이나 더럽혀진 것을 뜻한다/737항.

입·입에서(mouth·from mouth)
입(13 : 2)은 교리·설교·강론을 뜻한다 ; 그리고 거짓에서 비롯된 추론을 뜻한다/574항. 입에서 나온다(9 : 17)는 말은 생각이나 강론에서 나오는 것을 뜻한다/452항.

입류(入流·influx)
주님께서는 삼라만상에 입류하시고, 궁극적인 것에 의하여 첫째 것들로부터 그것들을 다스리신다/31·798항. 입류에는 높은 천계와 낮은 천계에 유입하는 직접적인 입류와, 높은 천계에서 낮은 천계에 유입하는 간접적인 입류가 있다/286항. 주님께서는 천계에 있는 모든 것들이나, 지옥에 있는 모든 것들을 다종다양한 계도의 입류에 의하여 정리 정돈하시고, 조절하시고, 통제하신다/346항. 사람이 뜻하고, 생각한 모든 것들은, 마치 사람이 보고, 듣고, 냄새 맡고, 맛보고, 느낀 모든 것들처럼, 입류에 의하여 들어오지만, 그러나 전자는 오관들에 의하여 들어오지만, 그러나 전자는 오관들에 의하여 지각되지 않는데, 그것은 그것들이 영적이기 때문이다/875항. 그 이유는, 사람이 생명의 수용그릇이지, 생명 자체는 아니기 때문이다 ; 결과적으로 생명은 입류한다/875항. 악령들은 천계에서 비롯되는 주님의 입류를 참고 견딜 수가 없고, 주님의 영기(靈氣)도 역시 견딜 수 없다/339·340항. 영적인 빛과 별에 속한 입류에 관해서는 빛과 별을 참조.

잇사갈(Issachar)

잇사갈(7 : 7)은, 성경에서 최고의 뜻으로는 진리에 속한 신령선이나, 선에 속한 신령진리를 뜻하고, 속뜻이나 영적인 뜻으로는 선과 진리의 천적인 혼인애(=결합애)를 뜻하고, 겉뜻이나 자연적인 뜻으로는 삶에 속한 보상(報償)을 뜻하지만, 그러나 나쁜 뜻으로는 공로주의적인 선을 뜻한다/358항.

잎(leaf)

잎들(22 : 2)은 합리적·자연적·감관적인 진리들을 뜻한다 ; 그것의 설명/936항. 서로 다른 나무들의 잎들은 그것들에 관한 다종다양한 진리들을 뜻한다/936항. 영계에서 잎들의 흔들림에 의한 공포에 관해서/936항.

ㅈ

자손·씨(子孫·seed)

자손(12 : 17)은 교리에 속한 진리들 안에 있는 교회 안에 있는 자들을 뜻하고, 추상적으로는 교리에 속한 진리들을 뜻한다/565항. 반대의 뜻으로 자손은 교리에 속한 거짓들을 뜻한다/565항. 다니엘서에서는 다른 인종과 함께 사는 사람의 씨(=인종)를 가리키는 진흙과 쇠가 뜻한다/913항.

자유·자유의지(自由·自由意志· free· freewill)

자유의지에 관한 개혁교회의 교리를 위해서는 서문 IX항 참조. 자유인들과 노예들(6 : 15)은 자기 자신으로 말미암아 알고, 이해하는 자들을 뜻하고, 그리고 다른 자들로 말미암아 알고, 이해하는 자들을 뜻한다/337·614·832항.

자주색(purple)

자주색(17 : 4)은 천적인 선을 뜻하고, 빨간색(17 : 4)은 천적인 진리를 뜻한다/725항.

잠·잔다(睡眠·sleep)

영적인 생명이 없는 자연적인 삶을 뜻한다/158항(깨어나라 참조).

장님·눈 멂(blind)

진리를 모르는 자들이나, 진리를 이해하지 못하는 자들을 뜻한다/210항.

장로(長老·elder)

스물네 장로들(4 : 4)은 천계나 지상에 있는 교회에 속한 모든 진리들이나 선들을 뜻한다/233·251항. 그들은 천계를 뜻한다/521항. 개별적으로는 보다 높은 천계를 뜻한다/275·808항.

장사한다·장례·무덤(葬禮·bury ·burial·monument)

매장한다는 말은 다시 사는 것, 그리고

삶이 계속되는 것을 뜻한다. 그 이유는 세속적이고 불결한 것들은 배척당하는 것을 뜻하기 때문이다/506항. 땅에 묻히지 못한다는 말은 세속적이고 불결한 것들 안에 계속해서 남아 있다는 것을 뜻한다 ; 그런 이유 때문에 저주받은 것과 꼭 같이 배척당하는 것을 뜻한다/506항.

장사한다(merchandise)
교역한다(to trade)는 말 참조.

장소(place)
공간 참조.

장자・맏배(長者・first-begotten)
주님께서는 죽은 자의 첫 열매(1 : 5)라고 불리셨는데, 그것은 그분의 인성 안에 계신 그분은 신령진리와 결합된 신령선이시다는 것을 뜻한다/17항. 교회에 관해서 언급된 첫 열매나, 처음 난 자는, 의지에 속한 사랑으로부터 이해에 속한 믿음을 통하여 제일 먼저 행위나 활동 안에 존재한다/17항. 교회가 그 때 처음으로 사람과 함께 있기 때문에, 그 때 속사람 안에 수태(受胎)된 교리에 속한 진리는 겉사람 안에 태어난다/17항.

재산・재물(財産・財物・wealth)
부(富) 참조.

재앙(災殃・plague)
재앙들(9 : 20)은 사랑(=애욕)에 속한 악들과 믿음에 속한 거짓들을, 결과적으로는 영적인 재앙을 뜻하는데, 그것에 의하여 그의 영혼의 측면에서 사람은 멸망한다/456・498항. 이집트의 여러 재앙들이 열거되었는데, 그것들은, 그것에 의하여 거기에 있던 교회가 멸망된, 온갖 거짓들과 정욕들을 뜻한다/503・657항. 주님께서 재앙들로 사람을 치신다고 하여 그것을 주님의 탓으로 돌린다/498항.

저녁(evening)
저녁이나 밤은 옛 교회의 마지막 때를 뜻하고, 아침은 새로운 교회의 최초의 때 또는 시작을 뜻한다/151항. 주님께서는 성만찬을 제정하셨는데, 그 이유는 성만찬이 있었던 그 저녁은 그 교회의 마지막 때, 또는 마지막 상태를 뜻하기 때문이다/219・816항.

저 세상의 방위들(方位・quarters of the world)
천사들은 방위들에 일치하여 주거한다 ; 동쪽에는 보다 더 주님사랑 안에 있는 자들이 살고, 서쪽에는 보다 덜한 주님 사랑 안에 있는 자들이 살고, 남쪽에는 보다 더 주님에게서 온 지혜 안에 있는 자들이 살고, 북쪽에는 보다 덜한 그 지혜 안에 있는 자들이 산다/901・906항. 그 이유는, 주님께서는 천계의 태양이시고, 동쪽과 서쪽은 그분의 얼굴에서 존재하고, 남쪽과 북쪽은 그것의 양쪽에서 존재하기 때문이다/901항. 그들의 영의 측면에서 교회에 속한 사람들은 영계에서 동쪽과 서쪽, 그리고 남쪽과 북쪽에 있는 천사들과 꼭 같다/906항. 태양이신 주님에게 천사들의 방향을 돌린다는 것이나 그 때 방위들을 향한 그들의 방향을 돌리는 것에 관하여/380・938항.

저울(balances・scales)
측량・측량한다는 말 참조.

저울・청평(scales・balance)
측량한다는 말 참조.

저주 받은 것(cursed thing)

사람에게서 주님을 갈라놓는 악을 뜻한다/937항.

전갈(scorpion)
전갈(9 : 3)은 치명적인 설득력(=종지)을 뜻한다/425항.

전능(全能・omnipotence)
전능자(the Almighty)는 자기 자신으로부터 존재하고, 살아 있고, 능력을 소유한 자를 뜻하고, 그리고 처음 것들로부터 궁극적인 것에 이르는 모든 것들을 다스리는 자를 뜻한다/31・522항. 주님께서는 전능하신 분이라고 불리셨다/811항.

전지(全知・omniscience)
주님께서 자기 자신으로 말미암아 모든 것들을 아시고, 그러므로 전지는 그분에게 속해 있다/262항.

전쟁(戰爭・싸움・war)
온갖 전쟁들은 진리에 대항하는 다툼들이나 거짓들에게서 비롯된 추론에 의해서 행해지는 영적인 전쟁들을 뜻한다/500・548・586항. 레위 지파의 사역이 병역임무라고 불리웠다/500항. 다양한 종류의 무기들은 영적인 전쟁에 속한 그런 것들을 뜻한다/436항.

전환(轉換・방향 바꿈・conversion)
천사들이나 사람들은 자신들의 영의 측면에서 계속해서 태양이신 주님을 향한다 ; 따라서 놀라운 일은, 그들이 방향을 바꾼다고 해도, 그들은 계속해서 그들의 안전에 주님을 모신다는 것이고, 악마들은 계속해서 주님에게서 방향을 돌린다는 것이다/380・938항.

젊은이(靑年・young man)
처녀들과 젊은이들이 함께 언급된 곳에서는, 처녀들은 진리에 속한 정동들을 뜻하고, 젊은이들은 진리들을 뜻한다/620항.

접시(platter)
컵 참조.

정동(情動・affection)
사랑(love) 참조.

정사각형(four-square)
정사각형이나 사각형은 공의로운 것을 뜻한다/905항.

정의・의롭다(正義・justice・just)
의롭다고 불리우는 사람은, 자연적인 뜻으로, 시민법이나 도덕률에 따라서 사는 사람을 뜻하고, 영적인 뜻으로는 신령율법들에 따라서 사는 사람을 뜻한다/815항. 의로운 사람은 삶에 속한 선 안에 있는 자를 뜻하고, 불의한 사람은 삶에 속한 악 안에 있는 자를 뜻한다/815・948항. 참되다(3 : 7)는 것은 선에 관해서 언급하고, 거룩하다는 것은 진리에 관해서 언급한다/173항. 정의(正義)는 선에 관해서, 공의(=공평・judgment)는 진리에 관해서 언급한다/668항.

젖꼭지(paps)
젖이나 가슴은 사랑을 뜻하고, 최고의 뜻으로는 신령사랑을 뜻한다/46항.

제단(祭壇・altar)
이스라엘 자손들에게는 두 제단이 있었는데, 하나는 밖에 있는 것이고, 다른 하나는 성막 안에 있는데, 전자는 '번제물의 제단'(the altar of burn-offering)이고,

후자는 '분향단'(the altar of incense) 또는 '금향단'(the golden altar)이라고 부름 ; 전자는 천적인 사랑에서 비롯된 예배를 표의하고, 후자는 영적인 사랑에서 비롯된 예배를 뜻한다/392·649항(제물·향 참조). 번제물의 제단과 번제단의 불은 주님의 천적 왕국을 뜻하고(649항), 번제단에서 취한 불과 드리는 향은 영적인 사랑을 뜻한다/395항. 그 불은 신령천적인 사랑을 뜻한다/395항(불 참조).

제물(祭物·offering)
빵 참조.

제물(祭物·sacrifice)
제물들에 관해서 언급할 경우 제물을 먹는다는 말은 거룩한 것을 자신에게 전유하는 것을 뜻한다 ; 그리고 우상에게 바쳤던 제물을 먹는다(2 : 20)는 말은, 이방 사람들의 제물에 속한 것인데, 그것은 거룩한 것을 더럽히고, 모독하는 것을 뜻한다/114·135항.

제사장(=성직자·사제·priest)
제사장들(1 : 6)은 주님에게서 비롯된 사랑의 선 안에 있는 자들을 뜻하고, 추상적으로는 사랑에 속한 선들을 뜻하고, 왕들(1 : 6)은 주님에게서 비롯된 지혜의 진리들 안에 있는 자들을 뜻한다/20·854항(왕 참조). 사랑에 속한 선 안에 있는 자들이 있는 천적인 왕국은 주님의 사제적인 왕국을 가리키고, 지혜의 진리들 안에 있는 자들이 있는 영적인 왕국은 주님의 제왕적인 왕국이라고 한다/854항.

제설혼합론자(諸說混合論者·syncretist)
제설혼합론자에 의한 믿음과 인애의 결합에 관하여/386항.

종·하인(下人·servant)
종들(1 : 1)은 진리들 안에 있는 자들을 뜻하고, 그리고 진리들에 의하여 다른 자들을 섬기는 자들을 뜻한다 ; 그러므로 예언자들은 여호와의 종들이라고 불리웠다 ; 심지어 주님께서도 그분의 신령인성의 측면에서 그와 같이 불리셨다/3항. 종들은 진리들 안에 있는 자들을 뜻하고, 그리고 선 안에 있는 자들은 섬기는 자들을 뜻하는데, 그 이유는 후자는 섬기는 자(=목자)를 뜻하고, 전자는 돕는 사람(serve)을 뜻한다/128항. 노예와 자유인(bond-men and free-men)(6 : 15)이 뜻하는 내용/337·604·832항(자유 참조).

종교(宗敎·religion)
진리에 속한 교리는 교회를 형성하고, 교리에 일치하는 삶은 종교를 형성한다 ; 그러나 거기에 생명이 존재하지 않는다면 종교도, 교회도 존재하지 않는다/923항. 모든 종교의 원칙에는 선의 근원인 하나님이 계신다는 것과 그리고 악의 근원인 악마가 있다는 것, 그러므로 선은 반드시 행해져야 하는데, 그 이유는 그것은 하나님에게 속한 것이고, 하나님으로 말미암은 것이기 때문이다는 것 ; 그리고 악은 반드시 단절되어야 하는데, 그것은 악마에게 속한 것이고, 악마로 말미암아 존재하기 때문이다/272항. 모든 종교에는, 마치 십성언에 속한 것들과 같은, 계율들이 있다/272항. 현대교회의 믿음에 속한 비의들이 있는데, 그것들 중에는 구원에 공헌하는 종교적인 선은 사람에 의하여 행해지는 것이 허락되지 않는다는 것이다/484·675항. 오늘날의 기독교계에는 교회도 종교도 존재하지 않는다/675항.

종기(腫氣·헌 데·sore)
종기(=헌 데·부스럼·상처들)(16 : 2)는, 정욕들을 가리키는, 내적인 악성에서 생겨나는 가장 외적인 것들 안에 있는 온갖 악들을 뜻한다/678항.

종기(=부스럼·ulcer)
상처(wound) 참조.

종려나무(palm)
종려나무(7 : 9)는 신령진리를 뜻하고, 종려나무를 손에 든다는 말은 신령진리들에게서 비롯된 고백을 뜻한다/367항.

종지(宗旨·설득·persuasion)
영계에는 종지의 능력(=설득력)이 있는데, 그것은 진리의 이해를 제거한다/428항.

죄(罪·sin)
원죄에 관해서는 서문 개혁교회의 교리적인 것들을 참조.

주(週·일주·week)
일주는 상태를 뜻하고, 일곱째 주는 거룩한 상태를 뜻한다/489항.

주님·하나님(the Lord and God)
개혁교회가 가지고 있는 하나님과 주님 그리스도에 관한 교리는 그들의 교리적인 것들을 참조하시오/서문 Ⅰ·Ⅱ항. 하나님에 속한 진정한 올바른 개념 위에는 전 천계가, 전 교회가, 종교에 속한 모든 것들이 세워졌다. 그 이유는 그것에 의하여 하나님과의 결합이 이루어지고, 결합에 의하여 천계와 영생이 존재하기 때문이다/469항(서문 참조). 신령존재(the Divine Esse)는 본질적인 존재이고, 그것은 하나이고, 동일한 것이고, 불가분의 것이고, 그리고 신령존재는 하나님이다/961항. 비가시(非可視)적 하나님에게는 가까이 나아갈 수 없고, 그리고 영으로서의 하나님의 개념도, 어떤 영이 에텔이나 바람과 같은 것으로 믿는다면, 이것 역시 속빈 개념이다 ; 그러나 사람으로서의 하나님 개념은 올바른 개념으로, 거기에 결합이 가능하다/224항. 한 분 하나님이 시인되지 않고, 그분 안에 있는 삼일성(三一性)이 시인되지 않는다면 교회는 결코 존재하지 않는다/476항. 한 분 인격 안에 있다는 것을 제외하면 한 분 하나님은 존재하지 않는다/490항. 천사들은 복수적인 하나님들(gods)을 발설할 수 없다 ; 만약에 그들이 그런 것을 원한다고 해도 그것 자체의 표현은 한 분 하나님 개념으로, 사실은 유일무이한 하나님 개념으로 떨어진다/961항. 하나님은 본질에서 인격으로 생각하는 것이지, 인격에서 본질로 생각하지 않는다 ; 하나님에 관해서 인격으로부터 생각하는 자들은 하나님을 세 분으로 만들지만, 본질로부터 생각하는 자들은 하나님을 한 분으로 만든다/611항. 하나님에 관해서 신령본질에 속한 속성으로부터, 그리고 거기에서 발출하는 속성들인, 즉 창조·보존·구원·구속·조요·가르침으로부터 생각하는 자들은 하나님을 한 분으로 만든다/611·961항. 오직 믿음만이라는 교리에 빠져 있고, 그리고 주로 관습적인 그들의 믿음에 속한 기도문으로, 하나님 아버지에게 기도하고, 그리고 아들의 목적을 위하여 자비를 베푸시고, 성령을 보내 주실 것을 기도하는 자들은 하나님을 세 분으로 만든다/537·611·618항. 하나님은 신령진리의 측면에서, 그리고 신령지혜의 측면에서 주님을 뜻하고, 아버지(聖父)는 신령선의 측면에서,

그리고 신령사랑의 측면에서 주님을 뜻한다/21·193항. 영원 전부터 주님께서는 여호와 아버지이시다는 것/21항. 주님과 하나님 아버지는 한 분이시다는 것/693항. 아버지라고 불리우는 신령존재와 아들이라고 불리우는 신령존재는, 마치 영혼과 육체와 같이, 한 존재이다. 그러므로 그분들은 아버지이시다/613·743·839·962항. 그러므로 주님께서 아주 자주 여호와 속량주로, 그리고 여호와 우리의 의로운 분으로 불리셨다/613·962항. 신령인간을 통해서, 신령본질로 말미암아 주님은 구세주이시다/368·961항. 여호와께서는, 인류를 구속하시고, 구원하시기 위하여 이 세상에 오셨고, 그리고 인성을 입으셨다 ; 그러므로 여호와는 속량주이시다/281·962항. 주님께서는 천사들과 사람들을, 그분 안에서, 그리고 그분을 통해서 그분 자신 안에 있고, 아버지라고 불리우는 신령존재에 그분의 인성을 합일하셨다/222항. 주님께서는 인류를 그분 안에서, 그리고 그분을 통해서 하나님 아버지와 결합사키기 위하여 이 세상에 오셨다/618·883항. 그리스도에 의하여, 그리고 그분을 통하지 않고서는 하나님 아버지에게 가까이 나아갈 수 없다/484항. 작금의 사람은, 마리아의 아들로서, 따라서 보통 사람으로서, 그리고 하나님의 아들이 아니고, 결과적으로 하나님이 아니다는 이른바 그리스도의 인성에 속한 개념으로 말미암아 하나님 아버지에게 가까이 나아간다고 한다/504항. 알파와 오메가, 처음과 나중(1 : 8)이다는 말은 주님을 뜻하고/29항, 그리고 그 낱말들은, 모든 삼라만상이 그분에게서 발출한, 처음부터 궁극적인 것에 이르기까지, 자존자(自存者)이시고, 유일존재이시다는 것을 뜻한다 ; 그러므로 사랑 자체이시고, 유일 사랑이시고, 지혜 자체이시고, 유일

지혜이시고, 생명 자체시고, 그분 안에는 유일 생명이신 분이 계신다 ; 결과적으로 유일 자존자·창조주·구세주요, 그분으로 말미암아 조요주이시다 ; 결과적으로 천계와 교회에 있는 모든 것의 전부이시다/29·38·92·962항. 그런 존재는 주님에 의하여 만들어졌고, 다스려지고, 행해지는 모든 것들을 뜻한다/888항. 지금도 계시고, 전에도 계셨고, 또 장차 오실 분(1 : 4)은 주님께서는 영원하시고, 무한하시다는 것과 그리고 여호와이시다는 것을 뜻한다/13·57·522항. 지금도 계시고, 전에도 계시던 거룩하신 분(16 : 5)은, 주님께서 현재도 성언이시고, 과거에도 성언이시다는 것을 뜻한다/686항. 그분께서 처음이며 마지막이시다(2 : 8)는 말은 주님께서 유일하신 하나님이시다는 것을 뜻한다/92항. 신약에서 여호와는 주님이시라고 불리셨다/193항. 다니엘서에 언급된 옛적부터 계신 분은 주님이시다/291항. 메시아는 그리스도이시고, 그분은 하나님의 아들이시다/520항.

주님께서 홀로 천지(天地)의 하나님이시다/42·888항. 전 천계가 주님께서 천지의 하나님이시다는 것을 시인한다/811항. 주님에 관한 그들의 왕과 영국의 성직자들의 대화에서 보면 그분은 천지의 하나님이시다는 것/341·716항. 아버지에 속한 것은 모두가 그분의 것이기 때문에, 그분에 의하지 않고서는 어느 누구도 아버지에게 올 수 없기 때문에, 그러므로 그분은 천지의 하나님이시다는 것/618항. 천지의 모든 능력은 주님에게 속한다는 것/613·743·752항. 주님께서는 그분 자신에게서 비롯된 모든 것들을 처음 것들로부터 궁극적인 것에 의하여 다스리신다는 것/31항. 주님께서는, 동시에 궁극적인 것과 처음 것들에서, 따라서 사람들을 구원하시기 위하여 이

세상에 오셨고, 한 인성(a Human)을 그분의 몸에 취하셨다는 것 ; 그것은 주님의 입류와 주님의 역사(役事)가 처음 것들로부터 궁극적인 것에 의하여 존재하기 때문이다/798항. 주님께서는 자기 자신으로 말미암아 모든 것들을 아신다는 것/262항. 주님은 전능(全能)하시다는 것/811항. 묵시록서의 모든 것들은 시인과 관계를 맺고 있는데, 그것은 주님께서 천지의 하나님이시다는 것과 그리고 그분의 계명들에 일치하는 삶에 관계를 맺고 있다/903·957항. 아버지의 나라는, 주님에게 직접 가까이 나아갈 때 임한다/839항. 주님께서는 천계와 지옥을 다스리시는데, 그것은 전자를 다스리시는 분이 반드시 후자도 다스려야 하기 때문이다/62항. 자기 스스로 복수 인격의 삼일성(=삼위일체)을 확증한 사람들은, 그들이 성경에서 그것을 자주 읽는다고 할지라도, 주님께서 천지의 하나님이신 한 분 하나님이시다는 것을 받아들일 수 없다/618항. 삼위일체적 합일이라고 부르는 주님의 신성과 인성의 신비적인 합일은, 주님의 인성 안에 있는 신령존재의 입류에 관한 그들의 날조된 허구이다/565항. 주님과 주님에 의한 구원에 관한 보편적인 믿음에 관하여/67항. 주님을 믿는 사람들은 구원받는다는 것/553항. 주님을 믿지 않고, 그리고 그분의 계명들에 일치하여 살지 않는 사람들은 영벌을 받는다는 것/874항. 믿음으로 말미암아, 그리고 주님의 계명들에 일치하는 삶으로 말미암아, 사람의 수용에 일치하여 주님께서는 사람 안에 계신다/949항. 주님을 시인하는 그 시인은 주님의 현존(=임재)을 이루고, 사랑에 속한 정동은 주님과의 결합을 이룬다/937항. 주님의 신령인성 안에서 주님은 가시적이기 때문에, 그리고 영혼과 육체의 관계와 같이 아버지와 주님은 한 분이시기 때문에,

주님의 신령인성의 측면에서 주님에게 가까이 나아갈 수 있다 ; 여기에서 밝히 드러나는 것은, 몸(body)을 가리키는 그분의 신령인성의 측면에서 주님에게 가까이 나아갈 때 영혼을 가리키는, 모든 삼라만상의 근원되시는 신령존재의 측면에서, 결과적으로는 아버지의 측면에서, 가까이 나아가는 것이다/341·743·962항. 어느 누구도 그분에게 가까이 나아가는 것을 제외하면, 주님과 결합할 수 있는 존재는 아무도 없다. 그 이유는 의지에 속한 정동에서 비롯된 이해로 말미암은 우러름이 이 결합을 이루기 때문이다/933항. 주님의 인성은 신령하고, 그리고 반드시 가까이 나아가야 한다는 것의 설명/962항. 주님과 교회의 혼인(=결합)은 그분의 신령인성과의 결합을 가리키고, 그리고 그 때 그 결합(=혼인)은 완전하다는 것/812항. 그러므로 새로운 교회는 신부라고 불리웠고, 그리고 어린 양의 아내라고 불리웠다/813항. 아버지의 뜻은, 주님의 신령인성의 측면에서 주님에게 가까이 나아갈 때, 천계에서 행해진 것과 같이, 땅에서도 이루어진다/839항. 새로운 교회는 오직 주님에게 가까이 나아가고, 악행들로부터 회개의 대업을 이룬 자들로 형성된다/69-72항. 주님의 신령인성과의 결합이나, 그리고 그 결합의 본성은 곧 그들이 주님 안에, 주님께서 그들 안에 있는 것을 가리킨다/883항. 그 결합은 성언에 속한 진리들에 의하여, 그리고 진리들에 일치하는 삶에 의하여 이루어진다/883항. 주님께서는 악 안에 있는 자와는 결코 결합하실 수 없다 ; 그러므로 사람은 제일 먼저 회개의 대업을 하여야 한다/937항. 주님께서 홀로 모두를 가르치시고, 인도하신다 ; 그 이유는 주님께서 하나님이시기 때문이고, 그리고 천계와 교회는, 그의 영혼과 생명이신 주님이 한 사람과

같기 때문이다/383항. 오직 주님에게만 기도드려지고, 예배드려져야 하고, 천사 어느 누구에게 그렇게 되어서는 안 된다는 것/818·946항. 주님만이 정의이시고, 주님께서 홀로 공(功)이 있으시다/86항. 주님께서는 구원이라고 불리신다/368항. 주님 안에는 신령 천적인 것, 신령 영적인 것, 신령 자연적인 것이 있다 ; 그러므로 사랑과 지혜에 속한 이들 세 계도들은, 창조로부터 세 천계들 안에 있고, 또 한 사람 안에 있다/49항. 주님께서는, 삼층천의 천사들이 가지고 있는 신령 천적인 것 안에, 그리고 이층천의 천사들이 가지고 있는 신령 영적인 것 안에, 그리고 가장 낮은 천계의 천사들이 가지고 있는 신령 자연적인 것이나, 땅 위에 있는 사람들이 가지고 있는 신령 자연적인 것 안에 계신다 ; 그럼에도 불구하고, 주님은 분리될 수 없는데, 그 이유는 주님께서는 그의 성품에 따라서 모두와 함께 현존하시기 때문이다/466항.

주님에게 가까이 나아가지 않는 자들은 성언을 이해할 수 없다/42·566·958항. 주님께서는 성언을 가리키는 생명의 책이시다/958항. 주님께서는 그분의 신령인성의 측면에서 하나님의 아들이라고 불리셨고, 그리고 성언의 측면에서 사람의 아들이라고 불리셨다/44항. 주님께서는 신령인성의 측면에서, 그리고 성언의 측면에서 어린 양이라고, 더욱이 그리스도라고 불리셨다/6·15·269·273·291·595항. 주님께서는 성언이시고, 그리고 그것에 속한 전부이시다/819·820항. 신구약 성경에는 주님만이 홀로 다루어졌고, 그리고 그것으로 인하여 주님께서 성언이시다는 것은 밝히 드러나고 있다는 것/478·820항. 주님께서는 자연적인 뜻, 영적인 뜻, 천적인 뜻으로 성언에 속한 모든 것들을 충만하게 하신다는 것/820항. 그들이 주님에게 직접 가까이 나아가지 않기 때문에, 그들은 영적인 빛 안에 있을 수 없고, 그리고 영적인 것들 안에서 그들은 감관적으로 생각한다는 것/841항. 주님에 속한 지식이나 시인은 선과 진리에 속한 모든 지식들을, 또는 영적인 진리들을 하나로 결합시킨다/916항. 주님의 강림은, 성언 가운데 오시는 그분의 강림이고, 그리고 이러한 강림을 뜻한다/820·944항(구름 참조). 천계에서 온 빛에 의하여 성막이 보여졌고, 그 뒤에는 성전이 보여졌고, 마지막으로는 그것에 속한 성언을 가리키는 머릿돌 위에 서 계시는 주님이 보여졌다/926항.

왕국은 사람의 아들에게 속해 있다/291항. 그것으로 인하여 주님께서 왕으로 불리셨다/664항(왕 참조). 그분의 신령인성 안에 계신 주님께서 모든 것들을 다스리신다는 것/520항. 천적인 왕국은 주님의 사제적인 왕국을 뜻하고, 영적인 왕국은 주님의 제왕적인 왕국을 뜻한다/854항. 주님께서 다스리신다는 말의 뜻/284항(왕국 참조). 주님께서는 천계이시다/943항(천계 참조). 주님 안에 있고, 주님께서 그들 안에 있는 자들은, 그들이 원하고 구한 것은 무엇이나 다 얻을 수 있는데, 그 이유는 그들은 주님으로 말미암아 원하고, 구하였기 때문이다/951항. 주님께서는 천계들 위에 태양 가운데 나타나시는데, 그 이유는, 그것이 본질 자체이시기 때문에, 어느 누구도 그분의 임재를 감당할 수 없기 때문이고, 그리고 주님은 베일들이나 가리개들을 통하여 모두에게 현존하시기 때문이다/54·465항. 주님께서는 사랑 자체이시고, 지혜 자체이시고, 그리고 이런 것들은 공간 안에 있지 않기 때문에 주님께서는 무소부재(無所不在)하신다/961항. 사람은, 그분 자신 안에 계신 그런 주님을 볼 수 없고, 그리고 그분을 보고 살 수도 없다 ; 그러므로 주님께서는, 그분의 존엄성으로 가득 채운 천사들을 통하여 천계에서 자기 자신을 나타내신다/938항. 성언에 속한 진리들은, 주님께서 자기 자신을 그것에 의하여 보게 하는 거울들이다/938항. 주님께서는 태양으로 말미암아 이마에 있는 천사들을 살피시고, 그리고 그들을 그분 자신에게 향하게 하시고, 그리고 마찬가지로 사람들을 그들의 영적인 상태의 측면에서 주님을 향하게 한다 ; 그리고 천사들이나 사람들은 그들의 눈을 통해서 주님을 우러른다/280·938항. 천사들은 계속해서 주님을 태양처럼 보고 있고, 그리고 그들의 안전에서 그분을 계속해서 모시고 있다 ; 놀라운 것은 이러한 일이 그들의 얼굴이나 몸의 모든 방향에서 그러하다는 것이다/938항. 성경에서 천사는 주님을 뜻한다/465항(천사 참조). 입류한 것, 또는 사람에게 있는 주님으로부터 입류에 의하여 들어온 것은 주님의 것으로 그 사람에게 남아 있다. 그리고 결코 그 사람의 것이 될 수 없다/758항. 주님은 입류에 의하여 사람의 고유속성에 들어가지 못하고, 다만 주님은 그들의 고유속성으로부터 그분에게 속해 있는 것을 완전히 분리시키신다/758항. 천계를 통해서 사람과 주님은 말씀하신다는 것에 관하여/943항. 주님께서는 신령 지혜를 통하여 신령 사랑으로 말씀하시는데, 그 이유는 삼층천에서 이층천을 통해서 말씀하시기 때문이다/615항. 주님의 이름이 뜻하는 것/618항(이름 참조). 주님께서는 자신의 신령인성으로 말미암아 심판을 단행하신다/273항. 영원부터 계신 주님의 탄생은 영원부터 예견된 그분의 탄생을 뜻하고, 그리고 시간 안에서 준비된 것을 뜻한다/961항. 주님께서는 그분의 인성을 영화하셨다 ; 즉 인성을 신령하게 완성하셨다 ; 그것은 마치 주님께서 사람을 중생시키고, 그리고 사람을 영적으로 완성하는 것과 같다/193항. 주님께서는 홀로 교회에 속한 악들이나 거짓들을 참고 견디셨고, 그리고 성언을 공격한 폭행이나 괴롭힘을 참고 견디셨다는 것/829항. 이와 같은 일은 지옥들에 대항하여 싸우는 투쟁들에 의하여 일어나고, 따라서 주님께서는 구원주와 구속주가 되셨다/829항. 주님께서는, 유대 사람들이 성언을 취급한 것과 같이, 그분을 그렇게 취급하는 것을 허용하셨다/410항. 오직 믿음만의 교리에 빠져 있고, 믿음에 속한 그들의 형체들로부터 기도하는 사람들은 하나님을 세 분 존재로, 그리고 주님을 두 분 존재로 만드는 일 이외의 것은 할 수 없다는 것/537·611항. 그분의 인성 안에 있는 주님의 신성을 부인하는 자들은 소니시언파나 아리안파와 크게 다르지 않다/571항. 용·짐승·거짓 예언자가 뜻하는 그들이 제거되기 전에는 새로운 교회는 세워질 수 없고, 따라서 주님께서는 천지의 하나님으로 시인될 수 없다/473항. 영계에서는 생각 안에 있는 시인으로부터 한 분 하나님을 공언, 발설할 수 있는 자는 거의 없고, 또한 비록 그것이 성언에 의하여 수많은 자들에게 입증되었다고 해도, 주님에 관해서 예수나, 신령인성을 발설할 수 있는 사람은 거의 없다/294항.

주춧돌(礎石·foundation)·주춧돌을 놓는다.
땅의 기초(21 : 14)는 교회의 설시를 뜻한다/489항. 새 예루살렘 성의 성벽의 초석들이나, 일반적으로 땅의 기초는 교회에 속한 교리적인 것들을 뜻한다/902·903·914항. 새 예루살렘 성벽의 열두 주춧돌은, 열두 보석들인데, 성언의 문자적인 뜻에서 비롯된 새로운 교회의 모든 교리를 뜻한다/915항.

주홍색(朱紅 · scarlet)
자주색은 천적인 선을 뜻하고, 주홍색(=빨간색)(17 : 4)은 천적인 진리를 뜻한다/725항.

죽음 · 죽은 자(死亡 · death · dead)
죽음은 다양한 것들을 뜻한다 ; 사망은 자연적인 생명의 단절을 뜻하고, 또한 영벌(=저주)을 가리키는 영적인 생명의 단절을 뜻한다 ; 그리고 육신에 속한 십자가의 못박음을 가리키는 정욕들의 단절을 뜻한다 ; 따라서 새로운 생명(=삶)을 뜻한다 ; 부활을 뜻하고, 세상에서 무시되고, 부인되고, 배척되는 것을 뜻한다 ; 악마와 지옥을 뜻하고, 그것에서 비롯된 의지에 속한 악을 뜻한다/866항. 죽음은 영적인 생명의 단절을 뜻하고, 그리고 지옥과 저주를 뜻한다 ; 그것의 설명/321항. 첫째 사망은 이 세상의 떠남을 뜻하고, 둘째 사망은 영벌(=저주)을 뜻한다/106항. 그것의 입증/853 · 873 · 894항. 첫째 사망은 묵시록서에 언급되지 않았다/853항. 사망은 또한 사람의 자아애에 속한 삶을 뜻하는데, 그 이유는 영적인 생명을 소멸시키기 때문이다/323항.

죽은 사람은 죽음에 속한 동일한 내용을 뜻한다/856항. 죽은 자는 이 세상을 떠난 자를 뜻한다, 그것의 입증/525 · 868 · 869항. 영적인 생명(=삶)이 없는 자연적인 생명(=삶) 안에 있는 자들을 뜻한다/159항. 죽은 자는 어떠한 영적인 생명도 가지지 않은 사람을 뜻한다/525항. 죽은 사람은 내면적으로 악마들을 뜻한다/870 · 872항. 육신을 십자가에 못박은 자를 뜻하고, 그리고 온갖 시험들을 겪는 것을 뜻한다/639항. 죽은 사람은 악한 사람에 의하여 배척되고, 부인되는 자들을 뜻한다/847 · 850 · 866항. 주님에 관한 언급에서 죽은 것은 부인, 배척되는 것을 뜻하고, 그분의 인성이 신령한 것으로 시인되지 않는 것을 뜻한다/59 · 93 · 269항. 죽은 예배에 관해서는 예배 참조.

죽인다(殺害 · to kill)
죽인다, 살해한다는 것은 영혼들의 측면에서 멸망시키는 것을 뜻한다/325항. 죽인다는 말은 내적인 증오들을 품는 것을 뜻하고, 그 밖의 여러 뜻들이 있다/307항. 살해한다는 말은 이단적인 존재로 선포하고, 교단으로부터 제명하고, 저주하는 것을 뜻한다/603항. 살해는 거짓들에 의하여 멸망하는 자들에 관해서 언급한다/801항. 살해는 또한 사악한 자에 의하여 배척당하는 자들에 관해서 언급한다/325항. 주님에 관해서 언급할 때에, 살해는 그분께서 시인되지 않는다는 것을 뜻한다/269 · 589항. 주님을 갈기갈기 찢는다는 말은 온갖 거짓들에 의하여 성언이 파괴되는 것을 뜻한다/26항. 자녀들을 죽인다(2 : 23)는 말은 진리들을 거짓으로 변질시키는 것을 뜻한다/139항.

중생(=거듭남 · 重生 · regeneration)
개혁(=바로잡음) 참조.

즐거워한다(joy)
즐거워한다(11 : 7)는 말은 선에 속한 사랑의 기쁨과 마음의 기쁨과 의지의 기쁨에 관해서 언급한다 ; 그리고 기뻐한다(11 : 7)는 말은 진리에 속한 사랑의 기쁨과, 그리고 영혼의 기쁨과 이해의 기쁨에 관해서 언급한다/507항.

증거·증인·증거하다(證據·證人·testimony·witness·to testify)

증거한다나 증언한다(1 : 2)는 말은 진리에 관해서 언급하고, 그리고 진리는 자기 자신을 증거한다 ; 결과적으로는 주님을 증거하는데, 그 이유는 주님이 진리 자체이시기 때문이다/6·199·953항. 주님께서는 자기 자신으로 말미암아 증거하고, 주님께서 자기 자신이 증인이다/6·199·490·669·953항. 예수의 증언(1 : 5 ; 3 : 14)이라는 말은 주님께서 천지(天地)의 하나님이시다는 것과 그리고 주님의 계명들에 일치하여 사는 삶이다는 것, 그리고 개별적으로는 십성언의 계율들에 일치하는 삶이다는 것을 뜻한다/490·555·819항. 증거가 주님의 신령인성에 속한 시인을 뜻한다/490·846항. 증거는 십성언을 뜻한다/669항. 마찬가지로 두 증인(11 : 3)은 주님에 속한 시인과 그분의 계명들에 일치하는 삶을 뜻한다/490항. 두 증인은 두 교리를 가리키는데, 하나는 주님에 관한 것이고, 다른 하나는 십성언에 속한 계명들에 일치하는 삶에 관한 것이다/498·515항. 소돔과 이집트를 가리키는 큰 도시에서 죽은 자로 놓여 있는 두 증인에 관하여 ; 그리고 그들에게 행해진 것에 관하여/531항.

증거하다(=입증하다·to bear witness)

증거(testimony) 참조.

증인(證人·witness)

증거 참조.

지배자(=우두머리·支配者·prince)

땅 위의 왕들의 지배자(1 : 5)는 신령진리의 측면에서 주님을 뜻한다/18항.

지옥(地獄·hell)

지옥은 두 왕국으로 분별되는데, 하나는 악마적인 왕국이고, 다른 하나는 사탄적인 왕국이다 ; 이것에 관하여/387항. 이런 지옥들은 악마와 사탄이라고 불리우는데, 이런 이유 때문에 거기에 있는 자들은 모두 악마들이고, 사탄들이다/387항. 거짓에 속한 온갖 애욕들(=사랑들) 안에는, 그리고 그것으로 인하여 악에 속한 온갖 정욕들 안에 빠져 있는 자들이 있는 곳인 지옥에 관하여/835항. 지옥은, 영원한 노역장들이나, 감옥들(=동굴들)로 이루어진다 ; 그리고 그것에 관하여/153항. 죽음과 지옥은 본질적으로 악마들이고, 사탄들인 그런 자들을 뜻한다/870·872항. 죽음은 영적인 생명의 소멸을 뜻하고, 지옥은 그것으로 인한 영벌이나 저주를 뜻한다/321항. 주님께서는 천계와 지옥을 다스리신다. 그 이유는 전자를 다스리시는 분은 필연적으로 후자를 다스려야 하기 때문이다/62항. 교리나 삶의 측면에서 오직 믿음만이라는 신앙으로 자기 스스로 확증한 자들이 가는 곳인 지옥에 관한 다양다종한 내용들/153항. 상황에 관한 천계와 지옥, 그리고 그 반대적인 것에 관하여/761항. 악에 속한 애욕의 쾌락은 지옥에서 그들의 반대적인 고통이나 슬픔으로 바뀐다/763항. 지옥에 있는 모두는 자기 자신의 사랑이나 그것의 정욕들에 의하여 고통을 받는다/864항. 지옥적인 악귀들은 탐욕스럽게 정욕들 안에 빠지고, 자신들의 영기를 빨아들인다/837항. 어느 누구나 지옥으로 내려가기 전에, 이 세상에서 비롯된 겉사람인 그 사람에게 있었던 선들이나 진리들은 그에게서 제거된다/676항. 영들의 세계에서 악한 자에게서 선들이나 진리들은, 그들이 온갖 악들이나 거짓들 안에 있게 하기 위하여, 그리고 그들이, 거기에서 지옥으로 떨어지는 시기에까지, 그 사회들에게 배치되기 위하여, 반드시 거짓들이나 악들로 확증하면 할수록, 그는 천계의 입류를 막고, 그것으로 인하여 고통을 겪는다/339 · 340항.

지진(地震 · earthquake)
땅 참조.

지파(=종족 · 支派 · tribe)
이스라엘 자손의 열두 지파(7 : 4)는, 그것의 모든 선들과 진리들의 측면에서 교회를 뜻하고, 그리고 그들은 주님으로부터 성언을 통해서 비롯된 선들이나 진리들 안에 있는 교회 안에 있는 자들을 뜻한다/348 · 349항. 그들은 그들이 명명된 시리즈에 일치하는 그런 사물들을 뜻한다/349항. 각각의 지파는 교회에 속한 어떤 것을 뜻한다/349항. 제일 먼저 명명된 지파는 으뜸 되는 것을 가리키고, 나머지들은 모든 것들을 뜻한다/350항. 열두 지파들이 네 등급들로 나뉘었고, 따라서 각각의 등급에는 세 지파씩 있는 이유/360항. 각각의 지파의 일만이천 명과 그리고 그것에서 합쳐진 십사만사천 명은 보다 높은 천계와 그리고 내적인 교회를 가리키는 그들에게 있는 교회를 뜻하고, 그리고 그들은 이른바 머리를 이루고, 나머지는 얼굴을 형성한다/348-350 · 363항. 각 지파들에게서 뽑힌 이름이 적힌 십사만사천(144,000)명은, 그들로 새로운 기독교도의 천계가 이루어진, 오직 주님에게만 가까이 나아가고, 그리고 그분의 계명들에 일치하여 사는 자들을 뜻한다/612항. 가슴을 칠 땅 위의 모든 족속(1 : 7)은 거기에 교회에 속한 어떤 선들이나 진리들이 더 이상 없다는 것을 뜻한다/27항.

지팡이(rod · staff)
지팡이와 측량자(11 : 1)는, 홀(忽)과 꼭 같이, 능력을 뜻한다/485항. 쇠막대기(a rod of iron · 鐵杖)(2 : 27)는 궁극적인 것들 안에 있는 진리에 속한 능력을 뜻한다/148항. 쇠막대기로 다스린다(2 : 27)는 말은 성언의 문자적인 뜻에 의하여 확신시키는 것을 뜻하고, 동시에 자연적인 빛에서 비롯된 합리적인 토론에 의하여 확신하는 것을 뜻한다/148 · 544 · 828항.

지팡이(=막대기 · staff)
막대기(rod) 참조.

지혜(智慧 · wisdom)
이해 참조.

진리(眞理 · truth)
선과 진리의 혼인에 관해서는 혼인(=결혼)을 참조. 진리는 선의 형체이고, 선은 진리의 본질이다 ; 따라서 그들은 하나를 이룬다/906항. 영적으로 진리가 없는 선은 선이 아니고, 선이 없는 진리는 영적으로 진리가 아니다/386항. 선은 진리들에 의하여 형성되고, 그리고 선은 오직 이해 안에 있는 진리들에 의한 것이 아니고, 진리들에 일치하는 삶에 의하여 형성된다/832항. 진리들에 일치하여 사는 것이 선이고, 따라서 진리는 삶을 통해서 선이 된다/923항. 교리에 속한 선은 진리인데, 그것은 선이 무엇인지 유일하게 가르치기 때문이다/923항. 생각 안에 있는 선은 볼 수 없는데, 그것은 다만 느끼기 때문이다 ; 그러나 진리는 볼 수 있는데, 그것은 그것 안에서 보이기 때문이다/908항. 천적인 선과 진리에 관하여 ; 영적인 선과 진리에 관하여/726항 ; 사람에게 있는 선은 진리들에 일치하고, 그것은 의지나 또는 사랑에 속한 것이 된다/935항. 진리는 자기 자신으로 말미암아서는 어떤 활동도 하지 못하지만, 선으로 말미암아 작용한다 ; 역시 선도 자신으로 말미암아서는 활동하지 못하지만, 진리를 통해서는 활동한다/649항. 사랑에 속한 선은 지혜에 속한 진리들에 의하여 형성되고, 마찬가지로 인애에 속한 선도 믿음에 속한 진리들에 의하여 형성된다/912항.

주님에게서 온 것이 아니면, 어느 누구도 성언에서 교리적인 진리를 보지 못한다/566항. 성언에 속한 신령진리들은 마치 거울들과 같은데, 그것에 의하여 주님을 볼 수 있다/938항. 주님에 속한 시인은 선과 진리의 지식을 하나로 결합시키고, 또한 진리들을 하나로 결합시킨다는 것/916항. 거기에는 모든 영적인 진리들의 관계가 있는데, 그것은 마치 인체 안에 있는 모든 기관들·내장들·조직체들의 관계와 같다/916항. 사람의 합리적인 마음은 내면적으로 보다 넓게 열리는데, 그것에 비례하여 그는 성언에서 진리들을 본다/911항. 주님의 천적 왕국에 있는 천사들은 그들 자신 안에서 영적인 진리들을 보는데, 그것은 마치 눈이 자연적인 대상물들을 보는 것과 같다/920항. 진리들에 의하여 교회와 종교에 관계되는 모든 것들은 영적인 것들이 되고, 이런 진리들에 속한 수많은 것들이 ≪천계비의≫에 열거되었다/161항, 사람은 진리들에 의한 것을 제외하면 개혁될 수 없다/815항. 사람은 오직 진리들만으로는 개혁될 수 없지만, 그러나 동시에 그것들에 일치하는 삶에 의하여 동시에 개혁될 수 있다/832항. 진리들 없이, 온갖 악들은 제거될 수 없다/706항. 악들이나 거짓들은 성언에서 비롯된 선들이나 진리들에 의하여 까발려진다/673항. 삶의 측면에서는 선 안에 있고,

교리의 측면에서는 진리들 안에 있지 않는 자들에 관하여/107·110항.

진영·진(陣營·camp)
교회에 속한 모든 진리들과 선들을 뜻한다/862항.

진주(珍珠·pearl)
진주(17 : 4)는 성언에 속한 선과 진리의 지식들을 뜻한다/727·916항. 마태복음서에 언급된 진주(마태 13 : 46)는 주님에 속한 지식과 주님의 시인을 뜻한다/916항.

질서(秩序·order)
연속적인 질서와 동시적인 질서에 관하여 ; 마음의 내면적인 것들은 그것의 높은 것, 또는 선재(先在)하는 것들에서부터 그것의 낮은 것, 또는 후래하는 것들에 이르는 연속적인 질서 안에 존재한다 ; 그리고 마음의 내면적인 것들은 궁극적인 것들이나 최종적인 것 안에 있는 동시적인 질서 안에 존재한다/678항. 연속적인 질서 안에 있는 가장 높은 것은 동시적인 질서 안에 있는 극내적인 것이다 ; 결과적으로 연속적인 것에 존재한다/900항.

짐승(=동물·가축·beast)
짐승(=동물·가축·beast)은 사람들이나 천사들이 가지고 있는 다종다양한 것들을 뜻하는데, 그것은 그들의 의지나 정동, 그리고 그들의 이해나 생각에 속한 것들을 가리킨다/290항. 짐승들이, 그들의 자연적인 정동들이나, 정욕들의 측면에서 사람들을 뜻한다/567항. 영계에서 정동들이나 정욕들이 짐승들처럼 나타난다는 것은 601항 참조. 일반적으로 피창조물이라고 부르는 짐승들·새들·물고

기들은 사람들이 가지고 있는 정동들·지각들·사상들을 뜻하고, 결과적으로는 그런 것들의 측면에서 사람들을 뜻한다 ; 그리고 그것에 관한 설명과 입증/405항. 사람과 짐승들은 영적인 정동이나 자연적인 정동의 측면에서 사람을 뜻하고, 그리고 그것을 입증/567항. 다니엘서 7장에서 바다에서 올라온 네 짐승이 뜻하는 것이 무엇인지, 그리고 묵시록서 13장에서 바다에서 올라온 짐승들도 거의 동일한 내용을 뜻한다/574항. 묵시록서 13장에서 바다에서 올라온 짐승들은 인애에서 분리된 믿음 안에 있는 평신도라고 불리우는, 외적인 교회에 속한 사람들을 뜻한다/594항. 거짓 예언자라고 불리우는 땅에서 나온 짐승은 인애에서 분리된 믿음 안에 있는 이 땅 위의 교회에 속한 사람들을 뜻한다/594항. 짐승의 왕좌는 믿음에 속한 거짓이 통치하는 곳을 뜻한다/694항. 짐승과 그의 우상과 그의 도장과 그의 이름의 숫자는 오직 그 믿음과 그것의 교리와 그것의 시인과 성언의 위화를 뜻한다/660·679항. 붉은 짐승(the scarlet beast)은 성언을 뜻하고, 그리고 그것의 입증/723·733-735·739-741·746·749항. 네 짐승들이 뜻하는 내용은 그룹들을 참조.

ㅊ

찬양·찬양한다(讚揚·plaise)
하나님을 찬양한다(19 : 5)는 말은 주님을 예배한다는 것을 뜻한다/809항(할렐루야 참조).

참소한다(=참소하는 자·acuse)
참소한다, 참소하는 자는 악마에 관해서 언급될 경우, 사람에게 속한 다종다양한 것들을 폭로하고, 그것에 의하여 저주하는 것을 뜻한다/554항.

참음(=노력·endurance)
면학과 노력을 뜻한다/129항. 노력이나 애씀은, 시험을 가리키는 영적인 투쟁을 뜻한다/185항.

창조·창조한다(創造·create)
창조한다는 것은 개혁(=바로잡음·改革)과 중생(=거듭남·重生)을 뜻한다/254·475항.

책(=두루마리·생명책·book)
책들은, 그의 삶(=생명)에 속한 모든 것들이 그것들 안에 기술되었기 때문에, 사람의 마음에 속한 내면적인 것들을 뜻한다/867항. 생명책은 성언으로 존경받는, 결과적으로는 주님을 뜻한다/958항. 생명책에 쓰여 있다 또는 그 책으로 말미암아 심판받는다는 말은 성언에 속한 신령진리로부터, 그리고 그것에 의하여 주님으로 말미암는다는 것을 뜻한다/256항. 그 책을 펴고, 그 책의 봉인들을 뗀다는 말은 모두의 상태들을 알고, 그의 상태에 따라서 모두를 심판한다는 것을 뜻한다/259·295항. 이 책을 볼 수 있는 사람이 없다는 말은, 가장 극내적인 것 안에 있는 상태를 아시는 주님을 제외하고서는, 어느 누구도 전혀 볼 수 없다는 것을 뜻한다/262항(도장·봉인 참조). 생명책에 기록된 자는 주님을 믿는 사람을 뜻하고, 그분의 계명들에 따라서 사는 자를 뜻한다/874항. 생명책에 기록되지 않은 사람은, 앞서의 정반대를 뜻한다/874항. 천사의 손 안에 펴져서 들려 있는 작은 책은 새로운 교회의 본질적인 것을 뜻하는데, 그것은 그분의 인성(His Human)의 측면에서도 주님께서는 천지(天地)의 하나님이시다는 것을 가리킨다/469항. 작은 책(=두루마리)에 무엇이 기술되었는지는 427항 참조. 책 즉 두루마리가 말리듯이 모두 사라진다는 것은, 성언 안에 있는 선과 진리가 그 교회 안에서 물러나고, 숨기워진다는 것을 뜻한다/335항. 책(=두루마리)이 말리듯이 사라진다고 언급한 것은 책들(=두루마리)을 양피지들로 만들었고, 둘둘 말았기 때문이다/335항.

책망한다 · 징계한다(to rebuke and chasten)
이 낱말들(3 : 19)은 시험을 뜻한다 ; 책망은 거짓들에 대한 시험을, 징계는 악들에 관한 시험을 뜻한다/215항.

처녀(virgin)
딸 참조.

천계(=하늘 · 주님나라 · heaven)
새 하늘(=새로운 천계)은, 그분의 인성 안에 있는 주님의 신성을 시인하는, 그리고 그분의 나라를 시인하고, 동시에 자신들의 악한 일들을 회개한 그런 부류의 기독교인들로 형성되었다/서문 참조. 이 천계가 주님의 강림 뒤에 살았던 자들로 이루어졌다는 것/612 · 876항. 이 천계는 역시 셋으로 구분된다는 것/876항. 이 천계 안에 있는 보다 높은 천계와 보다 낮은 천계에 관하여/661 · 878항. 각 지파에서 뽑힌 도장을 받은(7 : 8) 144,000명은 말하자면 머리를 형성하고, 헤아릴 수 없을 만큼 큰 무리(7 : 9)는 말하자면 몸통을 형성하는 자들이다/363항. 이 천계가 묵시록서에서는 새 하늘을 뜻한다/876항. 이 천계로부터 새 예루살렘이 가리키는 새로운 교회가 내려올 것이다/저자 서문. 이 천계는 옛 천계와 뚜렷하게 다르다는 것 ; 옛 천계 아래에 있다는 것 ; 그리고 그것들은 입류에 의하여 내통한다는 것/저자 서문 · 612 · 617 · 876항. 최후심판 전에 있었고, 바다가 뜻하는 외적인 천계는 생명책에 기록된 자들이 거기에서 올리워진 뒤, 소멸되었다는 것/878항. 사라져 버린 첫 번째 천계는, 입으로는 교회에 속한 것들을 고백하고, 공언하지만, 속모양으로는, 마음 속에서는 그런 것들을 부인하는 그런 자들로 형성되었다/330항. 외적으로는 기독교인들과 같이 살았지만, 내적으로는 악마들인 자들에게 영들의 세계에서 그들의 환상들에 의하여 자신들에게 맞는 이른바 크고, 많은 천계들을 만드는 것이 허락되었다/865 · 877항. 이런 천계들이 사라져 버린 이전의 하늘과 이전의 땅(21 : 1)을 뜻한다/877항. 최후심판 전에 있었던, 이런 가상적이고, 상상적인 천계는, 마치 태양과 땅 사이에 있는 짙은 구름과 같고, 결과적으로는 주님과 교회에 속한 사람들 사이에 있는 짙은 구름과 같다/804항. 그러므로 이런 천계들은 분산(分散), 소멸되었다/761 · 804 · 865항. 최후심판 뒤, 그들에게 이런 천계를 형성하는 것이 허락되지 않았지만, 그러나 그 때 각자는 그가 속해 있는 그 사회에 갇혀졌다/791항. 여기서 밝히 드러난 것은, 요한이 본 소멸된 하늘과 땅은 자연계의 하늘과 땅을 뜻하지 않고, 영계에 있는 하늘과 땅을 뜻한다는 것/876항 참조. 보편적인 천계는, 영혼과 생명(soul and life)을 가진, 한 사람과 같고, 따라서 주님은 천계이시다는 것/5 · 363 · 882 · 943항. 그러므로 주님께서 천계를 통하여 말씀하실 때 주님은, 마치 영혼이 육신을 통해서 하는 것과 같이, 천계를 통해서 말씀하신다는 것/882・943항. 주님께서 천계를 통하여 말씀하실 때 천사들은 그것에 대해서 아무것도 모른다 ; 비교한다면, 사람이 말하고, 행동할 때 인체의 내장들이나 근육들이 그것을 알지 못하는 것과 같다 ; 그럼에도 불구하고, 그들은 그 뒤 아주 놀라운 방법으로 결합의 상태에 있다/943항. 천계에서 나는 음성은 주님으로 말미암는다/809항. 천계는 하나가 다른 것 위에 겹놓인 공간들이다는 것 ; 그리고 각각의 공간은 거기에 있는 자들의 발 아래 있는 땅과 같다/260항. 땅 아래 있는 자(5 : 3)는 궁극적인 천계에 있는 자들을 뜻한다/260항. 보다 높은 천계와 보다 낮은 천계는 입류에 의하여 마치 한 몸처럼 활동한다/286항. 모든 천계는 주님께서 천지(天地)의 하나님이시다는 것을 시인한다/811항.

모든 천계는 두 왕국, 즉 천적 왕국과 영적 왕국으로 구분된다 ; 그것에 관하여/387・647・725・920항. 주님의 천적 왕국은 주님의 사제적인 왕국이고, 영적 왕국은 주님의 제왕적 왕국이라고 부른다/854항. 세 천계들은, 천적・영적・자연적인 것이라고 불리우는 계도들인 사랑과 지혜에 속한 계도들이다/49항. 모든 천계들은 헤아릴 수 없는 사회들로 분별되고, 이들 사회들은, 일반적이든 개별적이든, 정동들에 속한 다양함에 일치한다/364항. 가장 높은 천계는 이른바 에텔 대기권에 있고, 중간 천계는 공기 대기권에 있고, 가장 낮은 천계는 물과 같은 대기권에 있다/878항. 영계에는 역시 대기권들이 있는데, 그것은 영적인 것이다/238・878항. 셋째 천계의 천사들은 주님 안에 있는 주님에게서 비롯된 사랑에 속한 선 안에 있고, 그들은 그들의 기억에 기술되지 않고, 그들의 생명에 기술된 지혜에 속한 진리들을 가지고 있다 ; 그들이 그것들을 들을 때 그들은 자신들 안에 있는 이런 진리들을 내적으로 명료하게 본다 ; 그들은, 성언으로 말미암아 선한 일들을 행하고, 진리들을 그것에 결합하는 삼층천의 천사들이 된다/120・121・123・920항. 천계는 신령지혜를 통하여 신령사랑으로 말미암아 존재한다/875항(사랑 참조). 천계에 있는 지복(至福)은 선과 진리에 속한 정동의 성질에 일치한다/782항. 천계는 공간 개념에서 비롯된 생각(=개념)이 아니고, 사랑과 지혜에서 비롯된 생각(=개념)이다/611항.

교회는 천계와 지상에 공히 존재한다/612항. 지상의 교회는 천계의 기초이다/645항. 천계는 사람의 내적인 것과 같고, 지상의 교회는 사람의 외적인 것과 같다 ; 그러므로 천계는 제일 먼저 주님에 의하여 설시되고, 형성되었고, 그것으로 말미암아 그 뒤에 교회는 형성되었다 ; 이와 마찬가지로 사람의 내적인 것은 그의 외적인 것에 비하여 앞서서 형성되었고, 후자는 전자에 의하여 형성되었다/486항. 지상의 교회가 타락하게 되면, 그리고 선이 결코 교회 안에 존재하지 않게 되면, 그리고 결과적으로 선에서 발출하는 진리가 전혀 없게 되면, 천계의 천사들은 슬퍼하고, 그것의 목적을 위하여 간구하고, 결과적으로 최후심판을 목적해서 간구한다 ; 그리고 전자의 자리에 있을 새로운 교회를 위해 간구한다/645・761항. 천계의 천사들은 매우 기뻐하는데, 그것은 영계에서 바빌로니아 사람들이 제거되었고, 따라서 새로운 교회가 다가오기 때문이다/790항. 천계와 지옥은 완전히 분별되고, 서로 상반된다는 것 ; 그 이유는 천계에 있는 모든 것들은 선들이고, 진리들이기 때문이고, 그리고 지옥에 있는 모든 것들은 악들이고, 거짓들이기 때문이다/761항.

준비가 끝난 천사적인 영은 천계에 올

라가서, 천계에 들어간다/611항. 그리고 악령은, 만약에 그가 천계에 오르고, 들어가면 고통을 받는다/611항. 천계에서 비롯된 소리가 아래에서는 매우 다종다양하게 들리는데, 마치 많은 물소리나, 천둥소리나, 나팔소리나, 거문고 소리로 들린다/661항. 가장 낮은 천계에서 비롯된 소리는 가끔 큰 무리의 음성(19：6)으로 들리고, 가장 높은 천계에서 비롯된 소리는 천둥소리로 들린다(19：6)/811항. 천사들의 주거가 계도들에 따라서 동쪽・서쪽・남쪽・북쪽을 향해 네 방위에 일치한다는 것에 관하여/901항 (방위 참조).

천 년(千年・thousand years)
신실한 자에 속한 왕국에 관해서, 그리고 용에 속한 구속이나 풀림에 관해서 언급된 천 년(20：2)은 한 동안, 또는 한 기간을 뜻한다/842・844・849・855・856항. 지복천년설 추종자들은 교회의 마지막 상태에 관해서 허망한 것으로 그들의 마음에 각인하고 있다/842항. 일천 이백육십 일(=1,260일)(11：3)은 끝과 처음을 뜻한다/491・547항.

천둥(雷聲・thunder)
주님에게서 비롯되었을 때 하늘에서 울려나오는 소리는 천둥소리로 들린다/472・615항. 번개・천둥・음성은 조요・지각・교훈을 뜻한다/236항. 그것은 거짓들의 찬성으로 역시 추론・토론・확증 따위를 뜻한다/396・710항.

천막(=장막・天幕・tent)
성막 참조.

천사(天使・angel)
최고의 뜻으로 천사는 주님을 뜻하고, 개별적인 뜻으로는 천계・천계적인 사회・신령진리를 뜻함/647・910항. 최고의 뜻으로 천사가 주님을 뜻한다는 설명과 입증/5・258・344・465・647・910항. 일곱 천사들(15：1)의 뜻/657항. 천사와 천사들은 천계를 뜻함 ; 그 이유는 천계는 주님으로 말미암아 천계이기 때문이다/5・342・910항. 미가엘과 가브리엘은 대천사(大天使・archangel)을 뜻하지 않고, 천계의 사회들이나 거기에 있는 성직(聖職)들을 뜻한다 ; 미가엘은 천사들의 사회들을 뜻하는데, 그들의 특별한 성직은, 주님께서 천지(天地)의 하나님이시다는 것과 하나님 아버지와 주님은 한 분이다는 것을 가르치는 것 ; 가브리엘은, 천사들이 사회들을 뜻하고, 그들의 성직은 여호와께서 이 세상에 강림하셨다는 것과 그분의 인성(His Human)이 하나님의 아들이시다는 것을 가르치는 것/77・548・564항. 천사가 신령진리를 뜻한다/900・910항. 삼층천의 천사들에 관해서/120항. 천사는 천계로부터 사람과 말하지 않고, 천계를 통해서 주님께서 말씀하신다 ; 그러나 천사가 사람과 말하려고 할 때에는 그는 천계에서 파송되고, 그리고 주님으로 말미암아 사람과 말한다/816항(천계 참조). 천사들은 사람들에 비하여 뛰어나지 않고, 그들의 동등함을 가지고 있다 ; 그들이 지혜의 측면에서 사람에 비하여 뛰어난데, 그 이유는 천사들은 영적인 빛 안에 있고, 사람은 자연적인 빛 안에 있기 때문이다/818항. 천사들이나 영들은 사람에 관해서 아무것도 모르고, 그들은 사람과 더불어 말도 하지 못한다 ; 그 이유는 그들은 대응에 의하여 제휴하기 때문이다/943항. 천사들은 사람들과 제휴하지만, 그러나 주님께서는 오직 그들과 결합하신다/818・946항. 천사들은 경배의 대상도, 기도의 대상도 될 수 없다

; 더욱이 예배 받을 수 없고, 오직 주님만이 경배의 대상이고, 기도의 대상이고, 예배 받으신다/818항. 사랑과 믿음 안에서 주님을 영접한 사람은 천계에 속한 천사이다/344항.

철(鐵・iron)
철은 궁극적인 것들 안에 있는 진리들을 뜻하고, 결과적으로는 믿음에 속한 진리를 뜻한다/913항. 철과 도끼는 자기 자신의 총명에서 비롯된 거짓을 뜻한다/847항. 다니엘서의 진흙과 뒤섞인 철이나, 다른 인종과 함께 사는 사람의 씨(다니엘 2：45)가 뜻하는 내용/913항.

첫 열매(first fruits)
첫 열매(14：4)는 처음 난 것을 뜻하고, 그 뒤에 자란 것을 뜻한다 ; 그 이유는 처음 것 안에는 능력 가운데 뒤이어지는 모든 것들을 담고 있기 때문이다 ; 그러므로 첫 열매는 거룩한 것을 뜻한다/623항. 첫 열매는 교회에 속한 그런 모든 것들을 뜻한다/623항.

청색(=분홍색・jacinth)
푸른 보라색(hyacinthine) 참조.

청색(=푸른 보라색・hyacinthine)
청색(=푸른 보라색)(9：17)은 영적인 사랑에서 비롯된 총명을 뜻하고, 반대의 뜻으로는 지옥적인 애욕에서 비롯된 총명(=자만)을 뜻한다/450항.

청황색(=파랗게 질린 색・pale)
청황색(6：8)은 생기(=생명)가 없는 것을 뜻하고, 그것은 선들이나 진리들이 전혀 없는 것을 뜻한다/320항. 청황색 말(6：8)은 선과 진리의 측면에서 양자가 파괴된 성언의 이해를 뜻한다/320항.

초록색(green)
푸른 풀(green grass)은 살아 있는 것을 뜻한다/401항. 주님을 에워싸고 있는 자연적인 영기(=자연적 왕국의 영기)는, 비취옥과 같은, 초록색으로 나타난다/232항.

촛대(candlestick)
등잔대(lampstand) 참조.

촛대(lampstand)
주님으로부터 성언을 통하여 온 조요의 측면에서 교회를 뜻한다/43・75항. 개별적으로 촛대는 총명과 믿음을 뜻한다/493항. 일곱 촛대(1：20)는 천계와 지상에 있는 새로운 교회를 뜻한다/66항. 일곱 횃불(=일곱 등불)(4：5)은 촛대와 동일한 것을 뜻한다/237항. 등불이나 등은 양쪽의 뜻으로 총명을 뜻한다/408항.

추수(秋收・harvest)
추수는 교회의 상태를 뜻한다 ; 그리고 추수하려고 낫을 들었다(14：14)는 말은 타락한 교회의 마지막을 평가하는 것 ; 그리고 심판을 단행하는 것을 뜻한다/643・645항. 추수하는 사람에 대한 주님의 비유말씀이 설명되었다/645・647항.

취함・취한다(酩酊・drunkness)
음행의 포도주, 또는 바빌론의 포도주로 취하게 만드는 것, 또는 단순하게 술 취하게 하는 것은 영적인 것들에 관해서 홀딱 빠지게, 즉 미치게 하는 것을 뜻한다/721항.

측량・측량한다(measure)
측량한다(11：1)는 말은 한 사물의 성질이나 상태를 알고, 면밀히 검사하는 것을 뜻한다/486 · 904항. 측량은 한 사물의 성질이나 상태를 뜻한다/486 · 910항. 측량이나 저울(6 : 5)은 한 사물에 대한 그것의 성질의 평가를 뜻한다/313 · 315항.

측량자 · 갈대(reed)
측량자(=갈대)(11 : 1)는 자기 자신에게서 취한 미약한 능력을 뜻한다/485항. 금자막대기(a golden reed)는 한 사물의 성질을 알고, 이해하는 능력이나 기능을 뜻한다(측량 참조)/904항.

침(針 · sting)
침들(=가시들)(9 : 10)은 온갖 악들에게서 비롯된 유해한 본성에 속한 거짓들을 뜻한다/439항.

침대(=침상 · 병상 · bed)
교리를 뜻한다 ; 침대가 교리를 뜻하기 때문에, 그리고 영계에서 어느 누구가 야곱에 관해서 깊이 생각하게 되면 침대에 누워 있는 한 사람으로 오른쪽 위에 나타난다/137항.

칭의(稱義 · justification)
칭의에 관한 교황주의자들의 교리적인 것들은 로마 가톨릭 교회의 교리 요약 V항을 참조. 칭의와 선행(善行)에 관한 개혁교회의 교리는 개혁교회의 교리 요약 Ⅲ항을 참조.

진리를 뜻하고, 그리고 진리에 대항하여 싸우는 거짓을 뜻한다/52항. 마찬가지로 기병검이나 장검도 동일한 것을 뜻한다/52 · 108 · 308 · 836항. 칼은, 그것을 넓적다리에 차기 때문에, 사랑에서 생긴 투쟁을 뜻하고, 기병검은, 손 안에 있기 때문에. 능력에 관계되는 투쟁을 뜻하고, 입에서 나오는 긴 칼은 교리에 관계되는 투쟁을 뜻한다 ; 그리고 주님의 입에서 나오는 긴 칼(19 : 21)은 성언에서 비롯된 투쟁을 뜻한다/836항.

컵 · 잔(cup)
컵 · 굽이 있는 잔 · 대접 · 접시 등은 그것들 안에 담긴 것들과 꼭 같은 것을 뜻한다 ; 만약에 포도즙이 그것들 안에 있다면 그것들은 진리나 또는 거짓을 뜻한다/672항. 병이나 주전자도 동일한 뜻을 뜻한다/672항. 하나님의 진노가 가득 채운 대접(=유리 병)은 교회 안에 있는 악들과 거짓들을 뜻한다/673항. 땅에다가, 바다에다가 그 대접을 쏟는다는 것은 교회에 유입하는 입류(入流)를 뜻한다/676 · 677 · 680항.

크다(great)
성경에서 크다는 선에 관해서 언급하고, 높다(hight)는 진리에 관해서 언급한다/337 · 582 · 656 · 663 · 896 · 898항. 작다와 크다(small and great)는 계도에서 보다 낮은 것이나 보다 높은 것 안에 있는 모든 것을 뜻한다/527 · 604 · 810 · 832항. 그리고 어떤 것의 상태나 성질을 뜻한다/866항.

ㅋ

칼(劍 · sword)
칼(1 : 16)은 거짓에 대항하여 싸우는

ㅌ

탄생(=출생 · birth)
성경에서 탄생이나 수태는 영적인 탄생이나 수태를 뜻하는데, 그리고 그것은 사랑에 속한 선과 믿음에 속한 진리에 관계된다 ; 그리고 그것들은 선과 진리의 혼인(=결합)에서 생성되기 때문이다/139 · 543항. 양성의 생식기관들은 천적인 사랑에 대응한다/213항(해산 참조).

탈타르 사람(Tartary)
그들에게서 온 영들이나 천사들과 가진 대화로부터 그리고 그들에게 고대 성언이 있었다는 아시아에 있었던 대 탈타르 사람이 기술되었다/11항.

태양의 열(heat of the sun)
이 말(7 : 16)은 악에 속한 온갖 정욕들을 뜻한다/382 · 691 · 692항.

택함 · 택하심을 받은 사람(election)
택하심을 받은 사람(17 : 14)은 주님과 함께 있는 자들을 뜻하지만, 예정에 의한 택함을 받은 자는 아니다/744항. 부르심 받고, 택하심 받고, 신실한 사람들이 뜻하는 자/744항(교회 참조).

통치하다(統治 · to reign)
왕국 참조.

ㅍ

파괴자 · 파멸(destroyer · perdition)
아바돈과 아볼루온은 파괴자와 파괴를 뜻하고, 파괴자와 파괴는 성언에 속한 전적인 위화에 의한 교회의 파괴를 뜻한다/440항.

파멸(破滅 · perdition)
파괴자 참조.

판매(=판매한다 · to sell)
구매한다(=구매) 참조.

평화(平和 · peace)
평화(1 : 4)는 신령한 문안(=인사말)을 뜻한다,'12항. 평화(6 : 4)는 주님에게서 비롯된 모든 것들을 뜻하고, 개별적으로는 인애 · 영적인 안전 · 내적인 안식이나 평온을 뜻한다/306항. 평화는 거짓들에 의하여 괴롭힘을 받지 않는, 결과적으로는 지옥에 의하여 공격당하지 않는, 영혼의 평온(=안식)을 뜻하는데, 이 평화는 주님에게서 온다/640항.

포도 · 포도송이(grapes)
포도나 포도송이는 인애에 속한 선들을 뜻한다 ; 그 이유는 그것들이 포도나무의 열매들이기 때문이다/649항.

포도송이(cluster)
포도 참조.

포도원(vineyard)
포도원(=포도밭)은 성언이 존재하고 그것으로 인하여 주님을 아는 교회를 뜻하고, 개별적으로는 영적인 교회를 뜻한다/650항. 포도 수확이나 포도송이를 수확한다는 말은 열매를 맺고, 그리고 거둔다는 것과 동일한 결과를 이루는 것을 뜻한다/649항.

포도주 · 포도즙(wine)
신령진리를 뜻하고, 나쁜 뜻으로는 위화되고, 섞음질된 신령진리를 뜻한다 ; 그것의 설명/316항. 바빌론의 포도주(18 : 3)는, 섞음질되고, 모독된 성언의 진리들에게서 비롯된 로마 가톨릭 종교의 종지(宗旨)에 속한 혐오스러운 신조(=교리)들을 뜻한다/758항(교황주의자를 참조). 빵과 포도주가 희생제물과 함께 제단 위에 바쳐졌는데, 빵은 곡식제물(meal-offering)을 그리고 포도주는 음료제물(=헌주)을 뜻한다/778항(빵 참조).

포로 · 감금(captive · captivity)
감금(=사로잡음)은 영적인 포로상태(=구속)를 뜻하는데, 그것은 진리들이나 선들로부터 빗나가는 것을 뜻하고, 그리고 거짓들이나 악들 안에 있는 감금이나 구류를 뜻한다/591항. 감옥에 갇히고 사로잡힌 자는 영적인 포로를 뜻한다/591 · 884항.

표 · 표를 받는다(標 · mark)
표(13 : 16)는 표징(=징조 · sign) 참조.

표범(leopard)
표범(13 : 2)은 성언의 진리들을 위화하는 정욕을 뜻하고, 그리고 거기에서 파생된 교회에 속한 파괴적인 이단사설을 뜻한다/572항.

표징(=징조 · 表徵 · sign)
표징(=징조)(12 : 1)은 다가올 일들에 관한 계시를 뜻한다/532 · 656항. 징조(=표징)는 진리에 관해서 언급하는데, 이 경우 그것은 증거를 가리킨다 ; 징조는 성질에 관해서 언급하는데, 이 경우 그것은 밝힘(顯示)을 가리킨다/532항. 기적 참조. 이마에 도장을 받는다(7 : 3)는 말은 사랑에 따라서 다른 자들에게서 분별하고, 분리하는 것을 뜻한다/347항.

푸른 풀(grass)
풀(8 : 7)은 사람 안에서 처음으로 잉태되고, 그리고 태어난 교회에 속한 진리를 뜻한다/401항. 들의 채소도 같은 내용을 뜻한다/401항. 푸른 풀은 사람에게 있는 살아 있는 진리를 뜻하고, 푸른 풀이 다 타버렸다는 것은 그 사람에게 있는 죽은 진리를 뜻한다/401항.

풀(herb)
푸른 풀(grass) 참조.

프랑스(France)
프랑스 왕국에 있는 교회에 관한 예언들/740-744항. 그것은 로마 가톨릭 종교에 견해를 달리하고, 그리고 수많은 것들 안에서 그것은 외적인 것들 안에 있는 종교와는 밀착하고 있지만, 내적인 것들 안에서는 그렇지가 않다/740항. 그들은, 인체를 다스리는 머리와 같이, 교황을 교회의 머리로 시인하지 않고, 오히려 자기 자신으로부터 통치하지 않고, 성언을 통하여 하나님으로 말미암아 다스리는 인체의 지존자(至尊者)로 시인된다/742항. 그들은 성언을 거룩한 것으로 시인한다 ; 말하자면 그것에 일치하여 살아야 하는 거룩한 것으로 성언을 시인한다 ; 또한 신령능력은 사람 누구에게도 속한 것이 아니다는 것을 시인한다/741 · 742항. 그것은 주님의 신령섭리에서 기인한 것인데, 그럼에도 불구하고 진리들과 거짓들이 뒤섞이지 않게 하기 위하여, 그들은 계속해서 더 앞으로 나아가지 않게 하는 것이 신령섭리이다/741항. 주님께서는 성언을 통하여 그들로 하여금, 주님께서 그분의 인성의 측면에서, 신령하시기 때문에, 가까이 나아가야 한다는 것을 확신시킬 것이다/743 · 744항.

피(血·blood)
어린 양의 피(寶血)는 그분 안에 있는, 그분에게서 비롯된 주님의 신령진리를 뜻한다/379항. 이런 이유 때문에 주님은 성언이시고, 주님의 피가 성언 안에 있는 신령진리를 뜻하고, 주님의 살이 성언 안에 있는 신령선을 뜻하고, 주님의 몸도 같은 내용을 뜻한다/555·684항. 나쁜 뜻으로 피는 성언에 가한 폭행을 뜻하고, 결과적으로는 주님에게 공격한 폭행을 뜻한다/825항. 그리고 위화된 신령진리나, 섞음질되고, 모독된 진리를 뜻한다/379·404·687·688항. 죽은 사람의 피는 지옥적인 거짓을 뜻한다/681항.

피조물(被造物·creature)
피조물들은 지음 받은 모든 자들을 뜻한다 ; 즉 개혁될 수 있는 모든 자들을 뜻한다/405항. 땅·공중·바다의 피조물들이 뜻하는 것/405항(짐승들·새들·물고기들 참조).

ㅎ

하나님(God)
주님 참조.

한가운데(中央·midst)
한가운데(1 : 13)라는 말은 극내적인 것 안에 라는 것을 뜻하고, 그리고 그것은 주위에 있는 것들이나 밖에 있는 모든 것을 뜻한다/44·933항.

할렐루야!(Allelujah)
하나님을 찬양하라는 뜻 ; 마음 속의 즐거움에서 비롯된 주님께 드리는 감사· 고백·축하의 표현/803·807·808항.

합리성(合理性·rationality)
이해 참조.

해(太陽·sun)
신령사랑과 신령지혜의 측면에서 주님께서는 천계의 천사들 앞에서 해처럼 빛을 발하고 ; 거기에서 발출하는 볕은 그분의 신령사랑을 가리키고, 거기에서 발출하는 빛은 그분의 신령지혜를 가리킨다 ; 그리고 그것에 의하여 주님께서는 무소부재하신다/796·961항. 주님께서는 해와 같이 천계의 높은 곳에서 나타나신다 ; 그 이유는 주님께서 자신 안에 계시는 주님의 현존을 천사가 참고 견딜 수가 없기 때문이다/54·961항. 주님에 관해서 언급할 경우 해(=태양)는 신령사랑과 신령지혜를 뜻한다 ; 그것의 설명/53·831항. 해는 사랑에 속한 선을 뜻하고, 나쁜 뜻으로는 더럽혀진 그 사랑을 뜻한다/332항. 나쁜 뜻으로 해는 자기사랑(自我愛)을 뜻한다/53·690·919항. 또한 자연적 사랑을 뜻한다/919항. 어두워진 해·달·별들은 사랑에 속한 선·믿음에 속한 진리·선과 진리에 속한 지식들이 거짓에서 비롯된 악에 속한 추론에 의하여, 그리고 악들에게서 비롯된 거짓들에 의하여, 교회 안에 더 이상 존재하지 않는다는 것을 뜻한다/413항. 여호수아서에 기브온 위에 머물러 선 태양(여호수아 10 : 12, 13)이 뜻하는 것/53항.

행복하다·행복(happy)
복받은 사람 참조.

향(香·incense)
향(5 : 8)은 영적인 선들이나 진리들에게서 비롯된 주님에게 속한 예배와 고백을 뜻한다 ; 그것에 관한 설명/277·777항. 제단 참조. 향의 연기(8 : 4)는 상쾌한 것과 수용된 것을 뜻한다/394항. 향이나 향의 연기(香煙)가 이런 것들을 뜻하는 이유는 향기와 그것의 대응에서 비롯되기 때문이다/278·394항. 향이 비롯되는 근원인 향료(香料)들과 영적인 선들이나 진리들과의 대응에 관하여/777항. 조절(調節·propitiation)과 속죄는 향에 의하여 이루어진다/393항. 유향은 향이 뜻하는 것과 동일한 것을 뜻하고, 마찬가지로 향을 담는 대접(5 : 8)이나 향로도 동일한 것을 뜻한다/277항. 땅에다 향로를 던진다(8 : 5)는 말은 낮은 것들에의 입류를 뜻한다/395항.

향(=냄새·香·odor)
천계에 존재하는 향기로운 냄새(香氣)는 인애에 속한 정동들에 대응하고, 거기에서 비롯된 믿음에 속한 지각들에 대응한다/278·394항.

허리(loins)
허리나 넓적다리(19 : 16)는 혼인애를 뜻하고, 일반적으로는 사랑을 뜻한다 ; 그리고 주님에 관해서 언급되었을 경우, 신령사랑을 뜻한다/830항. 이러한 내용은 대응 때문이다/830항.

형이상학(形而上學·공론·metaphysics)
그는 형체들 하에 어떤 사물들을 감추는 방법을 알고 있기 때문에 어떤 도회지의 주민들을 내쫓기를 열망하는 용추종자들 가운데 있는 형이상학(=공론)에 관하여/655항.

형제(兄弟·brother)
남자 형제는 인애에 속한 선 안에 있는 자를 뜻하고, 동지(=친구)는 거기에서 비롯된 믿음에 속한 진리들 안에 있는 자를 뜻한다/32항. 주님께서는 인애 안에 있는 자들을 형제들이라고 부르셨다는 설명/32항. 그러나 기술된 것은 아니지만, 반대로 그들이 주님을 형제라고 부르는 것은 역시 온당치 않다/32항.

호수·연못(lake)
호수는 넉넉하게 진리들이 있는 곳을, 그리고 나쁜 뜻으로는 거짓이 많이 있는 것을 뜻한다/835항. 불연못이나 유황(19 : 20)은, 지옥을 뜻하고, 거짓에 속한 애욕과 악에 속한 정욕이 다스리는 곳을 뜻한다/835·864항.

호흡(呼吸·respiration)
바람 참조.

혼인(婚姻·wedding)
결혼 참조.

홀(忽·sceptre)
홀은 지팡이와 꼭 같이, 왕의 능력을 뜻한다/485

홍수(洪水·flood)
강 참조.

홍옥(紅玉·sardius)
홍보석(4 : 3)은 궁극적인 것 안에 있는 성언에 속한 선들을 뜻한다/231항.

화 있다·슬프다(woe·alas)
화 있다, 슬프다(8 : 13)는 말은 재앙·불행·저주나 영벌에 대한 애도나 슬픔을 뜻한다/416·518·769·785·788항.

확증(確證·confirmation)

확증에서 야기된 가짜 빛(a false light)이 있는데, 그것은 온갖 거짓들 안에 빠져 있는 자들에게는 마치 빛처럼 보이지만, 그러나 그것은 홀림(infatuation)에 속한 빛이다 ; 이런 부류의 빛은 천계에서 비롯된 빛을 흑암으로 바꾸고, 그리고 그들의 눈의 시각은 올빼미나 박쥐의 시각과 같다/566·695항. 거짓들 안에서 자신을 확증하는 자들은 진리를 이해하기를 원하지 않는데, 그것은 마치 그들이 불가능한 것처럼 보인다/765항.

환난(=고통·affliction)
환난은 온갖 악들이나 거짓들에 의하여 공격받는 교회의 상태를 뜻한다/33항. 그것은 시험들을 뜻한다/377항. 환난(=고통)은 거짓들에 관해서 서술한다/95·137항.

활(弓·bow)
진리들로 말미암아서 거짓에 대항하여 싸우는 교리를 뜻하고, 또한 거짓들로 말미암아서 진리들에 대항하여 싸우는 가르침을 뜻한다/299항. 그러므로 화살들은 진리들이나 또는 거짓들을 뜻한다/299항.

황동(黃銅·brass)
자연적인 선을 뜻한다/775항.

황폐(荒廢·devastation)
마무리(=끝마침·consummation) 참조.

황폐(荒廢·vastation)
종말의 상태 참조.

회개(悔改·repentance)
회개에 관한 교황주의자들의 교리적인 것들은 먼저 언급한 그들의 교리 Ⅳ항 참조. 실제적인 회개가 기술되었다/531항. 세례와 성만찬은 회개의 성례전들이고, 그리고 십성언은 회개에 속한 보편적인 교리이다/531항. 회개 밖에 있는 사람은 그 사람이 태어난 온갖 악들 안에 빠져 있다 ; 따라서 만약에 실제적인 회개에 의하여 온갖 악들이 제거되지 않는다면, 그것들은 그대로 남아 있다/531·836항. 주님께서는 모두를 사랑한다 ; 그러나 그들이 온갖 악들 안에 있는 한, 주님께서는 그들과 결합할 수 없다 ; 그러므로 사람들은 제일 먼저 반드시 회개의 대업을 이루어야만 한다/937항. 본질적으로 악은 동시적 질서 안에 있는 헤아릴 수 없는 정욕들을 내포하고 있다 ; 그리고 이런 정욕들은 사람에 의해서는 제거되지 않고, 오직 주님에 의해서만 제거되고, 그리고 그것들은 사람이 주님에게 가까이 나아갈 때, 주님에 의하여 제거되는데, 그 이유는 주님께서는 영혼에 속한 방법을 통하여 그 사람에게 들어가시기 때문이다/678항. 이스라엘 자손들에게 회개는 다종다양한 것들에 의하여 표징되었는데, 그것들에 관하여/492항. 새로운 교회는 오직 주님에게 가까이 나아가고, 그리고 온갖 악행들로부터 회개를 이룬 자들로 이루어졌다(교회 참조)/69·72항. 먼저 삶에 속한 악들에 대해서 깊이 반성하기를 원하고, 그리고 회개의 대업을 이루기 전에는 사람의 생각에 속한 계속적인 상태에 관하여/710항. 유일한 구원의 수단으로 오직 믿음만을 시인하는 자들은 회개에 대해서 생각하지도 않고, 그것을 원하지도 않는다/450457710항. 의유신득의(依唯信得義)의 신앙 안에 있는 개혁교회는 매우 어려움 가운데 실제적인 회개를 성취한다 ; 그리고 그런 이유에 관하여/531항. 회개의 대업을 성취한 자들은 선이 무엇인지를 깨닫고, 선의 상태에 이르고, 그리고 구원을 받는다/379항.

회당(會堂 · synagogue)
사탄의 무리(=회당)(2 : 9)는 거짓에 속한 교리를 뜻한다/97항.

흑암(黑暗 · thick darkness)
암흑(暗黑 · 어둠 · darkness) 참조.

흰 돌(白石 · white stone)
흰 돌(2 : 7)은 선을 선호하는 진리들이나, 선에 결합된 진리들을 뜻한다/121항.

흰색(白色 · white)
흰색은 진리에 관해서 서술하는데, 그것은 흰색이 천계의 빛에서 발출하기 때문에, 그것은 진리를 뜻한다/167 · 231 · 305항. 희게 한다(7 : 14)는 말은 거짓들로부터 진리들을 정화하는 것을 뜻한다/379항.

□ 옮긴이 약력

.이 영 근 서강대학교 경상대학 경제학과, 중앙대학교 사회개발 대학원 사회복지학과, 한국 새교회 신학원에서 공부하였으며, 예수교회 목사로 임직한 이후 예수교회 공의회 의장을 역임하였고, 월간 「비지네스」편집장, 월간 「산업훈련」편집장, 한국 IBM(주) 업무관리부장을 역임하였다. 현재 예수+교회 제일예배당 담임목사이고, 「예수+교회」 발행인 겸 편집인, 도서출판 〈예수인〉 대표이다.

역서로는 스베덴보리 지음 〈창세기1・2・3장 영해〉(1993), 〈순정기독교 상・하〉(공역・1995), 〈최후심판과 말세〉(1995), 우스터 지음 〈마태복음 영해〉(1994), 스베덴보리 지음 〈천계비의1권〉 아담교회・2권 노아교회[1]・3권 노아교회[2]・4권 표징적 교회[1]・5권 표징적 교회[2]・6권 표징적 교회[3]・7권 표징적 교회[4]・8권 표징적 교회[5]・9권 표징적 교회[6]・10권 표징적 교회[7]・11권 표징적 교회[8]・12권 표징적 교회[9]와 13권 표징적 교회[10]・14권 표징적 교회[11]・15권 표징적 교회[12]・16권 표징적 교회[13]・17권 표징적 교회[14], 18권 표징적 교회[15], 19권 표징적 교회[16], 20권 표징적 교회[17], 21권 표징적 교회[18] 〈천계와 지옥(上・下)〉(공역・1998), 〈신령사랑과 신령지혜〉(공역・1999), 〈혼인애〉(2000) 〈새로운 교회・새로운 말씀〉(공역・2001), 〈스베덴보리 신학 총서(上・下)〉(2002), 〈영계일기[1]〉(공역・2003)・영계일기[2]〉(공역・2006), 〈영계일기[3]〉(공역・2008), 〈영계일기[4]〉(공역・2009), 새로운 교회의 사대교리〉(2003), 〈묵시록 해설 1권・2권・3권〉(공역 2008)과, 〈묵시록 계현 1권・2권・3권・4권〉 저서로는 〈이대로 가면 기독교 또 망한다〉(2001), 성서영해에 기초한 설교집 〈와서 보아라〉[1]・[2](2004)와 [3](2005)이 있다.

묵시록 계현

—묵시록 22장 영해—

2010년 10월 6일 인쇄
2010년 10월 12일 발행
지 은 이   임마누엘 스베덴보리
옮 긴 이   이 영 근
펴 낸 이   이 영 근
펴 낸 곳   예 수 인

　　1994년 12월 28일 등록 제 11-101호
　　(우) 157-014
　　연락처・예수교회 제일예배당・서울 강서구 화곡 4동 488-49
　　전　화・0505-516-8771・2649-8771・2644-2188
　　대금송금・국민은행 848-21-0070-108 (이영근)
　　　　　　　우리은행 143-095057-12-008 (이영근)
　　　　　　　우 체 국 012427-02-016134 (이영근)

ISBN 97889-88992-43-2 04230(set)　　　　값 40,000원
ISBN 97889-88992-46-3 04230

◇ 예수인의 책들 ◇

순정기독교(상·하) 스베덴보리 지음·이모세·이영근 옮김 각권 값 20,000원
혼인애 스베덴보리 지음·이영근 옮김 값 35,000원
천계와 지옥(상·하) 스베덴보리 지음·번역위원회 옮김 각권 값 11,000원
신령사랑과 신령지혜 스베덴보리 지음·이모세·이영근 옮김 값 11,000원
최후심판과 말세 스베덴보리 지음·이영근 옮김 값 9,000원
천계비의 ① 아담교회 —창세기 1-5장 영해— 스베덴보리 지음·이영근 옮김 값 11,000원
천계비의 ②③ 노아교회 [1]·[2] —창세기 6-8장 / 9-11장 영해— 스베덴보리 지음·이영근 옮김 각권 값 11,000원
천계비의 ④-⑱ 표징적 교회 [1]·[2]·[3]·[4]·[5]·[6]·[7]·[8]·[9]·[10]·[11]·[12]·[13]·[14]·[15] —창세기 12-14/15-17/8-19/20-21/22-23/24-25/26-27/28-29/30-31/32-34/35-37/38-40장 /41-42장 /43-46/47-50장 영해— 스베덴보리 지음·이영근 옮김 각권 값 11,000원
천계비의 ⑲ 표징적 교회 [16]·[17]·[18] —출애굽기1-4/5-8장/9-11장 영해— 스베덴보리 지음·이영근 옮김 각권 값 14,000원
묵시록 해설[1]·[2]·[3] 스베덴보리 지음·이영근·박예숙 옮김 각권 값 15,000원
묵시록 계현[1]·[2]·[3]·[4] 스베덴보리 지음·이영근 옮김 각권 값 40,000원
스베덴보리 신학총서 개요 (상·하) 스베덴보리 지음·M. 왈렌 엮음·이영근 옮김 각권 값 45,000원
영계 일기[1]·[2]·[3]·[4] 스베덴보리 지음·안곡·박예숙 옮김 각권 값 11,000원
새로운 교회의 사대교리 스베덴보리 지음·이영근 옮김 값 40,000원
이대로 가면 기독교 또 망한다 이영근 지음 값 12,000원
성서영해에 기초한 설교집 ≪와서 보아라≫[1]·[2]·[3] 이영근 지음 각권 값 9,000원

* 이 책들은 영풍문고·교보문고·≪예수인≫본사에서 구입할 수 있습니다.